中共青海省委党校、青海省行政学院、青海省社会主义学院出版资助项目

资源型企业
绿色转型成长研究

孙凌宇 著

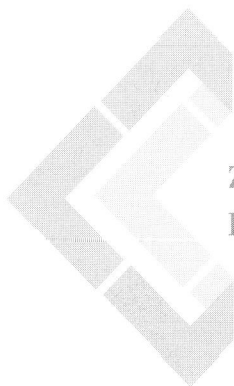

ZIYUANXING QIYE
LÜSE ZHUANXING CHENGZHANG YANJIU

人民出版社

序

　　在不断转变经济发展方式、不断优化经济结构中实现可持续增长，是我国经济发展面临的重大课题。在青海这样一个集中了西部地区、民族地区、高原地区和贫困地区全部特征的省份，要肩负起加快发展与加速转型的双重任务，必须立足资源优势，尊重经济规律和市场规律，解决好生态保护建设与资源开发利用的关系，统筹当前和长远，大力推进科技创新，推动产业向特色优势型、循环利用型、创新驱动型转变，努力探索出一条资源富集地区实现科学发展的新路子。这一任务非常艰巨。

　　青海不畏困难，以敢于担当的精神，肩负青海对国家的重要责任，提出要奋力建设循环经济发展先行区、生态文明先行区、民族团结进步先进区的战略任务。党校、行政学院、社会主义学院既是培训轮训党员领导干部、公务员和党外代表人士的主阵地，也是党的哲学社会科学研究、政府决策咨询的重要机构。围绕"三区"发展大局，充分开展理论研究，为全省改革发展提供智力支持是青海一校两院责无旁贷的重要责任。

　　建设全国循环经济先行区，是立足青海"自然资源富集"的基本省情而作出的正确战略部署。青海省内蕴藏着丰富的盐湖资源和石油、天然气、黑色金属、有色金属等各种资源，这些资源之间的关联性强、融合度高，是国内少见的资源能源集中地区，长远的发展潜力和前景不可限量，有形成强大综合实力的内在基础。然而，省内虽然资源型企业较多，但资源开发尚处在初级阶段，产品多为能源和原材料，产业多系采集和挖掘业，产业链条短，资源利用效率低，经济增长主要依靠资源、资本、土地和劳动力等要素投入来推动，并且技术装备落后，能耗较高，对生态环境的压力较大。这些状况表明发展循环经济、创建全国循环经济先行区是加快青海经济发展的重要抓手和现实选择。从诸多研究中可以看出，循环经济理论在宏观层面要求对产业结构和布局进行调整，将循环经济理念贯穿于经济社会发展的各领域、各环节；在微观层面要求企业节约降耗，提高资源利用效率；对生产过程中产生的废弃物进行综合利用，并延伸到废旧物资回收和再生利用；根据资源条件和产业布局，延长和拓宽生产链条，促进产业间的共生耦合。因此，青海发展循环经济、创建全国循环经济先行区更要从宏观处着眼，从微观处入手。紧紧抓住资源型企业的绿色转型成长进行研究是题中应有之义。

凌宇同志是我校优秀青年教师，在中南大学商学院攻读了管理科学与工程的博士学位。这本著作《资源型企业绿色转型成长研究》，是在其博士论文的基础上再思考、再研究下完成的。作为一名一校两院的教研人员，他在攻读博士之初，就开始关注青海省资源型企业的成长问题，经系统的理论学习之后，结合青海发展循环经济的具体实际，对资源型企业进行了问卷调查、访谈，形成了较为完整的研究思路，利用规范的管理学研究方法对资源型企业绿色转型成长问题进行了分析探索，得出了较为科学而可信的结论。这本著作的出版，反映了凌宇同志的理论思考，体现了有责任心的一代年轻社科工作者对青海经济社会发展的应有关注。

中共青海省委党校、青海省行政学院、青海省社会主义学院一贯强调为教师的研究工作注入正能量，完善各种制度政策，强化激励效果，促使广大教师对事关青海改革发展的问题始终抱有"热心肠"，坐得"冷板凳"，打好理论基础，接好实践地气，围绕中心，服务大局，勇担责任，更好更多地拿出研究精品。我们不但资助本书的出版，今后还要支持更多的优秀学术著作出版，切实提高办学质量，不辜负省委省政府的期待和重托，真正把一校两院办成青海有特色高水平的干部教育学府。

功崇唯志，业广唯勤。希望凌宇同志能够继续深入了解资源型企业实践，更大程度地增强理论深度，拿出更多高质量的研究成果，为青海经济社会的又好又快发展和可持续发展贡献更多的智慧。

是为序。

中共青海省委党校常务副校长

青海省行政学院常务副院长　　武伟生

青海省社会主义学院常务副院长

目　录

第一章 绪 论

　　资源型企业能够为区域乃至整个国家的经济社会发展提供强大的物质资源保障，同时也承担着解决大量职工就业的历史重任，然而，由于资源型企业的开采和生产过程存在着严重的负外部性，造成当前一段时期内经济发展与生态环境、自然资源之间的矛盾日益尖锐，生态环境的恶化与消费者环保意识的加强，使得可持续发展的理念思想已经形成了当代社会的共识，针对资源型企业的发展现状实际，理论界提出以循环经济的发展模式取代原有的传统发展模式，各级政府也对循环经济的发展模式高度重视并在相关产业政策中大力推行，并提出了对资源"吃干榨净"的发展口号，试图尽可能地降低资源型企业对生态环境带来的破坏。尽管在国际上有一些实施循环经济发展模式的成功案例，如丹麦卡伦堡生态工业的发展模式，让资源型企业实现可持续发展看到了希望。然而，发展循环经济能否使更多的资源型企业实现可持续成长，资源型企业的副产品能否实现全循环等就成了一个值得关注的研究课题。从学术研究来看，从 20 世纪 90 年代开始，此类文献逐渐增多，内容涉及较广，包括能量梯级利用、物质循环利用、生态工业园的设计与操作等（钟书华，2003），从发达国家的经验来看，发展生态工业园、形成生态产业链是重要的实践形式。然而，Chertow（2000）认为，在现实中，能量梯级利用和副产品交换的生态产业链受到市场、地域之间的距离、产业分布和技术创新等诸多因素的影响。因此，以丹麦卡伦堡为代表的经典循环经济发展模式并不能普遍推广并加以应用。但是，循环经济发展理念中构建生态产业链的思路是值得肯定并加以借鉴的。生态产业链是一个建立在工业共生基础上的网链状结构，构建一个稳定的生态产业链并在此基础上形成一个资源型企业生态网络可以成为资源型企业持续成长的基础。本书认为，资源型企业要获取可持续成长，首先应该进行战略转型，而且应该是绿色转型，提高绿色转型能力，在生态网络的基础上进行绿色转型成长。从现有文献来看，生态产业链和生态网络对资源型企业绿色转型成长的作用还远没有得到深入的研究。

第一节　研究背景

传统资源型工业经济的发展方式是掠夺性地获取自然资源，与此同时又将生产和消费过程中产生的废物排放到环境中。这种典型的线性发展方式，一方面导致资源日益减少，甚至最终枯竭；另一方面导致环境污染加剧，从而造成了资源不节约、环境不友好的局面。在资源约束和生态环境压力越来越大的今天，我国政府提出了循环经济的发展模式，并上升为国家战略。事实上，当前关于循环经济的研究并不足以指导资源型企业的可持续成长。从理论研究和发达国家的实践来看，创建生态工业园区、构建生态产业链是发展循环经济的一个较为普遍的选择。王兆华（2003）认为生态产业链是依据生态学和工业生态学原理，以恢复和扩大自然资源存量为宗旨，为提高资源基本生产率和根据社会需要为主体，对两种以上产业的链接所进行的设计（或改造）并开创为一种新型的产业系统的创新活动，它通过产品体系规划、元素集成以及数学优化方法，构建材料、产品、副产物及废物的工业生产链，从而实现物质的最优循环和利用。在国内外生态工业的实践过程中，也遇到了不少的问题和困难。目前已有的工业生态系统大多是不稳定的，许多工业园区，尤其是中国的生态工业园区普遍存在着过分依靠政策手段和行政命令来达到园区建设的目标。

构建生态产业链为资源型企业实现清洁生产和持续成长提供了前提条件，但其本身并不能为资源型企业的可持续成长提供动力支持。在以往的研究中，一个较为一致的意见是依靠技术创新。然而，对于资源型企业而言，由于资源型企业基本上都采用较为成熟的技术和稳定的工艺，而且资源型企业技术创新成果很容易被竞争对手模仿，效益则可能会被其他同行共享，成本则由技术创新者承担，这种创新的双外部性使得资源型企业的创新激情和动力大为降低。因此循环经济为资源型企业实现可持续成长带来了希望，但其理论仍应进一步发展。

一、循环经济实践的局限性

1. 中国语境下循环经济的含义

中国自 20 世纪末引入循环经济概念伊始，就有不少学者结合中国实际，展开了广泛的研究和讨论，从不同角度来丰富和拓展循环经济的内涵与外延，形成了多种具有代表性的观点。

诸大建（2006）认为，循环经济本质上是生态经济。该看法侧重于生产生活系统、废物处理系统与自然环境的关系，主张延长产业链。一方面，减少向自然界索取资源；另一方面，减少废物量，提高废物的可再利用性及可处理性，提高处理废物的能力，降低对自然环境的压力。该观点要求把经济活动组织成为"自然资源——产品和用品——再生资源"的反馈式流程，所有的原料和能源都能在这个不断进行的经济循环中得到最合理的利用，从而把经济活动对自然环境的影响控制在尽可能小的程度。

齐建国（2005）认为，循环经济是一种技术范式的革命，其本质上是技术经济。该观点侧重的是实现循环经济的具体方法。通过不断的技术创新，从而不断提高生产生活系统和废物处理系统的技术水平，提高资源利用率，逐步趋近物质闭路循环。

马凯（2004）则更倾向于认为循环经济是一种新的经济增长方式。这种观点侧重于如何在现有的资源、环境约束下，变革传统的"大量投入、大量消费、大量污染"的线性生产生活方式，调整生产生活系统的再生产，实现经济的持续增长。

上述观点对循环经济的理解不同，但对其进行综合分析可以发现其中的共同点，即循环经济理论在宏观层面要求对产业结构和布局进行调整，将循环经济理念贯穿于经济社会发展的各领域、各环节；在微观层面要求企业节约降耗，提高资源利用效率；对生产过程中产生的废弃物进行综合利用，并延伸到废旧物资回收和再生利用；根据资源条件和产业布局，延长和拓宽生产链条，促进产业间的共生耦合。

2. 传统循环经济发展模式的不足

随着循环经济理论研究的不断深入，循环经济实践也在如火如荼地开展，目前我国资源型企业循环经济发展模式大致可以概括为生态工业园模式和区域副产品循环网络模式两种。这两种模式有很多优点，但也有很多局限性。

（1）生态工业园模式及其局限性

生态工业园通过对包括能源、水和物料在内的环境与资源方面的合作进行管理来提升环境与经济绩效，以达到促使园内区企业集群寻求一种比单个企业优化个体所能实现效益的总和还要大得多的群体效益的目的。近年来，生态工业园发展项目已在许多国家高层和地方政府及工业企业之间受到广泛的关注，其发展模式也在学者中间引起了热烈的探讨。早期关于生态工业园模式的研究认为，生态工业园区内应至少包含一家"大型轴心公司"，该公司能向其他公司提供原料或已加工过的材料，另外的一些公司联系起来组成一系列的"卫星型"的企业，并将废弃物转化为可以使用的原料或产品。一般而言，资源型企业生态工业园分为两类，即自发形成的和人为规划形成的。而在我国循环经济生态工业园区的形成主要是政府在大力推动，其形成路径大多是人为规划设计形成的，很少见到自发形成的。

在实践过程中，可以发现无论是自发形成的还是人为规划的生态工业园区都存在一定局限性。尽管自发形成的生态工业园区是在互相信任和信息公开的基础上自发行为的结果，最初的目的也仅仅是出于成本的考虑，但这种依托园区内企业的"食物链"关系构建的封闭循环系统存在的最主要问题就是系统的脆弱性。此外，生态工业园要求企业间建立共生交换关系，所以园区的生产要素循环具有一定的强制依赖性，一定程度上不利于生产要素的市场化配置和企业市场竞争力的培养。而且由于园区内企业数目和类型的限制，一旦生态产业链上某节点企业，特别是关键节点企业由于经营状况欠佳、技术和政策环境发生变化，就可能导致整个系统的瘫痪。而人为规划型生态工业园过多地考虑环境绩效，容易忽视园区整体以及作为生产主体的营利性企业的经济绩效，从而导致园区环境绩效与经济绩效的背离。

（2）区域副产品循环网络模式及其局限性

区域副产品循环网络是指在区域内分散或聚集的不同类型的资源型企业开展包括能源、水和材料等在内的资源的循环利用，通过建立各类副产品市场实现规模经济。

资源型企业区域副产品循环网络模式的组织结构包括以下三类：一是从参与者的类型来看，不仅包括了单纯的资源型企业，混合类型的工业企业，而且将参与者的范围从企业逐步地扩展到了社区和政府。二是从地域空间来看，包括具有强烈地域特征的工业园区甚至突破地域限制的虚拟工业园区。三是从合作的方向来看，即垂直和水平的合作方式，即既有同产业内的合作，还有多产业间的合作。因此可以看出，这种模式过多地考虑了企业的生产阶段而没有考虑整个产品的生命周期。随着全球化进程的不断加深，企业间的竞争日益激烈，同时由于环境问题日益严重，因此众多资源型企业将环境改善活动集成到其战略计划与日常运营中，商业组织正面临着市场与环境绩效之间平衡的压力。越来越多的学者和企业家认识到仅仅从生产流程中的个别企业入手来解决环境问题是难以从整体上控制环境恶化的蔓延趋势的，因此在整个供应链上实现与环境的相容成为企业获得竞争性的有效途径。

资源型企业区域副产品循环网络模式正在不断完善，目前也已经能够广泛开展，但大多集中在工业区或产业园的空间或组织水平上，在更大区域层面的应用仍然不足。这是因为如果一个企业倒闭或者改变了它的产品组合，那么它将失去关键的供应或市场，继而影响到所有与之建立输入输出关系的企业。同时，副产品输出企业也无法避免副产品材料的品质和数量的不均衡所导致的设备和产品质量的风险，而且企业相互之间的长期合作也容易导致副产品交换陷入对毒害性原料的持续性信任，可能会背离对环境绩效的追求。此外，在区域范围内开展副产品循环对信息的开放性交互具有很高的要求，这有可能使参与企业的专利信息极易被竞争者获取，因此在现实中，区域水平上企业间的交流、副产品的交换、废弃物处理透明化的程度仍然很低。

由以上分析可以看出，当前的资源型企业循环经济发展模式中还存在着很多不足，在此基础上还不能真正支撑起资源型企业的全面绿色转型，因此有必要进一步探讨资源型企业绿色转型发展模式。

3. 资源型企业绿色转型与循环经济的关系

资源型企业绿色转型是对原有发展的扬弃，是一个整合、提升、深化、创新的过程，是发展的发展，是推动发展由主要依靠资源开采、初步加工向资源深度开发、深度加工转变，由外延扩张向内涵提升转变，由粗放、高耗、低效、单一线性发展向集约、低碳、高效、多元循环发展转变，最终实现资源型企业的持续健康成长。其构想源于产业生态化，其核心思想在于资源循环而不是其提取和使用后的最终抛弃，期望充分利用资源、减少废物产生、消除环境破坏，以提高经济发展的规模和质量，体现了一种对经济和社会发展之间关系的重新定位和对传统非可持续发展的产业化模式的反思与变革；其核心内容是从传统发展模式向科学发展模式转变，就是由人与自然相背离以及经济、社会、生态相分割的发展形态，向人与自然和谐共生以及经济、社会、生态协调发展形态的转变。

由此可见，资源型企业绿色转型循环经济的思想是一脉相承的，只是内涵更加深刻，涵盖内容更加广泛，也正因为如此，循环经济发展模式可以成为资源型企业绿色转型的基础。

二、资源型企业绿色转型发展具备了基础条件

1. 资源型企业生态网络是资源型企业绿色转型的基本载体

网络已经成为除市场和企业外的第三种组织，在资源型企业成长过程中发挥着越来越大的作用，是资源型企业绿色转型的运作载体和基础。资源型生态网络尽管形式不同，但其构成要素一般都包括以下三类：（1）最终产品或服务厂商，专业元件零部件、机器设备以及服务供应商、金融机构、相关产业的厂商；（2）下游产业的成员，互补产品制造商，专业化基础设施供应商，政府与其他提供专业化训练、教育、信息、研究与技术支持的机构；（3）行业协会和其他支持产业集群成员的非营利性组织。上述这些行为主体之间依托非线性的网络连接，使物质流、信息流和人力资源流等在网络内传递。同时各个主体之间随着这种流通的频繁也会形成学习成长或经验累积，使其不断改变着自身的行为方式，并不断调整产业集群的整体结构。

首先，企业间耦合。产业集群内的生产型企业间在价值链关系的基础上进一步搭建起基于副产品和废弃物交换关系的生态链条，形成了以竞合机制为主，具有绿色供应链特征的专业分工链条，这些链条之间基于副产品和废弃物流彼此交错，进一步形成具有生态网络架构的企业集群。主要表现为：一方面同质类企业间彼此相互竞争，形成了产业集群内部的企业和产业链的竞争关系，使生态理念在同质类企业和产业链间以标杆效应的方式得以传播；

另一方面，异质类企业间彼此相互补充，以共生的方式支持需求方的发展，使企业间的副产品和废弃物能以资源流的方式流通到需求企业中去，从而凭借竞合机制形成了具有紧密生态关系的企业间耦合。

其次，层级间嵌套。资源型企业生态网络中以企业间的耦合形成了核心层，它的成员包括了资源型上下游企业及相关的竞合企业。在此基础上，生态网络所在区域的政府、行业协会和其他中介组织、科研院所等基于服务关系形成了辅助层。它使得夹带生态讯息的技术、人才、公共服务、规制和制度以及咨询服务等在两个层面间交互流通。而附属层则为二者的交互和嵌套提供一种适宜的外部环境，它确保了生态理念、文化以及副产品和废弃物等生态媒介在产业集群的载体范围内的高效循环流通。可以说核心层是产业集群结构的内核，辅助层则是为专业层提供服务支持，而附属层则为上述两个层面的契合提供了一个平台支撑。

2. 生态网络的协同效应为资源型企业绿色转型提供支持

在以往的研究中，一个较为一致的意见是技术创新必将成为循环经济发展的动力。在实践中，资源型企业的技术创新对外部资源的依赖程度越来越高，企业内外网络成为成功创新的基础，创新的位置也就由企业转向了网络。这是因为，一方面，高昂的成本使创新知识需求供给的内部化很难实现。资源型企业要想将知识需求的供给内部化，就需要引进外部人才，扩大内部知识生产部门的规模，然而，相对一体化的知识收益而言，在很多情况下这种一体化的成本是过于高昂的。虽然资源型企业在技术创新过程中所需要的外部技术知识，可以通过建立企业内专业化的部门来自给自足，对需要的技术知识进行认知投资，但是，这种认知投资通常具有一定程度的专用性和不可逆性，如果企业对该类技术知识的需求是有限的、暂时的、非连续的，且这种知识需求具有其他替代性的、成本更低的供给方式，一体化和自给自足的技术知识供给方式就是非经济的；另一方面，高昂的学习成本和知识交易费用，使通过市场交易获取外部知识的成本非常高昂。首先，默会知识无法通过市场交易获得。其次，高认知成本与价值不确定性使许多显性知识的交易市场不存在。

网络中，各个行为主体在交互作用与协同创新的过程中，彼此建立起各种相对稳定、能够促进创新的、正式和非正式关系的总和。网络系统包括两部分：第一，网络的主要形式是区域内正式的合作网络，包括市场网络、供应商网络、分包商网络、研发合作网络、技术交易网络和服务网络等。第二，网络包括行为主体间的非正式网络。这种非正式网络是基于共同的社会背景和价值观念发展起来的社会关系网络和人际关系网络。非正式网络主要是通过面对面交流、缄默性知识流动来显示其重要作用的。因此，高度协作导致了创新系统的高效率，对于资源型企业而言，网络内的协作从两个方面促进创新：第一，高水平的协作表明了创新劳动的高水平分工和专业化；第二，协作可以看作是知识溢出的渠道。这为资源型企业发展循环经济提供动力支持。

3. 生态管理模式为资源型企业绿色转型提供保障

在资源型企业绿色转型过程中，生态管理旨在倡导一种将决策方式从线性思维转向系统思维，生产方式从链式产业转向生态产业，生活方式从物质文明转向生态文明，思维方式从个体人转向生态人的方法论转型。通过生态管理将单一的生物环节、物理环节、经济环节和社会环节组装成一个有强生命力的生态系统，从技术革新、体制改革和行为诱导入手，调节系统的主导性与多样性，开放性与自主性，灵活性与稳定性，使生态学的竞争、共生、再生和自生原理得到充分的体现，资源得以高效利用，人与自然高度和谐。生态管理机制的实质就是一种保障资源良性循环及企业共生的生态网络机制。构建的目的是促进产业在传统的产业链基础上利用共生和循环设计进行产业链的生态重组，或者构建新的生态产业网，通过提高资源的使用效率、使用清洁能源和废弃物的循环利用实现产业资源的生态化管理，促进经济与环境的协调发展。

生态管理机制主要通过促进建立基于网络的循环共生的生态网络的管理来实现。管理方法主要是通过建立在虚拟网络基础上的资源循环——企业共生系统进行管理，主要包括：资源开发共生平台、资源利用共生平台、废弃物平台、评价及生态管理平台。资源开发共生平台主要提供对资源开发利用的强度、速度和广度进行信息化生态管理服务，使资源开发符合资源可持续利用的要求；资源利用共生平台主要提供促进产业向资源循环共生模式转型的生态管理服务；废弃物循环利用交易平台主要提供废弃物资源化和无害化生态管理服务；评价及生态管理平台主要通过物质流分析、生命周期评价及投入产出分析等手段对运行中的产业群进行时时动态评价并提出相应的调整策略。通过产业资源的复合生态管理，网络内资源型企业将积极利用效率高环境友好型技术进行生产，废弃物将得到最大限度的资源化利用和达标排放，从而保障了资源型企业绿色转型。

第二节　研究意义

20 世纪 90 年代中期以来，随着环境的日趋复杂多变以及动态能力理论的兴起，在战略柔性和战略创新研究的基础上，战略转型日渐成为战略管理理论研究的一大热点（波特等，2000；简兆权，2001；Fernando et al.，2002）。正如澳大利亚菲尔·A. 尼克教授（2004）所言："企业战略转型是当今时代的热门话题和企业实践面临的新挑战，也是一个正受到学术界激烈争论和探讨的前沿课题。"作为资源型企业，由于其传统发展成长模式对环境有破坏作用，对自然资源有严重浪费，其实现绿色转型成长具有研究价值。而目前，尚未发现对资源型企业绿色转型能力理论进行专门的管理学研究，因此本书以此为研究内容，具有重要的理论价值和现实意义。

一、理论意义

生态产业链和生态网络都是较为年轻的、正在蓬勃发展的新的研究方向，关于工业生态学、生态产业链、产业生态系统、集群企业的创新网络等方面的研究热潮方兴未艾，其理论、研究内容将随着研究的深入和实践的扩展而不断完善。本研究以探讨在资源环境压力剧增的背景下资源型企业生态产业链的构建、资源型企业生态网络的形成，围绕资源型企业绿色转型能力对资源型企业绿色转型成长的作用机制，并以柴达木循环经济试验园区的资源型企业为案例研究对象，从管理的角度，立足于生态产业系统的微观层面来研究资源型企业实施绿色转型的现实问题，在理论上具有重大的创新价值和创新机会。预期研究成果将在理论上指导资源型企业制定成长战略和运作方式；将为政府部门制定相关政策法规和机制奠定理论基础，将是对生态工业理论及资源型企业网络研究的进一步深化。

1. 对资源型上下游企业的竞争平衡及生态网络形成进行了理论研究

本书认为，资源型企业生态网络的形成应该以企业为主体，根据企业发展的客观规律而进行，当前很多地方政府在规划资源型企业生态网络的时候，对客观规律的把握不是很好。本书通过建立数学模型对资源型企业上下游之间的竞争平衡进行了模拟，指出了其平衡时的状态，并通过博弈分析对生态网络的形成进行了讨论。这有助于对资源型企业发展规律的认识进一步深化。

2. 提出了资源型企业绿色转型能力概念

本书主要探讨资源型企业绿色转型成长的问题，结合管理学对企业研究的动态能力理论和网络能力理论，提出了资源型企业绿色转型能力是资源型企业绿色转型成长的充分必要条件。在此基础上对资源型企业绿色转型能力进行了深入剖析，拓宽了对企业能力研究的视野，对进一步研究资源型企业的可持续成长进行了深化。因此，研究丰富了企业能力理论的内容。

3. 讨论了资源型企业绿色转型成长中的变量关系

本书对资源型企业绿色转型能力与资源型企业绿色转型成长之间的关系进行了实证研究，确定了资源型企业生态网络中的协同效应为它们之间的中介变量，生态网络的类型为调节变量，为下一步的研究提供了理论借鉴。

二、实践意义

生态工业是资源型企业实现可持续发展的重要模式，生态网络是资源型企业实现创新、合作共赢的重要途径。西方一些发达国家在生态工业和构建生态网络实践方面已有所进展，我国在未来一段时期内，也将是生态工业和生态网络发展的加速期。但由于缺乏科学的、系统的生态工业理论和区域创新网络理论作为指导，目前仍存在很多亟待解决的问题。因此，积极研究、探索生态工业共生网络及创新网络的基本理论问题不仅是理论上的需要，更具有重要的实践意义。

在 2005 年 10 月 27 日国家正式批准柴达木为全国第一批开展循环经济试点的产业园区和"十一五"国家重点支持发展的循环经济试验园区以后，2010 年 3 月，国务院又批准了《青海省柴达木循环经济试验区总体规划》。这对柴达木循环经济试验区的发展意义重大，也为本研究的案例研究增加一定的分量。

本书重理论研究，也重案例分析。本书的实践意义主要在于：（1）完善的策略选择和演化机制为生态工业的实施提供了现实的决策参考模式和政策导向；（2）为传统资源型企业生态网络朝着资源节约型、环境友好型的生态化方向改造和发展提供科学的指导、有益的借鉴和参考；（3）通过对实证研究，探讨资源型企业绿色转型能力对资源型企业绿色转型成长的影响，为资源型生态工业生态网络的发展提供良好的制度支撑和政策建议；（4）以柴达木循环经济试验园区为具体案例，对加快我国西部资源型区域发展转型，实施生态工业具有重要借鉴和启示意义。

第三节　研究内容、方法及思路

一、研究内容

本书的主要内容包括如下几个方面：

1. 资源型企业生态网络的构建及形成

不同于其他类型企业的战略转型，资源型企业由于生产过程的负外部性，单独一个企业实施绿色转型成长是不可能完成任务的，而必须借助产业链的延伸以及资源型企业所形成的生态网络的协同效应，因此生态网络是资源型企业实施绿色转型成长的基础前提。资源型企业生态网络的形成一定是按照市场规律、自然资源的客观规律以及资源型企业的发展规律而演进的，政府规划和人为设计也必须符合上述几个规律。在本书中，通过构建数学模型说明了在资源禀赋尚有潜力的情况下资源型企业的上下游竞争平衡情况，说明了资源型企业上下游之间的动态平衡的情形；在资源型企业生态网络形成的过程中，事实上是资源型企业与生态网络内其他行为主体之间的博弈互动的结果，因此本书构建了微分博弈和演化博弈模型对资源型企业的形成进行了研究。

2. 资源型企业绿色转型能力的内在机理及开发量表

资源型企业绿色转型能力是资源型企业实施绿色转型成长的充分必要条件，本书在对企业动态能力的概念和企业网络能力概念分析的基础上，通过对资源型企业战略转型能力内涵、本质和内在机理作深入分析，明确了资源型企业绿色转型能力是一种动态网络能力。在此基础上，剖析了资源型企业绿色转型能力的构成维度，并结合调研和相关专家的意见，开发出了资源型企业绿色转型能力含有 24 个题项的量表并对其进行探索性和验证性因子分析。确定了资源型企业绿色转型能力的理论框架。

3. 资源型企业绿色转型能力对资源型企业绿色转型成长的作用机理

本书在充分梳理资源型企业绿色转型能力的理论研究基础上，通过对资源型企业绿色转型能力和资源型企业绿色转型成长关系的理论分析，提出了资源型企业绿色转型能力对资源型企业绿色转型成长绩效的研究假设，确定了影响它们之间关系的中介变量和调节变量，最后利用问卷调查得来的数据进行了实证研究。实证的结果验证了本书的研究假设，为资源禀赋尚有潜力的资源型企业提供了实践指导。

4. 提出了资源型企业绿色转型成长的生态管理模式

管理也是生产力，资源型企业绿色转型成长必须要有与之相适应的管理模式，本书通过梳理相关文献，在前人研究的基础上提出了资源型企业实施绿色转型的管理模型，为资源型企业顺利进行绿色转型提供管理上的保障，同时能够为资源型企业的具体实践提供参考。

5. 案例研究

本书在对资源型企业绿色转型能力与资源型企业绿色转型成长绩效的实证研究之后，选取一个具有典型意义的资源型区域——柴达木循环经济试验园区进行案例研究，以案例研究对理论研究进行佐证，以理论与实践相结合的方式为资源型企业绿色转型成长提供参考。

二、研究思路与逻辑

本书以动态能力理论和网络能力理论为理论基础，运用经济博弈论理论、战略管理理论等理论体系，对资源型企业绿色转型能力问题进行全面深入剖析，构建出既有扎实理论基础，又有鲜明管理实践特色的企业战略转型能力理论模型，并对资源型企业绿色转型能力和绿色转型成长之间的关系进行了实证研究，最后提出了资源型企业绿色转型成长的生态管理模式。在研究路线上，严格按照理论——模型——实证的规范研究方法，全书围绕以下关键问题进行展开分析。

第一，资源型企业绿色转型成长问题研究的价值何在？对现在这个问题的重视程度如何？通过走访青海省发改委和经委等政府部门，得知政府对此问题的关注程度很高，在对资源型企业进行调研时，企业高层管理者对此十分认同，这些现象对本研究注入了动力。

第二，当前从管理学的视角对资源型企业绿色转型的文献还比较少，大多资料都是政府领导的思路阐述和从宏观经济学的视角加以分析，这给研究带来了一定的困惑。经过有关专家的建议，本书以企业动态能力和网络能力理论为切入点进行剖析。

第三，在以上思考的基础上，本书提出了资源型企业绿色转型能力的概念，并认为该能力对资源型企业绿色转型成长具有决定性的影响。以此为进一步研究思考的起点，对资源型企业绿色转型能力的内涵、本质等进行了深入分析。

第四，从管理学的角度来看，资源型企业绿色转型能力不能是一个模糊笼统的概念，必须对这个概念进行操作化研究，因此本书对资源型企业绿色转型能力的构成维度进行了研究，在理论分析的基础上开发出了符合资源型企业实践的量表，对该量表进行探索性和验证性因子分析发现，其信度和效度都较高。

第五，资源型企业绿色转型能力对资源型企业绿色转型成长绩效的作用机制是什么，在资源型企业绿色转型成长的实践中有多大的影响作用。为回答此问题，本书通过对典型资源型企业的访谈设计了实证研究，结果表明，数据对研究假设是支持的。

第六，资源型企业绿色转型过程中的管理模式如何才能满足资源型企业成长需要。对此，本书提出了资源型企业绿色转型成长的生态管理模式，使得资源型企业在绿色转型成长中有管理上的保障。

在本书的最后对研究的结论进行了总结，对研究的不足和下一步的研究展望进行了论述。本书所采用的研究思路如图 1 - 1 所示。

三、研究方法

1. 逻辑演绎方法和过程分析方法相结合

通过搜集、查阅国内外关于循环经济、生态工业理论、动态能力理论和企业网络理论及企业成长等方面的大量理论和最新研究文献，借鉴其中理论研究成果，结合所学知识作进一步的探讨和拓展，提出本书研究体系。本书在界定资源型企业绿色转型能力内涵的基础上，运用逻辑演绎的方法对资源型企业绿色转型能力的构成维度进行剖析，为资源型企业绿色转型能力理论模型构建提供了理论依据。

在资源型企业绿色转型能力对资源型企业绿色转型成长绩效关系的分析过程中，本书通过运用过程分析法，确定了两个变量之间的中介变量和调节变量。在整个研究过程中，本书始终把资源型企业绿色转型能力看作一个整体系统，用全局的观点，即把逻辑分析方法和过程分析方法进行有机结合，综合探求绿色转型能力的基本结构和确保资源型企业成功实施绿色转型成长的内在机理。

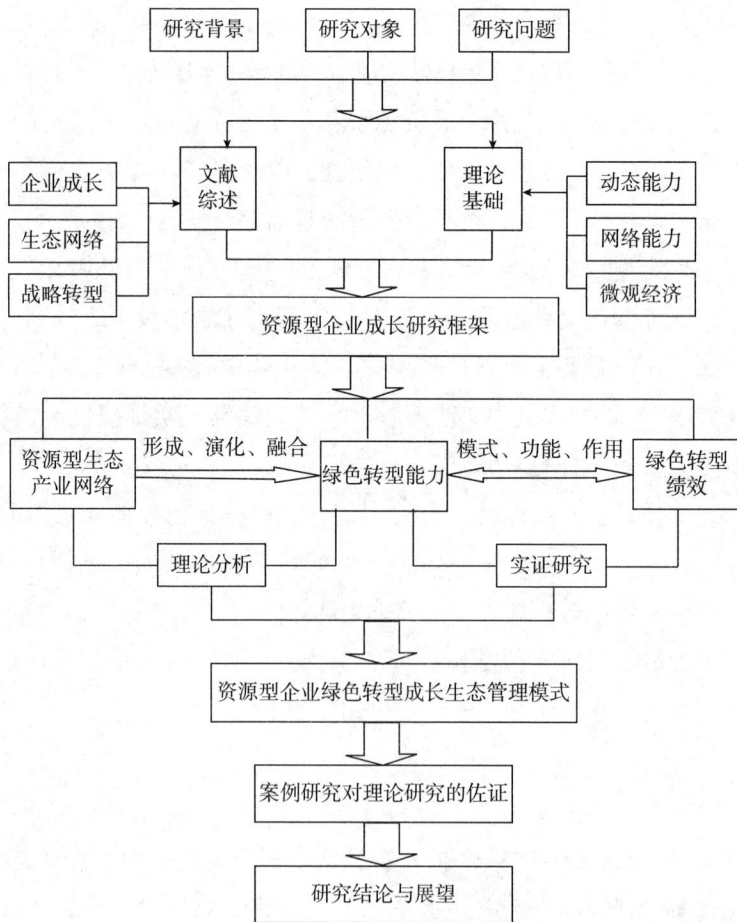

图1-1　研究的思路与逻辑

2. 规范分析与实证研究相结合

本书通过对资源型企业生态网络进行规范的经济学分析，为其后的实证分析奠定研究基础。在规范分析中，依据当前我国对资源型企业的发展战略，以博弈论为主要分析工具对生态产业链和生态网络分别予以理论研究。结合理论推演，以实证研究为主对资源型企业绿色转型能力与资源型企业绿色转型成长绩效之间的关系建立规范的理论模型进行实证，并对研究假设进行验证。

研究资源型企业的绿色转型能力，必然要直接接触企业，才有可能获得真实而客观的一手资料，因此本书首先在对国内外文献分析的基础上，提炼出资源型企业绿色转型能力构成要素的基本框架，从而拟定访谈提纲，对典型资源型企业进行访谈。在访谈的基础上对资源型企业绿色成长绩效、网络协同效应绩效和资源型企业生态网络类型进行操作化研究，并制订了问卷调查的题项。对资源型企业绿色转型能力测度的量表问卷共收回161份，经过探索性和验证性因子分析，资源型企业绿色转型能力的测度通过了效度和信度检验。而后又把有效问卷扩大到210份，从而对资源型企业绿色转型能力与其绿色转型成长绩效的关系进行分析，通过运用SPSS17.0统计软件和AMOS软件对建立的结构方程模型进行数据处理和实证研究。

3. 比较研究与案例研究

由于本书中的资源型企业绿色转型能力属于新提出的概念，因此有必要通过案例研究对理论进行佐证。2010年3月，国务院批准了《青海省柴达木循环经济试验区总体规划》，这对青海省资源型企业实现绿色转型和持续成长都具有重要意义。本书以柴达木循环经济试验区的资源型企业为案例，对理论分析结果进行验证。

四、研究的主要创新点

1. 提出了资源型企业绿色转型能力研究的理论框架，为进一步研究奠定基础

资源型企业的绿色转型不能仅仅依靠自身的能力，而是依靠产业链的完善和生态产业网络的支撑，因此本书提出资源型企业生态网络是资源型企业构建绿色转型能力和实施绿色转型成长的基础，通过培育资源型企业的生态

网络而形成资源型企业绿色转型能力，进而实现资源型企业的绿色转型成长。

2. 探索研究了资源型企业绿色转型能力的内涵，对企业能力理论体系进行了有益的补充

当前，从管理学的视角对资源型企业实施绿色转型成长的研究还非常罕见，本书借鉴动态能力理论和企业网络能力理论的有关成果，发现资源型企业进行绿色转型成长必须要先拥有绿色转型能力，在此基础上分析了资源型企业绿色转型能力的内涵和本质，提出了资源型企业绿色转型能力的构成维度，并开发了测度量表，构建了一个较为完整的资源型企业绿色转型能力的理论框架。以上研究尚无先例，具有紧扣时代发展的前沿性和理论上的开拓性。

3. 实证研究了资源型企业绿色转型成长绩效获取的内在机理，阐明了资源型企业绿色转型成长所需的能力和管理模式

以往的研究仅仅对此做定性分析，甚至是直接拿政府文件中的绿色发展目标作为对资源型企业绿色转型成长绩效的认定，不具有操作性。本书在此方面进行了突破，基于可操作化的考虑，对资源型企业绿色转型能力与资源型企业绿色转型成长绩效之间的关系进行了实证研究。在研究中，根据相关理论研究，结合实地调研和访谈的结果，本书确定了两者关系之间的中介变量和调节变量。研究表明，资源型企业生态网络内的协同效应绩效对绿色转型成长绩效有很大影响，而且在不同的网络类型中，资源型企业绿色转型能力的维度重要性不同。而且，本书提出了资源型企业绿色转型成长的生态管理模式。管理模式与企业的匹配对企业的成长非常重要，本书在前人研究的基础上进行了深化。

4. 提出了资源型企业上下游之间的动态平衡观点

本书对资源型企业上下游之间的竞争平衡进行了研究。针对当前很多地方政府在对资源型企业进行规划时的简单和对资源型企业发展规律的把握不够，本书通过建立模型并进行模拟，揭示了资源型企业上下游之间的动态平衡关系，通过资源型企业网络中的博弈分析，研究了资源型企业生态网络的形成机理，为进一步深化政府认识并引导资源型企业生态网络构建进行了理论上的探索。

以上创新体现了本书的理论价值和实践价值，也体现了对政府管理资源型企业发展的相关建议，也希望能够为更深层次的研究提供参考。

第四节　本书的基本概念界定

一、资源型企业

目前资源型企业并没有一个得到普遍认同的定义。在本书中，资源型企业是研究对象，此类企业的主要特征之一就是在生产过程中能够产生较大的负外部性，对生态环境有较大的破坏作用，迫切需要改变原来的成长发展模式，需要进行绿色转型，主要包括矿产资源企业、石油类企业等。以此类资源型企业为研究对象，符合本书的研究主题和研究逻辑。

二、资源型企业绿色成长

资源型企业的绿色成长不同于一般企业的成长。一般而言，企业成长需要从质和量两个方面进行考虑，在实证研究中，更多地使用财务绩效、规模及企业其他方面质的提升等进行衡量。而资源型企业由于其对资源的浪费性和对生态环境的破坏性，因此对资源型企业绿色成长的衡量因素就更多。另外，由于矿产资源等自然资源属于国家所有，因此资源型企业在成长过程中还要考虑一定的社会责任。在本书中，对资源型企业绿色转型成长的衡量主要有四个方面，分别为资源环境绩效、经济绩效、商业绩效和社会绩效。

三、资源型企业绿色转型

资源型企业绿色转型概念的提出受到了当前国内绿色发展理念的影响。绿色转型主要从两个方面考虑，一是战略转型，资源型企业的绿色转型首先体现在发展战略上，是对传统发展模式的变革；二是转型的绿色化，即追求可持续成长。这两个方面分别从目标和过程对资源型企业的转型进行约束。

四、资源型企业绿色转型能力

本书认为，处在生态网络内的资源型企业，其绿色转型成长必须依靠相应的能力进行支撑，这个能力就是绿色转型能力。在后面的分析中，资源型企业的绿色转型能力主要包括四个维度，即战略洞察能力、网络协调能力、管理控制能力和绿色创新能力。

第二章 文献综述

本书的研究对象是特定的企业类型——资源型企业，在外文文献中，对这个概念并不认同，而研究的内容又是一个较具中国语境的概念——绿色转型成长，因此在外文文献中，以此相类似的研究成果很难找到；而国内目前对绿色转型的研究大多聚焦于资源型城市这个较为宏观的研究对象上，而且其分析的方法和思路、选用的研究工具也大多偏向经济学。在这种情况下，本书的研究只能向具有相关性的研究文献寻找启发和灵感。基于第一章对研究内容和思路的阐述以及对相关概念作出的界定，本书的文献综述将从三个部分着手：一是资源型企业绿色转型成长同样属于企业成长理论研究的范围，只不过研究的对象更为明确，研究的内容更为聚焦；二是资源型企业处于产业生态网络之中，企业网络的相关理论对此有较大借鉴意义；三是资源型企业绿色转型是一种战略转型，在转型过程中需要提升自身的动态能力，如第一章所论述的，资源型企业绿色转型能力是一种动态网络能力，因此本书从基于动态能力视角的企业战略转型理论中寻找本书的一些理论依据。

在确定以上思路后，本章的文献综述主要包括三个方面：一是企业成长理论的演进；二是生态产业链及企业网络与企业成长的关系；三是基于动态能力和企业战略转型。

第一节　企业成长理论的演进

一、国外学者对企业成长理论的探讨

目前对企业成长的研究很多，从不同角度进行了探索，现代企业成长理论已经发展成为一个理论丛林，主要包括马歇尔的企业内部成长理论、彭罗斯（Penrose，1959）的企业内生成长论、钱德勒（Chandler，1977）的企业成长理论、马里斯（Marris，1964）的企业成长模型、纳尔逊和温特（Nelson和Winter，1982）的演化经济学，以及汉南和弗里曼（Harman & Freeman，1977）的现代组织生态学等。事实上，从经济学的角度对企业成长的研究成果也很多，一般称之为外生论视角的企业成长理论，而从管理学的角度对企业成长进行研究的成果，则称为内生论视角的企业成长理论，由于行文的需要，本书主要对内生论视角的企业成长理论进行综述。

Ardishvili（1998）对主要的企业成长研究进行了系统回顾，认为可以把企业成长研究归纳为两个类别：一是对成长因素的研究，二是对成长过程的研究。对成长因素的研究主要用来解释什么因素能使企业得到成长，即寻求解释企业因何能够成长或者是企业成长的前因，成长被视为被解释变量；成长过程的研究关注的则是企业如何实施成长以及成长带来的结果，即解释企业成长的动态特征。Wiklund（1998）对相关研究成果进行分析后认为企业成长决定因素研究主要以资源基础理论、动机理论、战略匹配理论作为理论基础，而企业生命周期研究或企业成长过程研究是以构建理论为研究基础的。

1. 对企业成长因素的研究

（1）企业资源基础理论及能力。彭罗斯（Penrose，1959）开创了企业资源基础理论，该理论将企业看作是由一系列具有不同用途的资源的集合，主要讨论了企业内部的资源对实现企业成长的重要性以及企业在其成长过程中如何利用不同性质的资源。在企业资源观基础上形成的企业能力理论（Barney，1991；Grant，1991）认为资源的同质性无法使得企业获取高水平的绩效和持续性的竞争优势，从而无法实现真正的成长，因此企业内的资源必须具有创造利润和防止损失的能力，因此，只有那些异质性的、其他企业或竞争对手难以创造、替代、模仿的资源和能力才能保证企业得以成长。从企业资源基础观的视角来看，企业管理者必须选择一种能够最大化企业内部资源和能力的有效战略，通过该战略的实施，进而实现企业成长。基于此，企业内部拥有异质性资源和能力是企业成长的重要影响因素。

（2）战略匹配理论。企业处于不同的环境条件时需要不同的战略与之相匹配，采用与环境条件相匹配战略的企业通常能够取得较高的绩效（Tushman和Romanelli，1985）。企业管理者能够在相同的环境下为企业自由地选择不同的战略，不同企业的管理者的任务就是根据环境变化为企业选择不同的战略。环境条件的变化可能为企业带来一些新的机遇与威胁，而致力于成长的企业必须有一个新的外部或内部目标与之适应（Dutton和Duncan，1987）。因此，为了实现企业成长，企业必须能够识别并利用环境条件变化所带来的机会的能力，并且选择与环境条件相适应的战略，否则企业将会因业务活动滞后于环境，从而无法实现成长（Davidsson，1989）。

（3）企业家的作用。企业家对企业成长具有重要作用。一般认为，企业家个人对工作任务的选择、时间及精力的投入程度，依赖于企业家个人对不同工作任务的动机，而且，这种动机还具有多元化的特征。在企业成长过程中，企业家除了实现企业利润最大化外还有其他动机（Penrose，1959；Davidsson，1989；Kolvereid，1992；Storey，1994；Delmar，1996），诸如成就动机（McClelland，1987）、角色动机以及任务动机（Miner，1980）等，这些动机并不仅是建立在对资金的期望上，它还会增强企业家追求企业成长的动机（Wiklund，1997）。因此，企业家的追求、态度和动机对企业成长具有较大的影响。在本书中，就设定资源型企业的企业家不但追求企业的盈利，更追求企业的资源环境绩效。

2. 对企业成长过程的研究

生命周期或成长阶段理论。企业的成长过程理论，主要涉及企业生命周期理论或成长阶段模型，生命周期论借鉴生物学理论，把企业看作一种生命现象，用生物体生命规律来比拟企业成长过程。其用来分析环境、结构和战略要素之间的关系，基本假设是，在随机大样本的情况下能够建立起一些要素之间的关系模型，企业在市场竞争的压力下，只有选择关系模型中的最优值才能获得成长，否则就将会被淘汰。这种模型主要关注企业成长对企业变化的要求及企业成长如何影响企业的其他特征。在这种观点下，企业成长其实就是实现更大的规模，依赖于企业打破原来的平衡结构及形成新的结构的可能性，企业在此过程中会遭到组织惯性和抵制变革的一系列阻力，因此企业成长就表现为不同的演化阶段，每个阶段都经过一个变革期方能转向下一阶段，阶段过渡时可能会被激烈的危机所打断，因此企业成长曲线呈现出阶梯形。这种成长模式的逻辑是，企业在其每个成长阶段都需要采用特定的结构。当企业处于某一特定的成长阶段时，如果结构变得不合理，企业就必须进行转变，转变期的企业容易因受到环境影响而面临失败的风险；在转变后，企业则进入下一结构状态和成长阶段，并不断重复这种过程。

自彭罗斯从资源基础观研究企业成长问题起，学者们从企业创立方式和行为方式等方面对企业成长机制进行了考察。但一直以来，对资源型企业成长的研究较少，这可能是因为：首先，企业成长理论兴起的过程中，资源型企业的发展是稳定的，所处的环境也基本上是静态的，即资源型企业依赖的自然资源的可供给量能够保证，且其产品的替代品少，不愁没有市场。其次，不少研究者认为企业成长理论能够解释资源型企业成长。因此，对资源型企业成长进行专门研究就一直处于被忽略的状态。当前，资源型企业的资源瓶颈越来越大，生态环境的压力也越来越大，而且资源型企业确实具有不同于一般企业的特殊性，从研究细化的角度来看，对资源型企业的成长进行研究就显得很有必要。企业成长机制研究探讨的是企业通过什么样的方式实现成长，企业成长的影响因素是什么，这些因素是通过什么途径转变为成长绩效。对企业成长机制的认识及研究是随着企业成长环境的不断变化、企业成长的实践活动多样化而不断丰富完善的。由于企业成长机制研究能够较好地体现研究的时代意义，不同的成长机制研究能够从不同的视角揭示影响企业成长的不同因素，研究成果具有较强的实践指导价值，所以目前正受到越来越多学者的关注和研究。因此，本书对资源型企业绿色转型成长机制机理进行研究，体现了鲜明的时代特征，顺应了资源型企业环境的变化，也揭示了对资源型企业绿色转型成长绩效的影响因素，对资源型企业持续发展具有重要意义。

二、国内学者对企业成长理论的探索

杨杜博士是我国较早对企业成长进行研究的学者之一。在彭罗斯企业资源思想的基础上，杨杜认为企业是一种经济组织，也是社会组织，同时还是一个经营资源的集合体，追求大规模生产、不断扩张和多样化经营的成长行为。之所以有这三种基本成长行为，是因为有规模经济、成长经济、多样化经济以及它们三者的复合经济的存在，企业的最终目的就是追求上述三种经济构成的最大的复合经济效益，这样就推动了企业成长。在企业成长过程中，要处理好三种革新：技术——产品革新，事业结构革新和经营制度革新，并层层推进（杨杜，1995）。从主要观点来看，该研究延续了彭罗斯的基本思想，主要从企业的内部寻找企业成长的动力，忽视了外部环境的影响。尹义省根据对我国大型国有企业的走访，从理论机制、策略操作和实际验证的角度，系统论述了企业的多角化成长和纵向成长。在对企业成长的理论机制探讨中，他认为现代企业成长是以结构发展变化为核心的质、量互动过程，企业成长具有规模成长的基础性、结构关联适应性、多重边界性和组织成长的生命周期性等重要特征。在策略操作部分中，作者论述了企业多角化成长及业务重组战略管理和实务，提出了中国企业成长的模式选择和政策建议（尹义省，1999）。

赵晓在总结前人对企业成长理论研究的基础上，试图通过批判性的回顾并综合主流经济学与管理学理论，提出一个从外部规制结构、内部治理结构与市场—技术结构三个层面同时分析企业成长的三维分析框架，并得出以下基本结论：企业成长的源泉来自企业内部资源的不平衡及动态的优化组合，企业成长的根本在于获得成长经济，而成长经济的根本在于企业管理能力，管理能力的供给取决于企业内部治理结构，外部规制结构、市场—技术结构将从制度上和技术上制约着管理能力的发挥从而制约着企业成长（赵晓，1999）。董俊武在其博士论文中通过在经济学理论和管理学理论中对企业本质的论述进行了整理、回顾、比较、评析与综合，把现代企业的本质界定为一个高效率的生产组织。随后在对企业本质认识的基础上，探讨了企业的性质及企业成长。该研究结合企业的异质观，基于对企业本质的认识，认为企业成长最基本的手段是面向产品的创新（董俊武，2004）。

学者毛蕴诗等人在企业成长和能力演进的理论框架下，对中国大量优秀企业进行了实地调研和深度访谈，并按照规范的案例研究方法对其进行了提炼和归纳，总结出对我国企业有益的启示和发现。该著作强调，企业成长主要取决于企业的能力培育，而能力的培育取决于企业在合作与竞争中的战略决策（毛蕴诗等，2005）。学者李新春则更注重广东民营企业成长的环境，分析了广东民营经济成长的政策环境、体制保障、金融支持体系和创业环境。还关注了广东民营企业成长中的公司治理问题，对广东民营企业治理结构的特征与现状、企业的成长战略进行了调研分析，同时解析了广东民营企业家能力的现状与成因、经理人市场的现状与发展趋势。另外，对广东民营企业成长方式给出了建议，认为民营企业的成长主要应在两个方面下功夫：一为自主创新发展，一为集群化发展（李新春，2008）。

有相当多的文献研究了企业成长的动力。而企业成长动力是一个很宽泛的概念，有的把有效的管理方式作为动力因素，也有的把产业政策作为动力因素，本书选择几个有代表性的进行说明。吴国英（2003）认为，学习是企业可持续成长的动力，因为追求知识的拓展是现代企业最主要的目标之一，也是当前知识社会演进的客观要求。努力把企业逐步改造成学习型企业，正确选择和信赖全新的学习方式，充分利用它来牵引企业不断走向新境界，实现可持续成长。孟杨（2006）认为企业文化是现代企业制度下企业生生不息的物质和精神支柱，是企业健康成长和发展的内在动力。代君（2004）分析了信息资源管理与企业可持续成长力的关系及企业信息资源应用现状，并探讨了现代企业如何挖掘信息资源管理的潜力来获得可持续成长的动力。张维迎（2006）认为产业整合是企业成长的一个新的动力，这里的产业整合包括技术的整合和市场的整合，还包括供应链关系的整合。曹利军（2008）基于企业生命周期的问题特征，提出创新是企业成长的动力源泉，并分析了影响创新的因素，阐释了由创新推动的企业自适应机制的一般模式。企业成长本身是一个非常复杂的客观现象，这些研究提供了一个看问题的角度，具有一定的启迪思考的作用。

在分析工具方面，我国学者刘力钢（2001）借鉴社会可持续发展目标函数的内容与含义，运用系统动力学的思想建立了企业可持续发展的"五力"理论，即提升力、引导力、支撑力、扩张力和阻力。但其理论研究假设是建立在企业人工复合体的前提下，既混淆了企业可持续发展的目标以及实现目标的手段，也没有分析影响企业可持续发展的相关因素，难以指导和解决企业可持续发展实际问题。李占祥（2000）的矛盾管理学认为企业整体效能优化和可持续成长是现代企业管理的主题，是企业的最高宗旨和核心价值观。它运用矛盾分析方法，研究了企业成长过程中的基本矛盾、主要矛盾与各种重大关系，揭示了矛盾的发展与转化是推动企业及管理发展的动力，企业可持续成长过程实质就是不断处理和化解矛盾的过程。但它没有论述企业各种矛盾产生的根源，在实践上也很难解决企业可持续成长问题。

三、对本书的启示

上述研究对企业成长进行了较为深入的阐述，涵盖了资源型企业的成长，能够在很大程度上解释资源型企业的成长。但是，上述研究基本上都是以企业获取竞争优势，提高生产效率和劳动效率为研究的思考出发点进行论证的。在资源型企业成长过程中，不仅要考虑企业的竞争优势和生产效率及劳动效率，更重要的是，资源型企业的绿色转型成长要更多地体现其成长的绿色化。这个绿色化的体现在于资源的综合开发利用，资源的利用效率和效益，还在于资源型企业在生产过程中对生态环境的污染程度的降低。因此，在思考资源型企业绿色转型成长这个命题时，要更多地思考资源型企业的特殊性。

结合上述文献的研究成果，根据资源型企业绿色转型成长的具体要求和转型过程的复杂性及目标的多元性，本书既不能直接照搬有关文献的结论，也不能对相关文献置之不理，而是借鉴前人的研究成果，启迪思想，提出有开创性和前沿性的主张。

第二节　生态产业链与企业网络

一、生态产业链与企业成长

国内学者王兆华（2003）较早提出了生态产业链概念。生态产业链的基本含义是指某一区域范围内的企业模仿自然生态系统中的生产者、消费者和分解者，遵循自然生态规律，以资源（原料、副产品、信息、资金、人才）为纽带形成的具有产业衔接关系的企业联盟，实现资源在区域范围内的循环流动。生态产业链通过工业产业链的链接、系统的集成、共享服务和系统调控实现生态工业物质利用的减量化、再使用和再循环，实现资源和能源的梯级高效利用，从而促进企业的持续成长。

伴随着企业的成长过程，生态产业链中企业之间充满了博弈行为。生态产业链博弈研究主要体现在基于博弈论的生态工业系统能值分析、经济群落中上下游企业的复制动态进化博弈分析、生态工业网络中企业行为的博弈分析、生态产业链接过程中的博弈分析。

Lou H. H. （2002）用纳什均衡理论进行了工业生态系统能值分析的案例研究，分别讨论了为达到经济和环境目标的企业最优生产策略，论证了两个目标之间的冲突。魏小平（2005）结合数量生态学和进化博弈论的相关研究手段，在工业生态学的基础上，对经济群落中的工业生态链接机制的形成进行了尝试性研究。在企业的决策属于"慢速学习"类型的有限理性决策、企业对自身废弃物的处理只存在外循环而不涉及自循环两个重要前提假设下，得出了如下研究结论：（1）在任何现代经济群落中，企业之间存在着相互构建生态链接的"自我持续机制"，而且其形成速度以及最终规模与经济群落中既有的"生态型"企业比例高度相关；（2）具备生态关联的上、下游企业行为偏好是存在差别的；（3）旨在纠正上游企业排放废弃物所产生负外部性影响的环境税，能够促进上游企业向生态型企业转变。

王兆华（2003）在其博士论文中通过建立博弈模型对工业共生网络中企业的投机行为进行了分析，并通过对最优值对应均衡点的分析得出下面的结论：（1）所有网络企业均采取非合作行为情况下的单阶段博弈的均衡解为各企业的贡献都为负；（2）合作行为即各企业贡献均为正，为工业共生网络运作过程中重复博弈的均衡解。唐晓华等（2007）假设企业在生态效益目标约束的条件下，讨论了生态产业链中上下游企业之间的讨价还价博弈。

二、生态产业链形成及其对企业成长的作用机理

关于共生产业链形成机理方面的研究，传统经济学理论认为，产业共生通过企业集群特性可以产生集聚经济效应，获得规模经济和范围经济，

从而使共生体获得竞争优势，使得企业集群能够获得战略协同，进而快速成长。

在国外，随着生态工业园建设热潮的兴起，有关生态产业链链接机理的研究从不同的视角进一步深入发展。丹麦卡伦堡生态工业园区 Novo Nordisk 副总裁 Jorgen Christensen 认为卡伦堡之所以能够成功是因为企业链中的企业所从事的产业不同但却彼此适合，有利于促进企业成长从而激发企业参与的积极性；企业的参与是自愿的，与相关部门之间是一种密切合作的关系。Korhonen（2001）强调产业生态系统的构建应保持四个基本生态特征，即循环性、多样性、本地化和渐进性。这四种特性保证了企业的资源高效利用、战略协同和有序成长。Pellenbarg P. H.（2002）分析了地方中介组织在创造企业链接的机会和运输服务中所起的重要作用。Emtairah 和 Tareq（2005）分析了工业共生网络在培育区域技术创新方面的潜在贡献。概括了共生网络对创新过程产生影响的因素，并通过分析瑞典第一个工业共生项目所发挥的作用来支持自己的观点。Clayton 和 Anthony（2002）尝试将一种以网络为基础的市场机制用于支持生态工业的发展，即建立电子的废物交换网络来更好地为发展中国家或贫穷国家提供发展生态工业的机会。

同时，国内学者也有不少精辟的论述。王缉慈（2001）分析指出促使企业产生主动集聚的主要诱因有：运费和能源的节约、资源基础设施的共享以及信息的快速流动和管理的配合。郭莉（2005）从工业共生进化的经济、环境和技术三要素出发，分析指出"在工业共生的形成和进化过程中，经济效益是关键，环境效益是基础，技术创新是主要推动力，任何一个方面与其他两个方面息息相关"。因此企业形成共生体是对生产要素共同需求的结果，生态工业共生体的运行动力本质上在于经济利益。王兆华等（2002）则从新制度经济学交易费用理论分析指出，共生产业链的形成机理主要是在于节省交易费用，进而达到降低成本，从而达到以成本战略增强企业竞争力的目的。蔡小军等（2006）指出共生产业链的形成机理实际上是一个复杂的系统过程，该过程是生态产业链每个个体通过寻求一种制度安排，以合理地利用整条共生产业链的内、外资源，在尽量注重环境保护的同时，形成低成本、差异化或者两者相结合的竞争优势。

三、企业网络与企业成长

1. 企业网络的概念

借助网络进行分析的研究方法由来已久，尤其是在社会学、人类学的应用领域，而在管理方面的应用则晚了很多，然而，网络理论在管理领域的应用已日益受到重视。有些学者建议将管理领域的研究由原来传统的二维关系研究扩展至更为广泛的网络关系研究中去，这样将能够更有益于理解企业的行为和绩效（Achrol，1997；Gulati，1998；Rowley，1997）。

目前很多研究把企业网络等同于创新网络，即企业网络能够直接促进企业的创新能力和水平。这是一个较为新颖的研究方向，但一经提出，就引起了很多学者的共鸣。由于创新对资源型企业绿色转型成长意义重大，因此本书从创新的角度对企业网络进行综述。Freeman（1991）认为企业网络是应付系统性创新的一种基本制度安排，网络构架的主要联结机制是企业间的基于创新的合作关系。Koschatzky（1999）把企业网络定义为一个相对松散的、非正式的、嵌入性的、重新整合的相互联系的系统，从而促进企业的学习及知识（尤其是缄默知识）的交流；Aken和Weggeman（2000）将企业创新网络界定为包含在产品创新过程中的网络组织，该网络组织是由一些自治的和法律上平等的组织通过持久的商业联系构成的系统；Harris等（2000）则把创新网络看作不同的创新参与者制造业中的企业、研发机构和创新导向服务供应者的协同群体，共同参加新产品的形成、开发、生产和销售过程，共同参与创新的开发与扩散，通过交互作用建立科学、技术、市场之间的直接和间接、互惠和灵活的关系，参与者之间的这种联系可以通过正式合约或非正式安排形成，而且网络形成的整体创新能力大于个体创新能力之和，即创新网络具有协同特征。

国内学者也对企业创新网络的内涵进行了探讨。吴贵生（2000）提出企业技术创新网络是技术创新过程中涉及的企业之间以及个人之间的联系形成的网络，由于技术创新的过程中受许多因素的影响，基于这种复杂性，企业不可能完全孤立地进行创新，为了追求创新，企业不得不与其他的组织产生联系，来获得发展和交换各种知识、信息和其他资源。董一哲（2000）认为企业创新网络是指企业为获得创新资源、提升创新能力，通过契约关系或在反复交易的基础上以及应用互联网信息技术手段与外部组织机构建立的彼此信任、长期合作、互利互动的各种合作制度安排。

基于以上研究，可以归纳出企业网络或创新网络具有以下特征：首先，企业网络是一种具有动态性且边界较为模糊的组织模式；其次，企业网络是随着经济发展和社会进步，基于各类技术和信息，结合企业自身战略发展需要的产物；再次，企业网络以形成持续竞争优势并实现战略目标为宗旨，以获得竞争和持续发展所需资源，并充分发挥资源作用为目的的组织；最后，企业网络中的成员之间是既竞争又合作的复杂的网络关系。

2. 网络对企业成长的促进机理

高度协作导致了区域创新系统的高效率，Storper（1992）认为网络内的协作从两个方面促进创新：第一，高水平的协作表明了创新劳动的高水平分工和专业化；第二，协作可以看作是知识溢出的渠道。Sternberg（2000）通过研究认为相关主体之间的协作以及它们与外部机构之间的关系非常重要。Anselinetal（1997）通过实证研究表明知识的"溢出"效应集中在与知识临近的空间区域内，区域创新网络内行为主体在地理位置上的临近有助于建立和维持协作关系，因为频繁的近距离的接触非常必要，有利于创新活动的进行。Grabher（2000）认为，网络内的链接为相互学习和创新提供了满意的条件。网络不断开辟途径，以接纳丰富的信息资源，并提供比等级性组织更广阔、更直观的面对面交流的机会，还可以使隐含经验类知识能够在区域内逐步转化为编码化的知识，这种隐含经验类知识让区域外竞争对手难以复制。Rothwell（2000）等人认为技术创新网络的重要性既在于增强了个体成员的创新性，又在于其对个体伙伴创新能力的组合与放大。Hagedoorn 和 Duysters（2002）指出通过跨组织的技术创新网络的应用可以使企业获取新知识，并且逐步增强企业技术创新的能力。

国内的研究也有不少有见地的论述。王缉慈（2001）对区域创新网络理论及其在我国的应用进行了研究，其主要结论是区域内企业之间在专业化分工基础上建立密切的合作关系，区域内行为主体可以共同创造一个可以广泛接受的行为模式，促使知识的流动和扩散，从而使区域内的企业能够获得一种外部的规模经济和范围经济，不断保持竞争优势。蔡铂和聂鸣（2003）研究了产业集群对企业创新活动的影响，探讨了集群创新机制中除集群外的其他重要因素，还特别强调了社会网络对产业集群技术创新的促进作用。魏江（2003）研究了产业集群创新网络中的知识溢出问题，认为创新网络可以应对技术和市场的不确定性、产业的地理积聚和创新产出之间的正向互动关系，集群创新网络的各成员的组织和制度设计需要综合考虑维持知识溢出及其控制之间的平衡。刘友金（2002）指出，集群式创新的优势主要表现为知识外溢、创新资源、追赶效应、拉拔效应和根植性五个方面，这些优势产生了交易费用节约、价值链共享、资产互补、知识外部性、规模经济等。

网络资源存在企业网络中，可以用来构成和实施企业战略，并加强企业竞争力。企业从网络中获取的特殊资源通过改变企业可选择的机会集合来影响企业的战略行为。信息量越大，可选择的机会就越多，进而提高企业的学习能力来改变企业战略行为。企业网络能够降低企业间的知识交易的成本，提高知识资源配置效率，所以，企业参与网络对学习能力直至竞争优势的提高都是至关重要的。

3. 企业网络的稳定与演化

网络的稳定性是非常重要的，当前资源型企业网络面临的一个很大的问题就是网络的脆弱性较大。Jones（1997）等人提出网络成员应该自觉协调和维护网络整体功效以达到各方利益的均衡，从而构成网络治理的互动与整合机制。Dyer 和 Nobeoka（2000）具体考察了丰田公司的创新网络及其治理。他们发现丰田公司设计有效的治理结构，实现了网络治理：第一，开发了网络水平的知识共享常规；第二，制定网络"规则"，使知识产权属于网络而非特定的企业，防止"搭便车"行为；第三，创造多重的知识共享和一系列子网络，促进网络知识尤其是难言知识的共享。Knut（2001）等归纳了社会科学、政治科学、创新与知识经济学和演化经济学对网络结构演变的研究，将创新理解为组织学习过程，创新网络则是跨组织学习的合作，通过合作使网络获得稳定。Berninghaus（2003）等人利用谱分析的方法建立了创新网络中的理性选择和演化解释的连续系统模型，并建立信任与序贯博弈模型来模型化网络演化过程，认为通过信任和企业理性选择可以促使网络的有序稳定；Sidney（2003）等分析了异质公司和持续随机输入的行业网络变化的一般动态，并借用基线模型来描述网络演化的行为过程，结果表明网络在动态演化情况下能够获得稳定；White 等人（2004）以网络动力学和场演化理论为基础研究了生物技术公司的网络演化行为，表明企业网络能够形成动态稳定。

徐和平（2004）提出信任可以促进网络的构建和进化，同时也是企业网络中一种重要的治理机制。王大洲（2001）从治理与进化的角度认为，网络的发展、进化过程也就是信息的交换过程与适应过程，以详细的关系规范，诸如共享、信任、承诺、认同等为基本特征。刘丽莉和关士续（2002）从"路径依赖"的视角，借助于新经济社会学关于社会网络的理论，考察了硅谷形成的历史，阐明了硅谷是在一系列的路径选择过程中逐渐形成一个与众不同的具有创新优势的网络环境。姜彦福（2004）以抽象的网络结构代表经济社会的知识扩散结构，进行网络环境下的知识扩散研究，并考虑其在时间维度下动态变化的情况，借以探讨知识扩散的规模经济的来源、性质、规模大小，以及随时间变化的特性，研究表明，企业网络能够演化为动态平衡的有序结构。

四、对本书的启示

以上对企业创新网络的研究对本书有很强的启示作用。资源型企业在实施绿色转型的过程，追求资源利用效率提高之时，必然要与网络中的企业进行副产品交换和能量的梯级利用。另外资源型企业在网络内与其他企业的协作和合作，是知识和信息转移与共享的过程，对资源型企业的知识更新、市场开拓以及技术创新、管理创新都有很好的促进作用。

另外，资源型企业网络作为一个系统，资源型企业在网络内与其他企业的互动，获取网络内的资源并加以整合，从而能够使得企业之间产生协同作用，使资源型企业在绿色转型成长的过程中，能够有效降低交易成本和创新成本，可以使资源型企业绿色转型成长的绩效大为提高。尽管资源型企业所形成的网络能够对资源型企业能力提升和创新水平等大幅度的提高产生作用，但由于资源型企业的网络形成基本上都是在产业链上纵向延伸和横向联结，具有生物界食物链的形式和形态，因此在本书中把它称为资源型企业生态网络。

第三节　动态能力及企业战略转型

一、动态能力的内涵及特征

Teece、Pisano 和 Shuen（1997）在研究中认为动态能力是一个企业整合、构建和重组内外部的胜任以应付快速变化环境的能力。Eisenhardt 和 Martin（2000）认为，动态能力是由一些具体的战略流程组成的，可以分为资源整合型动态能力、资源重构型动态能力以及资源获取和释放型动态能力。Zollo 和 Winter（2002）从演化经济学的角度认为，动态能力本质上是一种学习机制，通过这种学习模式系统地改善运营惯例从而提升整体绩效。Masini 等人（2004）借助演化经济学的分析工具——自组织理论，明确提出了动态能力是运用和拓展兼而有之的高层次管理能力，是与环境相适应的自组织系统。而 Zahra 和 Davidsson（2006）认为，动态能力就是用公司主要的决策制定者预想的和认为合适的方式重构一个公司的资源和惯例的能力。对以上研究进行归类可以发现，对动态能力的研究可以分为四种代表性观点：注重各种能力整合的动态能力、注重资源和能力创造的组织过程性动态能力、强调能力的知识积淀和组织学习的动态能力和注重系统自组织的动态能力。

国内学者贺小刚（2006）认为动态能力强调的是不断学习从而应对市场的快速变化，动态能力强调能力的动态性、系统性和结构性。李兴旺（2006）认为动态能力就是环境洞察能力、价值链配置与整合能力、资源配置与整合能力的组合。刘磊磊（2008）在其博士论文中认为，从本质上讲，企业动态能力是一种开拓性的能力，强调以开拓性动力克服能力中的惯性，更加关注企业的动态效率。焦豪（2010）在其博士论文中总结了学术界对动态能力的共识，共有五个方面：（1）企业动态能力存在的最终目的是为了使企业在不同时期内适应动态复杂变化的环境；（2）企业动态能力是整合、构建和重组内外部胜任以适应快速变化环境的能力；（3）企业动态能力形成与提升的源泉来自于以企业家和高层管理团队成员为代表的主要决策者；（4）动态能力作用于企业的过程始于外界环境的变化，企业获得发现机会的契机，最终重构企业内外部资源建立新的运营能力抓住机会，这个过程涉及了企业现有知识资源和管理的变革性转换；（5）企业动态能力的产出成果是资源和运营操作惯例的重新架构与组合，最终获得短期绩效的优秀表现和长期的持续竞争优势。

对以上学者的研究进行归纳，可以发现企业动态能力具有以下几个特征：

（1）战略性特征。Hilliard（2003）的研究指出，动态能力是战略管理能力，这种能力既包含了促进企业成长的领导和计划因素，又包含了确保成长计划执行和整合的管理因素，作为能够获得短期绩效的优秀表现和长期的持续竞争优势的能力，动态能力属于高阶能力层次，其形成与提升来自于以企业家和高层管理团队成员为主要代表的决策者。因此动态能力是一种具有战略性的能力。

（2）复杂适应性特征。Eisenhard 和 Martin（2000）认为不同环境状态下要求相对应的动态能力。企业动态能力的目的就是为了能够使企业在不同的时期内适应动态复杂变化的环境，以推动企业竞争优势的提升。因此，动态能力能够促使企业不断适应环境的动态变化。

（3）开放性特征。Zahra 和 George（2002）认为动态能力的开放性特征促使企业不断地吸收所处环境中的信息，创造和开发新的知识，从而使自身具备在动荡变化市场中竞争的柔性。动态能力的开放性特征更高使企业积极地吸收外部知识，不断地在企业内部传播、复制及内化，使企业内部资源更好地与外部环境实现良胜互动。

（4）协同性特征。系统理论认为，系统总体大于其各组成部分之和。企业动态能力作为一个整体系统，在企业的不同发展阶段表现为不同的形式，Griffith 和 Harvey（2001）认为具体体现在对企业的生产制造能力、战略决策与组织协调能力、研究与开发和产品创新能力、人力资源与资源整合能力、市场营销能力和外部关系处理能力等能动作用上。动态能力对于企业的作用的发展依赖于这些部分的良好组合，最终产生协同效应。

（5）动态性特征。动态能力在企业成长的过程中表现出来的是动态的非均衡状态。在打破一系列的均衡状态的同时，企业获得了暂时的优势。在动态复杂的超竞争环境中，能力被持续不断地培养、开发、运用、维护和扬弃，如此循环往复，永无止境，形成正反馈的增强回路（Teece，2007）。这正是动态能力的本质所在：通过不断的创新而获得一系列短暂的竞争优势，从而在整体上体现出企业的持续竞争优势。

（6）学习性特征。由于企业所处的环境越来越动荡变化，先前已有的机会发现、资源重构以及知识应用的时间越来越短暂，对企业动态能力的要求越来越高，与此相对应，动态能力的学习型特征更加明显。王核成（2005）认为学习如何配置资源和能力，这有助于不同企业绩效的形成，学习效应可直接影响企业的变革成本结构，从而影响企业的变革选择。学习导致组织能力进化和发展的路径依赖性，使得某些资源配置方式由于低成本而更具有吸引力。在收益递增的条件下，路径依赖性的作用会进一步扩大，使竞争对手很难克服其成本劣势。市场领先者通过不断学习，提高对手的竞争成本，从而保住自己的竞争优势。另外，学习也同资源配置能力的时机密切相关，因为学习使得企业能够更快速、有效地配置资源能力。

二、企业战略转型的内涵

有关企业战略转型的研究中，也有研究经常使用战略调整、战略更新、战略创新、战略转换、战略变革等词语组合，唐健雄（2008）在其博士论文中从研究的严谨性出发对这些不同的词语进行了解释。对于战略转型的概念，一直没有明确界定且得到公认的含义。以 Ansoff（1979）等为代表人物的理性分析范式认为，战略转型是一种为达到组织既定目标，用一系列有计划的方式求出最优解的过程。一般认为战略转型是因为企业经营出现问题，但为了求生存，必须在包括组织的使命目标、结构、企业文化等方面作出重大改变。也有研究认为战略转型是整个组织在价值、形态、态度、技巧及行为上的转移，使组织更有弹性，即能就是反映环境的各种变化。同时提到转型的主要目标是企业在经历一段时间的努力之后，能大幅度改善企业绩效，并能持续维持企业竞争力。博西迪（L. Bossidy）和查兰（R. Charan）认为企业战略转型"是一种经营模式的变革"。国内学者芮明杰（2005）认为战略转型是企业组织通过其构成要素及要素间关系的变动，形成了一种与环境动态适应的新结构。唐健雄（2008）认为企业战略转型就是企业为应对内外环境的变化而作出的决策，并将企业战略转型定义为：企业为应对复杂的动态环境的变化，谋求未来生存与发展的竞争优势，结合自身的资源和能力，使企业战略内容或形态发生状态上的根本变革或转移的过程。

因此，战略转型是企业与变化着的环境不断对话的过程，在这一过程中企业基于长远发展的需要会对其战略内容进行重大调整，改变原来的资源投向，形成一种新的经营模式。同时，战略转型是企业平衡内外各种复杂利益关系，使企业战略目标与内部资源、外部环境保持动态平衡的过程，只有实现了三者的动态平衡，才能确保企业持续发展。

三、对本书的启示

在上一章的基本概念界定中曾经指出，资源型企业绿色转型是一种绿色化的战略转型，因此企业战略转型理论具有较强的借鉴参考意义。首先，资源型企业面临的发展环境发生了重大变化，资源浪费程度高，对国家和区域的经济社会发展不利，同时对生态环境造成了污染，不利于整个地区的可持续发展。在这种情况下，资源型企业要谋求未来生存与发展的竞争优势，实现可持续成长，就必须结合自身所能整合的资源和能力，使资源型企业的发展战略在内容上或形态上发生根本变革或转移；其次，资源型企业的绿色转型不同于一般企业的战略转型，资源型企业不仅要考虑自身的短期获利和长期竞争优势，还要考虑资源的利用效率提高，环境友好程度的提升，对于资源型企业而言，其绿色转型无疑比一般企业的战略转型更有难度；最后，资源型企业的绿色转型还需要借助整个生态网络行为主体之间的协同效应，单个资源型企业无法完成绿色转型的任务。

企业战略转型需要有相应的能力作为支撑，资源型企业的绿色转型同样离不开能力的支撑，即资源型企业绿色转型能力。通过对动态能力内涵及特征的论述，可以看到，资源型企业绿色转型同样需要具有这些特征，甚至还要多。因为，资源型企业绿色转型成长的目标比一般企业成长的目标要多，任务更重。尽管目前对资源型企业绿色转型能力的研究还很少见，但本书认为，对资源型企业绿色转型能力的考察可以从企业动态能力理论作为切入点和突破口，这样就能把本书的内容较好地融入到管理学的研究范畴了。

第四节 文献评述及本书欲回答的问题

虽然有关企业成长的研究已经形成了一个"理论丛林",但目前企业成长理论体系还远未完整和统一。在经济学的研究中,以交易费用为主要分析思路的现代企业理论侧重于从契约、委托代理的角度来考察企业成长过程,而在管理学的研究中,以资源基础观为基础的企业能力理论则侧重于从资源、知识等方面来考察企业的成长能力。虽然不同理论学派对企业成长内涵认识不一,但它们对企业成长本质的理解已经趋于一致,认为企业成长是量的成长和质的成长相结合的过程。其中,量的成长主要包括企业资源增加、盈利增长、销售额和人员规模扩张等;质的成长是指企业经营资源的性质、结构和支配主体的革新。也有学者将企业的质的成长分成企业内部经营结构、技术结构、组织结构和空间结构的发展和创新,以及企业制度的变化。

当前,学术界对生态产业链的研究主要集中于生态产业链中物质和能量流动及效果评价、生态产业链的形成机理和企业链接关系的分析以及生态产业链的稳定性研究等问题上。对创新网络的研究主要集中于创新网络的概念、对企业创新的影响、企业网络的结构类型及特征、创新网络的演化及治理等方面。但对二者联系起来进行研究的文献并不多见。

尽管资源型企业是重要的企业类型,并且是我国西部地区经济发展的支柱,资源型实施循环经济发展模式也已经上升为了国家战略,但在上述文献中,无论是按照经济学还是管理学对企业成长的论述,都没有系统地解释在资源环境约束下资源型企业的可持续成长问题。并且,有以下几个问题没有得到明确的回答:第一,在资源环境压力越来越大的今天及未来,资源型企业如何才能实现可持续成长?第二,资源型企业网络在资源型企业绿色转型过程中的作用是什么?动态能力对企业的成长绩效有很大帮助,那么资源型企业绿色转型成长的动态能力如何界定?怎样开发其量表?第三,如果把资源型企业绿色转型能力看作资源型企业在网络中的动态能力,那么它对资源型企业绿色转型成长的作用是什么?如何进行实证?第四,资源型企业绿色转型成长需要什么样的管理模式?这些问题正是本书试图要明确回答的。

　　基于上述思考，结合笔者对我国发展循环经济战略和实施绿色发展的理解，根据对我国西部一些资源型企业的实地调研，立足于经济学和管理学的基本理论，本书欲基于如下思路回答前述几个问题：鉴于创建生态工业园区是我国发展循环经济的较为普遍的重要实践形式的事实，那么在工业园区中，集聚的资源型企业通过工业共生关系构建生态产业链来达到清洁生产和资源高效利用的目的，因此，构建生态产业网络是当前资源型企业绿色转型成长的基础。从企业动态能力的角度来看，资源型企业在生态网络中应该有自己的能对其绿色转型成长起到作用的能力，本书称之为资源型企业绿色转型能力，通过对该能力内涵的界定并开发量表，根据访谈内容和研究逻辑提出研究假设，用结构方程模型对资源型企业绿色转型能力与其转型成长之间的关系进行验证。最后提出，资源型企业绿色转型成长的管理模式。在研究的最后，用案例来佐证理论研究。

第三章 资源型企业绿色转型成长的理论框架

很多研究证明了企业可以通过参与网络获得额外的利益，如 Levin 和 Cross（2004）认为网络中的企业能够相互学习和共享知识，Chung 等（2000）认为企业在网络中可以获得补充性资源，Salman 和 Saives（2005）指出企业积极参与网络能够提高企业的自身的创新产出和创新绩效。显然，这些处于网络中的企业成长绩效的获取得益于自身在网络中获得的能力的提高。通过企业网络能力的提高，网络中的企业能够更大范围、更深层次地配置网络资源。而网络资源对非网络中的企业具有排他性，仅仅处于网络中的企业才有可能享有这些资源带来的额外收益。方钢（2008）认为网络资源具有这样的特性，是作为创新网络中企业最重要的外部环境——创新网络的网络组态所带来的。网络中丰富多样的伙伴、与伙伴密切的合作关系，以及企业作为网络中信息传递的一个节点等，都为企业获取额外收益产生了影响。而这种影响，网络外部的企业是无法享有的。网络中企业的额外收益主要来自网络中合作伙伴间的学习效应、溢出效应、协作效应和互补效应。

对于资源型企业，通过积极参与生态网络，将提高资源型企业自身的能力，也会产生较大的学习效应、溢出效应、协作效应和互补效应，带来整个生态网络的协同效应。本书将资源型企业为了实现绿色转型在网络中的能力，称为资源型企业绿色转型能力，这个能力与资源型企业所处的生态网络息息相关，相辅相成，离开了生态网络，则资源型企业绿色转型能力将大打折扣，同样地，资源型企业绿色转型能力的提高，将进一步促进资源型企业生态网络质量的大幅度提高，通过整体作用，将使资源型企业集聚地的所在区域在绿色发展的道路上越走越顺畅。

资源型企业绿色转型能力的提高，将为资源型企业实施绿色转型发展战略注入极大的动力，将帮助资源型企业更加有效地找到发展机会，更好地执行有关策略，也能更高效地协调和整合各类关系和资源，加快知识吸收和更新速度，促进企业实现创新，从而对资源型企业绿色转型成长绩效带来帮助。

本章的研究是建立资源型企业绿色转型成长的理论框架，主要从三个方面论述，即资源型企业生态网络是资源型企业绿色转型成长的基础，绿色转型能力是资源型企业绿色转型成长的保证，成长绩效是资源型企业绿色转型成长的目标，绿色成长绩效的表现是实现经济绩效和承担社会责任。其基本逻辑是，资源型企业生态网络给资源型企业带来提升绿色转型能力的平台，资源型企业绿色转型能力的提高带来绿色转型成长的绩效。由于资源型企业的特殊性，本章论述资源型企业的绿色转型成长绩效时重点论述资源型企业的社会责任问题，后文再专门讨论资源型企业绿色转型成长的绩效衡量指标。

第一节　生态网络是资源型企业绿色转型成长的基础

随着矿产资源的日益紧缺和国民经济的快速发展，矿产资源产业作为基础产业越来越受到国家和世人的关注，尤其是在后金融危机时代，如何规划和部署矿产资源产业具有重要的现实意义。当前我国正处在工业化阶段，矿产资源的开发和利用显得异常重要。在可持续发展的理念下，走新型工业化道路，发展以知识经济为基础的现代化，建设科技含量高、经济效益好、资源消耗低、环境污染少的新型矿产资源产业势在必行。然而，资源型企业的传统发展模式是大量占有自然资源，通过加工形成产品，排出大量废弃物的线性模式，这对自然生态环境带来了极大的压力，对整个社会产生了较大的影响，因此在传统的发展模式下，资源型企业不可能实现可持续发展。而资源型企业可持续发展必须满足两个方面：第一，资源型企业自身的可持续发展，即实现企业当前经营目标且能够保持持续盈利增长和运行效率持续提高。这就要求资源型企业追求利润最大化的目标与远期稳定收益最大化或获得满意的长期利益相结合，使企业拥有的生产性资本恒定或增加，具有可持续收益的能力。第二，资源与所处的环境、社会经济的可持续发展。资源是自然环境中可以直接用于生活和生产的物质来源，环境则是客观存在的物质基础中同人类、人类社会发展互动中影响的因素总和，经济活动是人类开发利用自然资源以满足物质和精神需求所进行的实践活动。此三者是一种相互依赖、相互影响和统一发展的整体。此种情况下，中央政府及各地方政府都提出了"资源节约型、环境友好型"的发展目标和口号，在具体实践中也都以产业集群和循环经济发展模式为导向，这无疑是一个很好的探索。

从产业发展的规律来看，市场集中与空间集聚是现代产业组织演进的两条基本路径，大企业与产业集群分别是它们的组织载体（杜传忠，2009）。实际上，资源型企业产业集群就是一种网络组织，是某个领域内相互联系的资源型企业与机构在一定地域内的集合，是以企业与企业之间，企业与中介服务、地方政府、科研支持等相关机构之间，企业与环境之间的依存互动为基础的有机体。在产业集群网络组织中，其核心组成部分就是那些在地理位置上集中的，同一产业或不同产业中，由于物质、能量、信息交流而经常发生联系的相关企业群体。因此，产业集群生态网络也主要聚焦于企业与企业之间生态关系的构建和维护。

一、资源型企业的生态网络的构成

1. 矿产资源价值形成路径

矿产资源从赋存与地壳内部、客观存在的自然资源转化为可供工业开发利用的矿产品，其间经历了资源综合开发利用的生产过程。在这个过程中，矿产资源资产价值逐步形成，但是，如果在这个过程中，仅仅对某种资源进行了开发，而不能对伴生的矿产资源进行综合利用，同时也不能对上游企业所排放的废弃物进行有效利用的话，就不能很好地优化资源绩效，从而造成资源的极大浪费和生态环境的破坏。因此应根据矿产资源价值形成路径及特点，尽可能地实现其价值（如图 3-1 所示）。

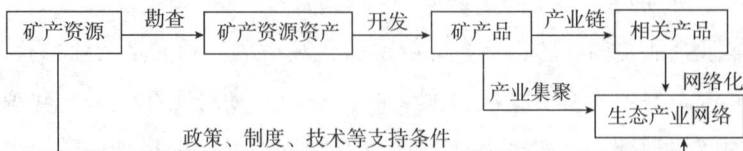

图 3-1 矿产资源价值形成路径

2. 资源型企业生态网络的构成

Kamann 和 Strijker（1991）认为网络包含组织间所有的互动关系。Knoke 和 Kuklinski（1996）认为网络是一群人、组织或者事件关系链接的特定形态。Goyal（2007）认为网络描述的是一组节点以及它们之间的连接。根据这些定义，在资源型企业成长过程中，构建一条简单的生态产业链或简单延长产业链都是资源型企业生态网络的形成，显然这对研究资源型企业成长是不够的，因此，这些定义都是很宽泛的。在 Hakansson（1987）的社会网络分析中，认为网络中应该包含三个基本要素，即行为主体、资源和活动，本书认同这种概括。在资源型企业生态网络中，行为主体包括资源型企业及其他组织，资源包括自然资源及其他无形资源，活动则表示各个行为主体之间的相互作用。三个要素相互依赖、相互作用、相互影响，共同促进整个网络的发展（如图 3－2 所示）。

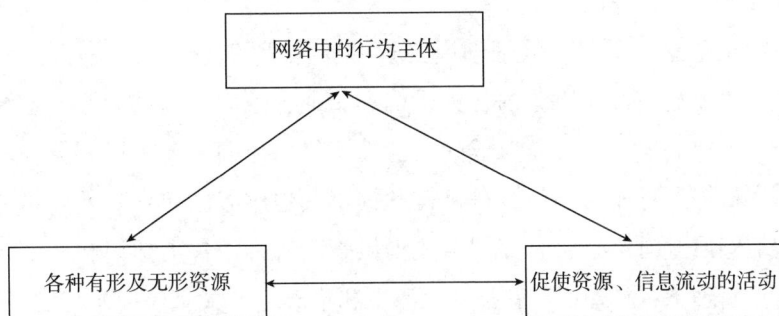

图 3－2　资源型企业生态网络基本构成

上述归纳只是从整体上描述了资源型企业生态网络的基本构成，并没有给出其具体的构成要素。魏江教授（2003）在研究产业集群时，曾将其要素划分三个层次。分别为核心层次要素、辅助层次要素及外围层次要素，这一思路为本书刻画资源型企业生态网络的具体构成要素提供了借鉴和参考。在资源型企业生态网络中，各个行为主体相互作为，从而构成一个较为复杂的系统，根据不同行为主体在网络中的作用方式以及定位，可以将其分为核心层要素、辅助层要素和外围层要素。只有通过较为合适的活动，才能在这些要素之间合理配置资源，进而促进资源型企业的绿色转型成长。

资源型企业生态网络的核心层要素主要是从事资源开发利用的各类企业，

这些企业是基于产业关联的经济技术合作与竞争关系形成的网络层面（张聪群，2007）。一般情况下，一个资源型区域在发展的初始期，会由一个或多个资源开采企业先发展起来，而后又在技术及经济状况允许的情况下，依据产业链延伸的要求建立资源加工和资源利用企业。这些资源型企业的聚集不是简单地扎堆，而是在资源循环利用和节约利用的要求下，根据产业链的发展需要集聚起来的，而且产业链之间是不平行的，呈现出相互交错、相互制约和相互依赖的关系。在由资源型企业形成的整个核心网络层面上，企业之间的主要链接是通过自然资源而形成的，主要体现在横向和纵向两个方向维度上。从横向来看，不同的资源型企业都是以相同的资源作为原材料，生产的产品基本上是同质的，在资源储量一定的情况下，通过技术扩散的效应，这类企业不断繁衍，成为同一种群的企业，他们之间既有基于竞争的合作，同时也有基于合作的竞争。从纵向来看，是产业链延长的结果，他们之间是基于专业化分工和交易的合作关系。

资源型企业生态网络的辅助层要素主要包括能够提供技术流、信息流、资金流、人才流和其他服务的各类机构和企业，他们是以共同服务资源型企业网络核心层要素为纽带而形成的支持性网络。他们主要可以划分为教育培训及研究机构、行业协会、金融机构和提供其他服务的企业。教育培训及研究机构能够通过向核心层资源型企业提供管理咨询、各类知识和技术成为生产和传播新理念、新知识和新技术的源泉和集散地。Cook（1996）曾经指出，未来一个区域的发展核心将是大学、研究机构与产业之间关系的发展，因此，科研机构与企业联合进行研发创新，形成以技术为纽带的合作关系具有较大的空间和重大意义。行业协会是重要的中介组织，是联结政府与其他行为主体之间的桥梁和纽带，具有行业自律、利益保护、利益协调和信息传导等多项职能（张聪群，2007）。由于大多矿产资源的开发与加工投资规模较大，现金流的要求很高，需要相对完善的金融服务才能可持续发展（张青等，2010），而金融机构正是通过提供资金支持与核心层企业产生联系。除此之外，在辅助层还有提供物流、维修和其他服务的企业，他们都以特定的方式与核心层企业产生联系。

资源型企业生态网络的外围层要素主要包括政府、公众和市场。即使资源型企业生态网络不存在，这三者是同样存在的，并且是资源型企业生态网络中最不可控制的要素。由于矿产资源的稀缺性和区域集聚性，政府又掌握着最核心的矿产勘探权，因此政府在资源型企业发展过程中起着极大的引导作用，同时由于市场失灵造成的环境损失越来越大，所以政府对资源型企业的环境规制越来越趋于严格。当前，由于可持续发展的理念已日益深入人心，社会公众对环境的诉求越来越高，资源型企业绝不能不受节制。在这三个要素中，政府是通过计划手段来配置资源，而市场是通过价格机制来配置资源，社会公众是通过诉求表达来调节资源，共同构成了资源型企业生态网络的外部环境。

综合以上论述，资源型企业生态网络的具体构成要素如图3-3所示。在图中，虚线表示资源型企业生态网络是一个开放系统，其边界是动态变化的。核心层要素之间的资源流动主要是自然资源，核心层要素与辅助层要素之间的资源流动主要是支持性资源，包括知识资源、技术资源、人力资源和资本资源等，核心层要素与外围层要素之间的资源流动主要包括人文性质的资源及市场资源。

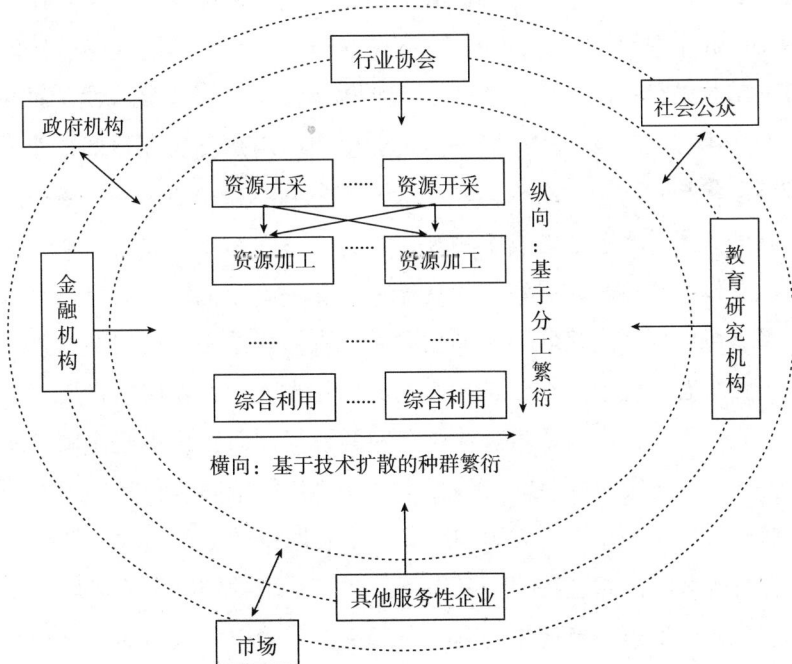

图3-3 资源型企业网络的具体构成

二、资源型企业生态网络之间的活动及其特征

19世纪科学思维方式的转变,实体内部相互关系组成的集合开始成为注意的中心,实体的整体性特点就是由相互作用的各部分组成的所有群体的典型特点。复杂整体的特点是不可能还原为各部分的特点。在系统组份之间存在的相互依赖关系恰如一面网上的网线纽结。系统是内部组份间联系存在的形式,而网络是系统存在的结构。从网络角度认识系统的整体性和复杂性已经成为当今科学和社会管理的鲜明特征。资源型企业生态网络分析理论是系统科学、生态学和企业管理学有机结合的产物。如果说生态系统概念所导致的现代生态产业研究范式的转变仍是思想上的转变,那么资源型企业生态网络分析理论则提供了这种转变实现的工具,而资源型企业生态网络分析的着力点则是系统内的各种联结及其活动。

1. 资源型企业生态网络系统内的联结关系

恩格斯曾指出:"当我们深思熟虑地考察自然界或人类历史或我们自己的精神活动的时候,首先呈现在我们眼前的是一幅由种种联系和相互作用无穷无尽地交织起来的画面。"在生物体系中,系统论强调系统是生命系统实体内部相互联结关系存在的方式,通过联系使得系统实现了其整体性,而网络则是系统存在的普遍结构形式。资源型企业生态网络是反映资源型企业群落系统内部各组份相互联系的结构,整个系统的整体性和复杂性就是通过这种联系来实现的。通过联系才能发生相互作用,联系强调要素之间的关系存在与否,而相互作用则强调说明联系的具体方式和效果。在资源型企业生态网络中,联系又可以分为直接联系和间接联系,直接联系是间接联系的基础。在资源型企业生态系统中存在三类相区别的作用方式:自作用、直接相互作用和间接相互作用。自作用是生态系统存在的前提,而直接相互作用和间接相互作用是生态系统实现其整体性的根本所在。系统中间接相互作用的方式和水平依赖于直接相互作用的方式和水平。生态网络的全部整体特征指标都是不同主体行为和特征通过反映相互作用方式和水平的结构矩阵或联结矩阵的耦合来实现的。生态系统整体效率的提高主要依赖于分室间的直接相互作用和间接相互作用。因此,对于一般系统,联系是系统实现其整体特征和功能的基本方式,而整体性和统一性的水平则依赖于通过联系发生相互作用的方式

和水平。直接联系和直接相互作用是间接联系和间接相互作用的基础，而间接联系和间接相互作用对整体性实现的贡献是不能被替代的。

按照上文的划分，本书继续考察资源型企业生态网络中核心层要素、辅助层要素及外围层要素之间的联结关系。在核心层内，纵向企业依据产业链形成上下游的关系，他们之间主要通过资源的流动产生联系，横向企业之间存在着竞争与合作的关系，因此他们之间的联系主要通过技术扩散或知识转移而产生。核心层与辅助层之间主要是支持性的联系，他们之间的关系是相互影响的，其中，行业协会作为中介组织，既是相关政策、法规、技术、市场等信息中心，又是向成员企业传达信息的通道（张青等，2010）。金融是现代经济的核心，也是资源型企业生态网络中不可或缺的重要机构，它通过资金流动与核心层产生联系。教育科研机构的价值更多地体现在与资源型企业的合作上，他们的合作互为反馈，互相促进。其他服务性企业以配套服务的方式与核心层发生联系。外围层中，政府的职责体现为对核心层的规划、服务和监管，市场通过价格调节使核心层更好地配置各种资源，公众通过自身的利益诉求对核心层产生影响。三个层次之间的联系如图3-4所示。

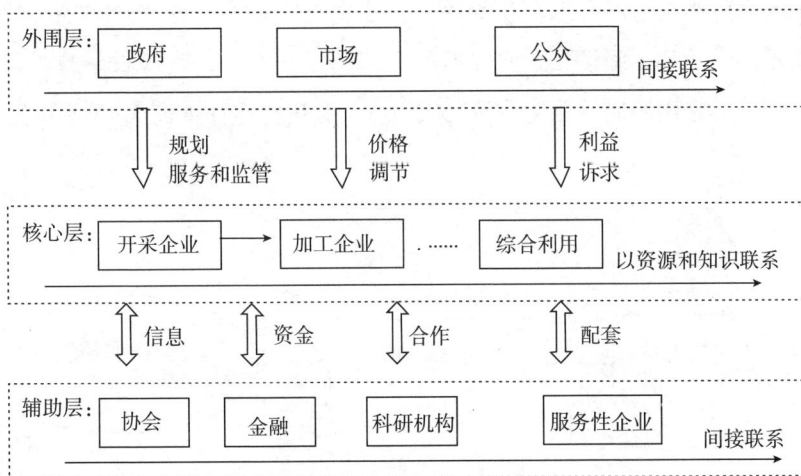

图3-4 资源型企业生态网络中的联结方式

2. 资源型企业生态网络中的协同作用

整体和部分是相互对立和相互统一的两个方面，资源型企业生态网络系统的整体性是通过三个层次要素相互联系来实现的。整体不等于部分之和，部分是系统整体行为的基础，整体是部分行为和特征的统一，是协同作用的结果。协同作用是任何复杂系统本身所固有的自组织能力，是形成系统有序结构的内部作用力。协同学把系统在没有外部指令的条件下，其内部子系统之间能够按照某种规则自动形成一定的结构或功能的有序状态称为"自组织"，不同聚集状态之间的转变过程称为"相变"，子系统间的随机波动而导致系统宏观量的瞬时值偏离平均值的现象称为"涨落"；把影响系统有序的关键因素称为序参量，非关键因素称为控制参量。

在资源型企业生态网络中，可以将反映相互作用与联系的结构矩阵和总联结矩阵分为三项，即自作用与自联系项、直接相互作用与直接联系项和间接相互作用与间接联系项。如果只存在自作用和自联系项时，也就是说系统内部不存在相互联系和相互作用，此时生态系统是相互独立的部分的简单组合体，其全部的整体等于各部分的指标之和。很显然，自然界不存在这样的资源型企业生态网络系统。对于真实的资源型企业生态网络系统，整体指标不等于各部分指标之和，整体指标区别于部分指标之和是通过直接与间接联系所发生的直接与间接相互作用所产生的。整体与部分的关系还表现在整体行为和特征对于部分间关系的影响。在资源型企业生态网络中，各个网络层次的要素扮演着不同的角色，间接联系的要素是系统的控制参量，直接联系的要素是系统的参序量，它们协同才能使得系统成为一个有机整体（如图3-5所示）。

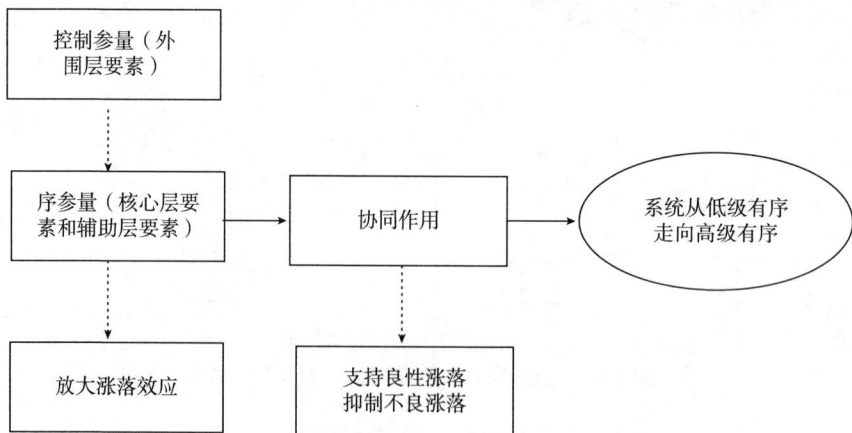

图3-5　资源型企业生态网络中协同作用

图 3-5 表明，序参量是整个系统演化过程中起着主导作用的参数，它支配各个子系统的行为；而控制参量对序参量的协同竞争则具有导向作用，其变化能够促使网络系统达到线性失稳点，从而导致序参量的地位和作用发生一定的变化，催化物质的集聚状态能够达到临界值，由此产生在非平衡条件下"涨落放大"的效应，进而使网络系统形成有一定功能的自组织结构，并通过从无序状态到有序状态的转变机制和驱动力量的"相变"运动，促使系统从不平衡状态转变到平衡状态，支配着系统从无序状态到有序状态、从低级有序向高级有序演化。

3. 资源型企业生态网络的结构与功能

结构是整个系统内部要素联系的方式和形式，但结构不等于构架，它包含了所有要素之间的相互作用，功能是系统对外部环境作用的能力，体现为资源型企业生态网络整体的能量生成，是通过内部联系和与外部的联系来表征的，系统的整体结构和功能是辩证统一的。在资源型企业生态网络中，不同层次的联结矩阵反映了生态网络中不同长度路径的数量，它依赖于路径上传递物质与能量的多少。这种生成的能量表现为产业生态网络整体竞争力的提升和经济效益的提高，即密度和维度的增大。

在生物生态体系中，同一生态系统中不同营养元素流动的网络构架是一致的，但它们的流动路径长度和数量不尽相同，这反映了生态网络内部流动结构对其功能的依赖性，而系统的功能又依赖于路径形式来实现。在资源型企业生态网络中，假设生态网络 S 中存在参序量 Z_s，且包括 $n(n \geq 2)$ 个网络单元，同时存在函数关系 $Z_s = f(Z_1, Z_2, \cdots, Z_n)$，则整个系统的全要素关联度为：$\delta_s = \frac{1}{\lambda} \sum_{i=1}^{n} \delta_{s_i}$，其中 λ 为生态网络关联界面的特征系数。资源型企业生态网络的生成能量 E_s 是系统存在和增长的具体体现，它与资源型企业生态网络的全要素关联度、关联密度以及关联维度有对应关系，即：$E_s = f(\delta_s, \rho_s, \eta_s)$，其中 ρ 表示资源型企业生态网络中要素之间的关联密度，η 表示要素之间的关联维度。在上式中，$\delta_s \geq 0$ 是生态网络中能量生成的充分条件。网络中的能量生成体现了资源型生态网络的本质特征，也体现了产业生态网络实施效果的变化。

4. 资源型企业生态网络的特征

通过以上论述并结合矿产资源的特点，可以归纳出资源型企业生态网络具有以下特征：

（1）集聚性和分工性。在资源型企业生态网络中，基于自然资源禀赋的基础，众多企业集聚在一起，其内在表现为资源集聚，外在表现为空间集聚，它们之间具有很强的关联性和互补性，它们不是简单或随意的扎堆，而是存在着较强的专业化分工。在资源型企业生态网络的核心层，众多的资源型企业不可能再走传统的发展道路，而是在生态学理论的食物链模式的启发下，延长产业链，不断形成不同层面的下游企业，以便能让自然资源得到最大的价值优化。在辅助层次，各个行为主体的活动也均是基于专业化分工为基础的，如科研机构的技术研发、金融机构的资金支持等，都是在"看不见的手"的调节之下进行分工定位的。

（2）地域性与垄断性。由于资源型企业生态网络的核心层次要素——资源型企业主要是以资源作为其生产加工或综合利用的原材料，资源禀赋是资源型企业成长与发展的基础前提，因此资源型企业对自然资源具有高度的依赖，而矿产资源的形成需要极其苛刻的生物、地质和气候条件，具有强烈的地域性，同时也由于资源型企业具有一定的进入门槛，因此具有自然垄断性。而且，在整个生态网络中，其主要结点都是本地的行为主体，所有这些网络结点及其参与的活动过程都与区域内的相关环境保持着较为密切的联系，实现互动。对于辅助层和外围层的要素而言，Grabher（1993）和 Antonelli（1995）都曾指出，当技术知识由于相互依赖和密切关联而本地化时，企业一般倾向于滞留在一个限定的区域内，即使是当前区域内的相对价格比其他区域要高，但本地化的"学习效应"产生，能够使企业尽快摆脱效益和利润衰退的阶段，最终本地的学习和适宜创新的引入能够资本化，利润的优势将可以通过本地化的创新导入而重建。

（3）资源型企业生态网络系统是一个耗散结构。由于系统中的每一个行为主体及其相互之间的网络联系随时都处在发展变化的过程中，网络中流动的包括知识、技术、信息在内的各种资源也在不断更新变化，因此资源型企业生态网络是一个动态的体系；同时，网络中的行为主体间的每一个联结都不是固定的，是受到市场、政策等因素调节的，在外部环境的影响下，每个行为主体都趋向于为获得最优的知识和互补性资源而创造和寻找更好的联结关系，因此资源型企业生态网络是一个开放的体系。因此，资源型企业生态网络本身是远离平衡态的系统，其内部具有非线性动力机制，它要不断同外界交换物质和能量来维持其有序状态，并不断从低级有序走向高级有序。

三、资源型企业生态网络的内在机理

1. 资源型企业网络中的创新模式

传统的观点认为，企业的创新模式遵循线性过程，即：发明→开发→设计→中试→生产→销售等简单的线性过程。这样的创新模式往往隐含了一个基础认知：即创新是一个单独企业的行为，所有企业的创新行为都在企业内部发生和完成的。这种创新模式在外部环境相对静态时可能会发挥较好的作用，在动态环境下，信息无法较好地进行反馈，不利于研发部门与互补企业、客户之间的相互交流和相互学习。在传统的创新模式中，资源型企业注重的是提高劳动生产率和资本利用率，而在资源型企业生态网络中，资源型企业在面临绿色转型成长的情况下，其创新要求重构和平衡创新链上各种推动性和拉动性因素，并重点关注提高资源利用率和降低生态环境压力。并且，网络本身是动态开放的，创新也面临着长期的复杂性和外部的不确定性，网络中的任何企业都不能简单照搬传统的创新模式，而是要把企业生产经营过程中的每一个环节都成为创新的节点，把创新的来源扩展到与互补企业、客户甚至竞争对手的交流和互动过程，也是一个合作的过程，需要企业、政府、中介机构等众多行为主体发挥协同效应，谋求技术创新、制度创新和结构创新的同时进行。事实上，资源型企业生态网络中的创新行为是一种动态的学习过程。这种学习过程也不同于传统的单回路学习模式，而是 Argyris（1985）所强调的双回路学习。在网络化情况下，资源型企业对外部环境的信息反馈不仅会改变其在现存框架和决策规则中的创新决策，而且还会改变整个企业网络的心智模式。随着心智模式的改变，网络中的资源型企业会改变自己系统的结构，从而创造出不同的创新决策规则和新的成长战略。在双回路学习的过程中，资源型企业将用全局、开阔、长远、动态的创新观点来取代局部、狭隘、短期、静态的观点，并相应地重新设计自身的创新策略和发展战略。

2. 资源型企业生态网络中企业效益

（1）实现规模经济

一般认为，规模经济的含义是指随着企业产量的增长即生产规模的扩大，产品的单位成本随之下降。在以往的新古典经济学中，经济学家通常将平均

成本曲线描绘成 U 形，即当产量水平较低时，平均成本随产量增加而下降，而在产量处于较高水平时，平均成本随产量增加而上升，在这种情况下，相对于中等规模的企业来说，小企业和大企业都会产生较高的平均成本。这一论断对传统发展模式下的资源型企业是成立的。由于资源型企业具有很高的进入门槛，其固定成本较高，在低产量水平下，随着产量的上升，对固定成本就有更多均摊，此时企业的平均成本是随产量上升而下降的；而在资源型企业的产量水平较高时，随着其产量的增加，其排放的废弃物也越来越多，对生态环境的影响越来越大，由于政府的管制及社会公众的呼吁，资源型企业对此不可能坐视不管，其处理废弃物带来的成本增加会使平均成本不断攀升。而在资源型企业生态网络核心层次要素中，上游的资源型企业排放的废弃物由下游的资源型企业作为原材料加以综合利用，在上下游企业合作的过程中，更多的情况是下游企业要向上游企业支付一定的费用（此费用往往低于市场价格）才能把原来的废弃物买走，实现了上下游企业的双赢。因此双向的合作能够实现资源型企业收益的增加和成本的降低。在资源型企业生态网络中，合作并非只是双向的，而是多向的，这样，多重合作更高带来更多的知识交换、信息分享和学习互动，通过学习，更多的企业会逐步实现学习曲线效应，进而能使更多的企业发展出潜在的核心能力，产生更多的新技术、新管理和新理念，促进网络中每一个企业的企业家、技术人员和生产工人整体素质的提高，实现各个企业平均成本的降低、资源绩效和生产效率的提高，从而使得整个网络中企业的平均成本曲线由 U 形变为 L 形，即实现规模经济。

（2）实现范围经济

范围经济和规模经济是两个互相联系的概念，对于一个企业，如果随着生产的某种产品或服务数量的增加，企业能够实现单位成本的节约，则存在规模经济；如果随着生产的产品或服务的种类的增加，企业能够实现成本的节约，则存在范围经济。在我国，矿产资源的一个鲜明的特点是三大成矿域时间上的叠加，使我国形成了众多的多组份矿床，这个特点的有利方面是在技术成熟的条件下，可以一矿变多矿，实现资源的综合利用并提高自然资源的绩效，但如果技术条件不成熟，就会使矿床资源不能得到充分利用，加之我国中小型矿山众多，采富弃贫和仅采一种矿产资源的现象就在所难免。在资源型企业传统的发展模式下，限于发展初期的技术条件及后来的发展路径依赖，众多的资源型企业往往仅开采或加工一种矿产资源，这样就使得伴生的矿产资源作为产品的废弃物而直接丢弃，因此造成了资源的极大浪费且导致生态环境压力增大。在资源型企业网络中，核心层次的资源型企业与辅助层次的各行为主体尤其是科研机构的合作，使得技术创新和技术突破可以成为现实，加上与金融机构的合作可以增强资源型企业的实力，对伴生矿进行有效的整合开发和综合利用就不再是梦想。因此，网络内的资源型企业通过网络整体的作用，随着网络内行为主体数量的增加，就能摆脱传统的发展模式，并实现范围经济。

（3）降低交易成本

交易成本是制度经济学中的重要概念，是伴随着企业交易过程而产生的成本，是指包括除了直接的实物生产过程的成本和运输成本之外的所有其他成本，因此交易成本可以看作包括获取信息成本、谈判成本、拟定及实施契约的成本、界定及控制产权的成本、监督管理的成本及制度结构变化的成本等一系列的制度成本。在制度经济学中，一般认为企业和市场是分离的两种制度，在交易过程中，二者共同协调较高的交易成本。然而后来的研究发现，除企业和市场外，还有第三种力量能够影响交易成本，即网络。不同于市场和企业的是，网络是相互选择的伙伴之间的多边关系，它们之间包含着相互信任和具有长期愿景的合作以及得到遵守的行为规范。由于资源型企业生态网络的地域性，众多企业在同一区域内集中连片，极大地促进了各个行为主体之间的反复交流和不断互动，很容易形成较为稳定的联结，合作行为越来越多，信任就日益增加，从而有效降低网络内的各种机会主义行为的发生，交易过程中的机会成本也会大大降低。

第二节 资源型企业绿色转型能力

一、企业能力的内涵和演进

企业是一个在不断变化的经济环境中生存和发展的有机体，而构成该有机体的基础则是企业内部长期积累的能力。最早的能力概念认为能力或特殊能力是能够使一个组织比其他组织做得更好的特殊物质，随后 Penrose（1959）认为能力是企业成长的内在动力。企业能力理论以企业内在成长论为理论渊源，是在企业资源观基础上发展演化起来的主流企业战略管理思想，以全新的视角分析企业拥有的特殊能力作为影响企业竞争优势的源泉和企业持续成长等问题。能力理论作为现代企业管理研究的重点方向，逐渐得到了学术界和企业界的广泛接受，其研究内容也向纵深发展。Grant（1991）认为企业能力就是完成一定的任务或活动的一组资源所具有的能量，然而，企业所拥有的资源纷繁多样，并不是每一种资源都可以成为企业竞争优势之源的能力，因此普拉哈拉德和哈默（1990）提出了划时代的企业核心能力理论，认为决定企业竞争优势的能力是组织的积累性知识和各种技能与技术流的有机结合，而不是单纯的企业资源，企业核心能力具有三个重要的特征：延展性、客户价值和独特性。核心能力在受到欢迎的同时，也暴露出来了一些显著的不足，最为研究者诟病的是企业核心能力在外部环境发生变化时很容易表现出一定的"核心刚性"。因此，企业在动态的市场环境中如何建立持续性的竞争优势就成为能力理论思考的问题，Teece 等人提出了动态能力的概念，强调企业必须努力应对不断变化的环境，整合、建立、重构和更新发展自己的能力。动态能力的内容主要包括三个方面，即组织惯例、技能和互补资产。随着企业网络的不断发展壮大，本书认为动态能力在企业网络中的具体应用就形成了企业网络能力。在相关研究中，企业网络能力作为一个概念最初是由 Hakansson（1989）提出的，认为企业网络能力是提高企业网络综合地位和处理特定网络关系的能力。Ritter（2004）拓展并深化了网络能力的概念，认为网络能力是企业发起、维持和运用商业网络获取竞争优势的能力。国内学者如徐金发（2001）等提出的网络能力是关于企业发展和管理外部网络关系的能力，其本质在于通过寻求和运用网络资源来获得竞争优势。邢小强和全允桓（2006）则认为网络能力是企业基于内部知识和其他补充资源，通过识别网络价值与机会、塑造网络结构、开发、维护与利用网络关系以获取稀缺资源和引导网络变化的动态能力。由此可以总结出企业能力的演进历程（如图 3－6 所示）。

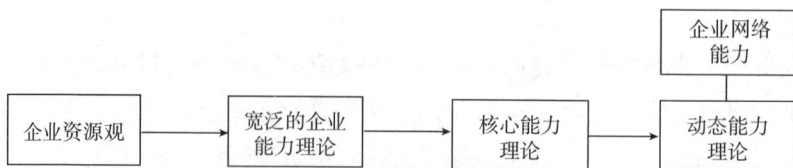

图 3－6　企业能力理论的演进

二、资源型企业绿色转型能力的实质

资源型企业绿色转型是绿色发展背景下的战略转型，资源型企业只有拥有绿色转型的能力之后才能实现绿色转型成长。绿色发展本身作为一种新的发展模式，是对传统发展模式变革或创新，这种创新是全方位的，涉及技术、制度、组织、文化等诸多维度，涵盖宏观和微观两个层面（中国科学院可持续发展战略研究组，2010）。在此背景下，资源型企业的发展目标并不是仅仅获得竞争优势，还要最大限度地优化资源环境绩效。因为，如果资源型企业仅仅为了获得竞争优势实现财务上的持续盈利，可能会带来大量开采、大量废弃的局面，造成资源浪费、生态破坏等多方面的负外部性。企业战略转型的本质在于通过对企业原有资源进行重新配置、整合与管理，改变原来的资源投向，形成新的经营模式的过程（博西迪和查兰，2005），所以企业战略转型也是一种新的发展模式，同样是对传统发展模式的变革和创新。从这个意义上看，绿色发展和战略转型在理念上是一致的，但单纯的战略转型理论并没有过多考虑资源型企业负外部性，因此对于资源型企业而言，其未来的发展不仅仅是要进行战略转型，而且是要绿色转型才能得以可持续发展。综上所述，资源型企业绿色转型能力作为一种特殊能力，它的形成与绿色发展的理念、企业战略转型密切相关，是以降低资源型企业负外部性为基本原则，实现资源型企业"资源节约、环境友好"为基本要求，以资源型企业持续成长为落脚点的一种特殊的过程能力，因此它是"绿色发展"、"战略转型"和"企业能力"的有机整合的复合体（如图 3 – 7 所示）。因此，战略转型能力是资源型企业的积累性知识、技能、理念（包括有形及无形资源、显在和默会知识等）的综合体现，是资源型企业发展基础并能指导规划企业未来的持续发展，与竞争对手相比，它是独到的、短期内不能被模仿的，即不同的资源型企业具有不同的绿色转型能力，并且绿色转型能力的大小决定了资源型企业绿色转型的成功与否。所以资源型企业必须尽最大努力培育和利用绿色转型能力，因为它能使企业通过实施绿色转型，突破生态环境、资源瓶颈和成长上限，确保得到持续成长。

综上所述，资源型企业的绿色转型能力是与绿色发展理念、企业战略转型能力紧密联系在一起的。而企业战略转型能力的实质是企业在成长过程中，

为了应对复杂的动态环境的变化，为了谋求未来生存与发展的竞争优势，通过对企业资源进行重新配置、整合与管理，改变原来的资源投向，形成一种新的经营模式所具备的企业能力，它必须在长期或短期之内对企业的生存起重要作用（唐健雄，2008）。在绿色发展理念的引领下，资源型企业绿色转型能力主要是注重资源生态绩效的动态优化，提高企业的成长能力。因此资源型企业绿色转型能力是从企业成长的过程中积累、与整个生态网络的紧密联系和合作过程中而产生的，其关键在选择、整合、协调、合作和创新，其存在形态主要是网络性的、结构性的和隐含性的，同时也可能是要素性的和显性的。资源型企业绿色转型能力是资源型企业绿色转型成长的充要条件，即拥有绿色转型能力之后，资源型企业肯定能实现绿色转型成长，获得持续发展，而资源型企业若要成功实现绿色转型成长，则必须先拥有绿色转型能力。由于资源型企业严重的负外部性，其成长必然要求产业链的延伸和生态网络的不断完善，因此资源型企业绿色转型能力具有阶段性、网络性、地域性、自适应性，会受到资源型企业所处环境的强烈影响，这就要求绿色转型能力随着外界环境的变化不断进行动态调整和优化。因此资源型企业绿色转型能力的实质体现在两个方面：一是资源型企业绿色转型能力体现了资源型企业持续发展的战略思维，二是资源型企业绿色转型能力是一种网络动态能力。

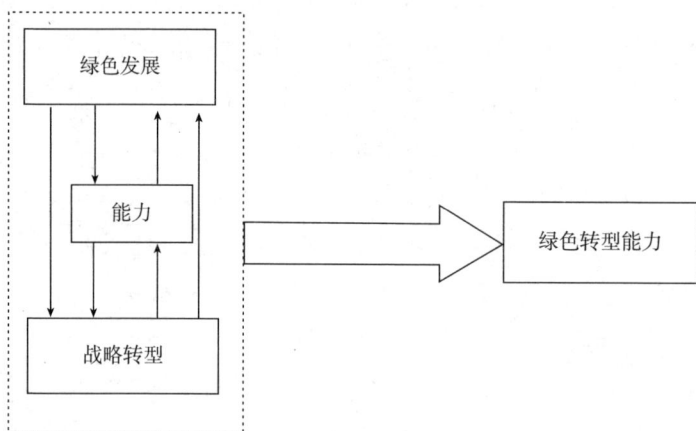

图3－7　资源型企业绿色转型能力的形成

1. 绿色转型能力与资源型企业的发展战略

从企业的宗旨来看，战略管理并不是企业的目的，而是一种手段。现代管理学认为，企业价值最大化是企业的终极追求，因此资源型企业发展战略的制定与实施都必须注重不断增进其价值。企业价值的构成可以用一个普适的模型表示为（黄丹、余颖，2009）：

$$企业价值 = f（营利性，成长性，风险）$$

本书认为，资源型企业的价值同样可以由这三个要素构成。资源型企业之所以进行绿色转型，本身就是为了规避其传统发展模式的风险，显著降低发展过程中的负外部性；而资源型企业绿色转型能力是资源型企业绿色转型成长的充要条件，能够成为资源型企业保持成长性的动力之源，应更好地应对成长过程中的各种不确定性；在绿色转型过程中，资源型企业有可能暂时增加成本（主要是交易成本），影响企业短期内的盈利，但从长远来看，一旦资源型企业生态网络中的合作关系较为成熟，形成良好的互信氛围，则各种交易成本就会显著下降，学习曲线的效应就会显现，大幅度提高企业的盈利水平。因此在资源型企业的发展战略规划中应注重绿色转型能力的培育和提升。

2. 资源型企业绿色转型能力是一种网络动态能力

由于资源型企业的生产特点，使得资源型企业比其他类型的企业更要参与网络活动，参与网络中的合作与协调是其在经营中最为重要的事务之一，而绿色转型能力的主要表现就是资源型企业在网络中成长能力。Teece 等人（1997）在定义企业动态能力时认为，动态能力就是企业在整合、建立和再配置内外部能力以适应快速变化的环境的能力，Walter（2006）等首次明确地以动态能力理论为基础，提出了"网络能力"的构思。虽然他们没有直接用到"网络动态能力"，但其构思模型却完全继承了动态能力的核心思想，特别关注网络能力的动态发展过程，强调流程与互动的重要性（张荣祥、伍满桂，2009）。根据 Walter 等（2006）的观点，网络动态能力是一个多维度的综合性概念，是由协作安排、关系技能、伙伴知识与内部沟通四个要素共同构成。其中协作安排是企业跨组织边界活动的关键组成部分，它使得企业与外部组织相联系，并进而连接成一张相互支持的网络。资源型企业在成长过程中，身处整个企业网络之中，所面对的环境复杂多变，不仅有市场的反映，还有社会公众的声音和政府的规制，因此资源型企业绿色转型能力体现了过程的复杂性、环境的动态性、资源的整合性和创新的持续性，是一种网络动态能力。

三、资源型企业绿色转型能力与资源型企业成长

Penrose（1959）曾把企业定义为"被一个行政管理框架协调并限定边界的资源集合体"，在此基础上构建了"企业资源——企业能力——企业成长"的分析框架，从而揭示了资源成长的内在原动力，此后更多的学者把视角投向了企业成长的话题。吕一博和苏敬勤（2011）认为，企业作为一个管理框架内异质性资源的集合，其成长的实质表现为这个管理框架内资源集合的扩张，企业成长需要通过对外部资源的集聚实现，所以企业成长的内生动因是资源的经济寻租，外生机会是不确定性的普遍存在。本书认为，资源型企业的成长的内在动力就是经济租金的获取，外部机会就是不确定性的降低，而绿色转型能力能够在这两个方面上提供坚实的支撑。

1. 绿色转型能力与资源的经济租金

经济租金是支付给资源所有者的超过资源备选用途所得的收益（James Buchanan，1980），也就是说，租金是超过机会成本的收益。传统观点往往将租金的产生视为有害的活动，但只要有正确的制度设置和良好的运行机制，租金就可以是生产性的和受欢迎的。按照经济租金的来源可以将企业分为三种主要类型（吕一博、苏敬勤，2011）：一是基于资源稀缺性的"李嘉图租金"，该租金的获得能够帮助企业使得其通过资源集中而得到规模优势；二是基于垄断性的"张伯伦租金"，此租金的获取能够帮助企业通过独占而得到专业化优势；三是基于创新性的"熊彼特租金"，该租金的获取能够帮助企业实现竞争优势。根据这个分类，在资源型企业的成长中，其所处的网络质量和外部环境的优化可以使资源型企业获得"李嘉图租金"，自身对矿产资源的占有、在同行业中拥有的独特优势可以使资源型企业获得"张伯伦租金"，资源型企业生态网络中的合作协同及企业家的洞察和战略能力可以使资源型企业获得"熊彼特租金"。资源型企业如果拥有绿色转型能力就可以使企业获得这三方面的经济租金。首先，资源型企业绿色转型能力本身就是一种网络动态能力，它具有提升资源型企业生态网络的质量和不断优化企业外部环境的功能。其次，资源型企业对矿产资源的占有是一种政府批准的行为结果，但其专业化水平是依靠不断提升的绿色转型能力来获得的，而且随着其绿色转型能力的不断增长，政府才有可能给予企业更多的矿产资源。最后，资源型企

业的绿色转型能力本身反映了企业的机会识别能力和战略水平，也体现了企业对网络中各种资源的整合水平，因此绿色转型能力越强，资源型企业的创新水平就越高。图 3 – 8 反映了绿色转型能力对资源型企业经济租金获取的作用。

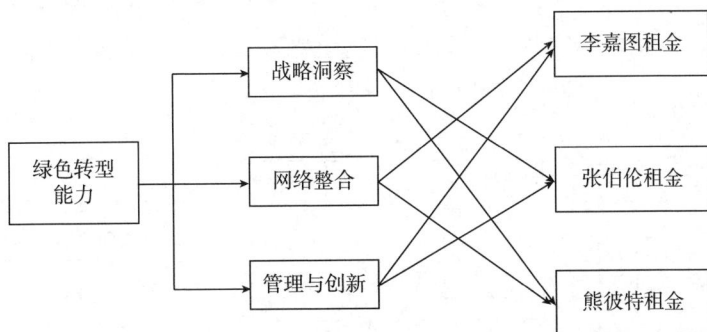

图 3 – 8　绿色转型能力与资源型企业经济租金获取

2. 绿色转型能力与外部不确定性的降低

不确定性是经济系统中普遍存在的现象，不同企业对不确定性有不同的认知程度，正是这种认知差异为企业获取利润提供了可能。同其他类型的企业一样，资源型企业在发展过程中面临着诸多不确定性，且不确定性的根源来自三个方面，一是企业家或整个组织的有限理性，二是经济过程中的机会主义行为，三是信息的不完全和不对称。有限理性是一种常态，它的表现是企业在面临解决复杂问题时知识的不完备和能力的欠缺；机会主义行为是威廉姆森（1985）首先提出的，主要表现为：存在信息不对称时的"道德风险"和"逆向选择"行为，集体行动中的"搭便车"行为，存在资产专用性投资时的"敲竹杠"行为以及基于交易频率的短期化行为；在现实的经济系统中，信息的不完全是永恒的，而信息的不对称则表现为交易双方所掌握的信息的质量和数量不一致，掌握信息较充分的交易方将处于优势地位，而掌握信息不够充分的交易方则往往处于劣势地位。在上述三个不确定性根源的作用下，资源型企业可以分为外生不确定性和内生不确定性。外生不确定性包括所处环境的不确定性及与其他行为主体之间关系的不确定性，内生不确定性主要是由资源型企业自身原因或内部结构状况引起的行为和后果的不确定性。资源型企业绿色转型能力强调网络互动、交流学习、动态整合，对于网络内的知识产生和传播能够起到较大的作用，从而能够使得网络内企业的理性程度得以提高；在资源型企业生态网络中，每个资源型企业都有较高的进入门槛，且随着资源型企业的绿色转型能力的不断提升，整个网络的合作协调关系将趋于稳定，在此基础上将形成互为信任的良好氛围，此时机会主义行为将大幅度减少；并且在网络中，行为主体之间的关系越密切、交往的频率越高，信息的不完备性和不对称性就越低。图3-9反映了资源型企业绿色转型能力对不确定性降低的作用。

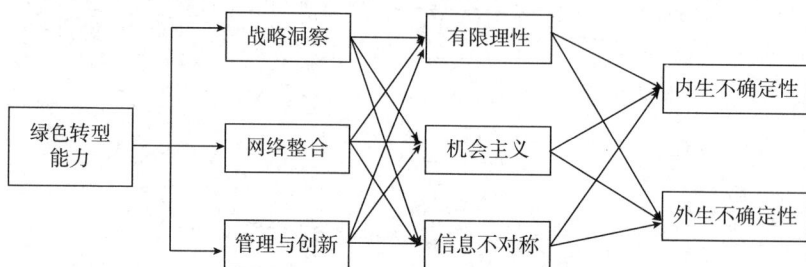

图3-9　绿色转型能力与资源型企业不确定性的降低

第三节　绿色转型成长的重要体现是承担社会责任

由于资源型企业是从事不可再生的自然资源开发和加工的企业。企业类型的特殊性决定了资源型企业要承担社会责任。一般而言，资源型企业的特殊性最突出的有以下两点：1. 自然资源依赖性大，资源型企业生产的原材料及其产品都严重依赖不可再生的、储量有限的自然资源；2. 资源型企业在运行过程中往往存在着外部不经济，突出地表现为环境污染和生态破坏。因此，在当前经济社会发展与生态环境、自然资源之间的矛盾日益尖锐的情况下，资源型企业必须改变传统的发展模式，向资源节约型、环境友好型企业转变，以实现可持续发展。而可持续发展要求资源型企业调整自己的经济行为，建立新的企业与生态环境、企业与社会、企业与企业之间和谐共处的关系。因此，承担社会责任是资源型企业改变发展方式、谋求绿色转型成长和可持续发展的必然选择。

一、企业社会责任的理论基础

一般认为，1953 年美国学者霍华德·R. 鲍恩出版的著作《企业家的社会责任》是现代企业社会责任问题研究的开端。鲍恩认为，企业社会责任是企业按照我们社会的目标和价值观的要求，向有关政府靠拢，作出相应的决策，采取理想的具体行动的义务。从此以后，又有很多学者从不同的角度对企业社会责任问题进行研究，研究的视角不断拓展。随着可持续发展的观念深入人心，对企业社会责任的研究逐渐从企业为什么要承担社会责任转向企业应该在多大程度上承担社会责任，关注的焦点也更多地放在企业贯彻可持续发展原则的实践上。企业社会责任理论逐渐成熟，研究成果也更为系统深刻，其主要的理论基础来源于以下几个方面。

1. 社会契约理论

社会契约理论认为在社会生活中，个人之间、组织之间存在着一系列潜在和显在的契约。李淑英（2007）认为，在新制度经济学派中，企业也被理解为一个由物质资本所有者、人力资本所有者以及债权人等利益相关者间的一系列契约的组合。企业之所以要承担社会责任，其根本原因在于企业与社会的契约关系。企业既是经济组织，又是社会组织，它与社会有着千丝万缕的联系，既是社会经济发展到一定阶段的历史产物，又为社会进一步发展提供了经济基础。同样地，企业的发展又有赖于社会的力量，需要社会为它的生存与发展创造良好的经济环境和其他外部条件。因此，在任何一个节点上，企业和社会之间都存在一种基本的社会契约。这个社会契约反映了企业与社会之间的各种关系，有的是以法律的形式表现出来，还有的其他形式出现。企业的行为实际上就成了一组复杂契约系统的均衡行为。因此，企业社会责任的社会契约就是企业存在于社会的期望中，企业要遵守社会建立的指导准则。

企业与社会之间相互开放，彼此相互作用、相互影响和相互渗透，它们受各自发展规律的制约又彼此产生交互作用。企业要承担社会责任的动力正体现于企业发展规律与社会发展规律及它们的交互作用之中。一方面，企业活动是社会生产的基础层次和单位形式，社会发展依赖于社会生产的扩大和企业的发展壮大；另一方面，企业之所以不能孤立地存在于社会，因为企业是一定生产关系的产物，而社会的本质则是生产关系的总和。因此，企业的基本责任是在遵守社会契约的前提下行使权利。所以，企业与社会应当成为和谐统一的共同体。离开社会而孤立存在的企业是不可思议的，只求企业自身的发展，而不承担社会责任与义务，既不可取也是不可能的。

2. 利益相关者理论

随着传统的"股东至上"的企业观在管理理论与实践中因其固有的悖论而受到越来越多的质疑，20世纪中期以后，越来越多的学者愿意把企业看作是利益相关者权益实现的载体，而非仅仅是股东权益实现的载体（江若玫、靳云汇，2009）。于是形成了一套相对完整的理论体系——利益相关者理论。在对企业社会责任问题的说明上，该理论认为任何一个企业的发展都离不开各种利益相关者的投入或参与，这些利益相关者或是分担了一定的企业经营风险，或是为企业的发展付出了代价，企业的经营决策必须要考虑他们的利益，并给予相应的报酬或补偿。企业追求的应该是利益相关者的整体利益，而不应该仅仅是某个主体的利益。利益相关者理论对企业目标变化所起的作用是巨大的，所以被认为是支持企业社会责任的主要依据。

利益相关者理论在论证企业应该承担社会责任的同时，也认为加强和利益相关者的关系有助于为企业带来经济回报，帮助企业实现其商业目标，从而获得可持续发展。正是在利益相关者理论的基础上，诺奖获得者斯蒂格利茨拓展了传统的公司治理理论，另一位诺奖获得者威廉姆森也利用利益相关者理论提出了企业的共同治理理论和制度设计。由于利益相关者理论所主张的经济关系具有典型的合作博弈或囚徒困境的特征，而基于利益相关者理论的企业治理理论促进了合作关系，同时也为企业持续履行社会责任提供了保障机制（李章华、朱嬿，2008）。因此，利益相关者理论为企业社会责任提供了相当有力的论证。

3. 企业公民理论

公民是政治学和法学的核心词汇。在现代政治学中，"公民"概念合理承载了"恰当实现自我"的初始理念；在现代法学中，公民是指具有或取得某国国籍，并根据该国法律规定享有权利并承担义务的人。责任程度与自由程度（或者说权利与义务）的一致性，是"公民"这个法律概念的核心理念。把"企业"与"公民"相结合的企业公民理论起源于20世纪90年代末期，波士顿大学企业公民研究中心对企业公民的定义为："企业公民是指一个公司将社会基本价值与日常商业实践、运作和政策相整合的行为方式，一个企业公民认为公司的成功与社会的健康和福利密切相关，因此，它会全面考虑公司对所有利益相关者的影响，包括雇员、客户、社区、供应商及自然环境。"由此可见，企业公民理论在更高层次上实现了一种视角转换，把对企业社会责任的认识和治理从经济学视域提升到了哲学、政治学、伦理学、法学和社会学的相综合的视域；此外，企业公民在精神表达、行为展示和责任履行上突出了公民意味，更符合企业的社会存在本质和存在特性。

"公民"概念是对这样一个问题的回答，即在公共领域中涉及的"我是谁"、"我应该做什么"。企业公民理论是给予企业的拟公民身份，由于企业实体是一个社会存在，因此企业也要在社会领域中回答"我是谁"、"我应该做什么"。所以，企业作为社会的一员，既拥有权利，也承担责任，这样一来，企业承担社会责任是内生的，是由公民的本质天然决定的。因此，在解释企业社会责任方面，企业公民理论打破了利益相关者理论狭隘的责任边界，同时也是对利益相关者理论的升华和深化。

二、资源型企业承担社会责任的现实依据及其维度

通过对上述企业社会责任理论基础的论述，可以看出企业承担社会责任是具有合理性的。对于资源型企业而言，由于它是比较特殊的一类企业，理论研究中的企业概念远远不能概括其特点。因此，本书结合资源型企业的具体特点，对其承担社会责任的现实依据及其社会责任维度进行详细分析。

1. 资源型企业承担社会责任的现实依据

（1）"资源的诅咒"

由于自然资源在分布上有地域性，所以资源型企业通常位于资源富集地区。有研究表明，自20世纪70年代以来，众多资源丰裕的国家几乎毫无例外地都在不同程度上出现了经济停滞问题，具体表现为资源破坏、环境污染、产业单一、经济波动、收益递减和贸易条件恶化，引发了收入分配严重失衡、腐败、社会冲突和危机，乃至战争，学术界把这种现象归结为"资源的诅咒"。从我国国内的情况来看，以山西等地为代表的资源型区域也出现了经济结构单一、城乡居民基尼系数增大、资源环境恶化、社会矛盾突出等诸多问题。

为什么良好的资源禀赋优势，不仅没有带来经济的持续增长，而且还引发了众多的社会问题？这是因为在经济规模远小于资源和环境承受能力时，即自然资源利用尚未表现出稀缺性时，企业习惯于用单向式思维逻辑思考如何扩大资源利用规模以促进企业做大做强。但当经济规模接近或超过资源、环境的承受力，自然资源的稀缺性特征开始出现时，如何妥善利用资源，促进和谐、可持续发展等一系列相关问题就会成为企业直面的现实。当资源变得相对稀缺时，资源的配置效率问题才会引起关注。然而此时资源丰裕区域往往已经形成资源型经济，最终将进入"资源的诅咒"陷阱。而且，当贸易条件变好或自然资源有新的探明储量时，企业也往往表现为对自然资源的"疯狂摄取"，且不同资源型企业之间也陷入了无休止的资源争夺战，最终以无效率地耗尽公共产品而结束，产生了"公用地的悲剧"，给企业本身乃至企业所在地的经济社会的发展留下了创伤。因此，尽管造成"资源的诅咒"现象的原因是有很多的（如不少学者都分析过的"挤出"效应），但有一点是可以肯定的，这些资源型企业在发展过程中，特别是在资源丰裕之时严重缺乏社会责任。

（2）资源型企业运行过程中存在的问题

近年来资源型企业在市场化的过程中，由于计划经济的路径依赖、中国的历史文化习惯等问题，"市场失灵"现象相当严重，一些资源型企业社会责任意识不强，单纯追求企业利润最大化，带来了一系列社会问题，已经引起了较大的关注。①传统线性发展方式造成的资源浪费和破坏问题。从总体上来看，我国自然资源尤其是矿产资源粗放开发、低效利用、环境恶化的问题相当突出。以青海省盐湖资源为例，在实施循环经济发展模式之前，一些企业为追求短期效益，大肆修建薄膜盐田，就地抽取卤水资源，就地排放老卤，严重破坏盐湖资源，造成矿区资源不断贫化、恶化，极大缩短了资源开采年限。许多原地堪资料表明，原卤含氯化钾均在1.2%以上，由于近几年老卤的浸入，原卤质量迅速下降，据取样化验，排放老卤的区域内，原卤含氯化钾量均在0.6%—0.9%左右；并且由于老卤对矿床的破坏，导致了矿区多处降落漏斗过大和潜卤水水位急剧下降。① ②资源型企业尤其是矿业企业带来了较

---

① 《察尔汗盐湖铁路以东矿段资源开发现状的汇报》，内部资料。

为严重的生态环境问题，包括大气污染、水土流失、侵占土地以及水质污染等。据有关研究，煤炭采矿行业中工业废气排放量达 3954.3 亿立方米/年，其中有害物排放量为 73.13 万吨/年，多为烟尘、二氧化硫、氮氧化物和一氧化碳，矿山地区大气环境受到不同程度污染。据对全国 1173 家大中型矿山调查，产生水土流失及土地沙化所破坏的面积 1706.7 公顷及 743.5 公顷，治理投资的费用已达 2393.3 万元，这些矿山中，地下开采占 68.89%，塌陷区占地面积为 84201.4 公顷，占矿山开发破坏土地面积的 39.57%。③安全生产问题。这是一个众所周知的问题，资源型企业特别是煤炭行业，近些年来矿难甚至是特大型矿难都有所发生。而非煤矿山特别是众多的小矿山，安全生产条件差，每年因事故死亡人数在世界上最高，全国非煤矿山每年安全事故死亡人数仅次于交通事故和煤矿安全事故，在各行业中位居第三位。①④越来越受到关注的职业病问题。据卫生部的通报显示，2009 年新发各类职业病 18128 例，职业病病例数列前 3 位的行业依次为煤炭、有色金属和冶金，其中尘肺病新增 14495 例，煤工尘肺和矽肺占 91.89%。目前尘肺病仍是中国最严重的职业病。②⑤其他问题。包括工资报酬问题、工作时间问题、社会保险问题、妇女权益问题、歧视问题等在资源型企业中都不同程度地存在。这些问题的存在，说明了资源型企业承担的社会责任还远远不够，影响了资源型企业的整体形象，降低了企业的竞争能力，制约了资源型企业的可持续发展。

（3）资源型企业面临着产业调整与优化

自然资源的储量是有限的，随着自然资源的不断消耗，不但开采成本在不断上升，而且企业自身的生存和发展也会成问题。国内外关于资源型企业生命周期的研究由来已久，相关研究成果也极其丰富。一般而言，资源型企业因自然资源的开发而产生，其财富的增长都与资源开采密切相关；在早期的成长阶段，自然资源向企业提供物质财富；进入衰退阶段以后，由于自然资源的耗竭，导致物质财富短缺。从研究的轨迹可以看出，对于资源型企业兴起与衰落现象解释的周期理论或阶段说，学者们形成了一定的共识。在这

---

① 安全文化网：《非煤矿山安全生产形势与现状》，http：//www. anquan. com. cn/Wencui/guanli/meikuanglw/200905/116208. html，2009 年 5 月 1 日。

② 卫生部新闻办公室：《卫生部通报 2009 年职业病防治工作情况》，http：//www. moh. gov. cn/publicfiles/business/htmlfiles/mohwsjdj/s5854/201004/47129. htm，2010 年 4 月 28 日。

些研究中，学者们从矿产资源型企业生命周期的角度，描述了其诞生、发展和衰亡的过程。但应该看到，这些研究是从静态的眼光看待资源型企业的，没有考虑资源型企业在面对自然资源逐渐枯竭时的产业调整和结构优化，造成这个研究结果的原因是研究者把追求利润最大化作为唯一追求目标，而没有把谋求可持续发展作为资源型企业的目标。

从自然资源的开发初期到走向枯竭，一般也会经历几十年的时间，在这一段时间内，资源型企业已经对当地社会进步、经济发展、环境变化带来了深刻的影响，事实上，资源型企业已经融入了当地社会，并成为当地不可或缺的有机组成部分。如果任由企业机械性、线性的发展，最终一定会导致"矿竭企亡"现象的发生，当地社会的共生体结构就会产生振荡，造成系统的不稳定或者突变，因此这种情况的发生是资源型企业最不负责任的一个结果。所以，资源型企业应该摆脱机械性发展的思路，树立可持续发展的观念，以可持续发展的眼光动态调整自己的产业方向并及时优化结构，这样既是对企业本身的前途负责，也是在以正确的方式承担社会责任。

2. 资源型企业社会责任的维度

关于企业社会责任维度的研究，国内外的研究成果很多，但分歧也比较大。1979 年，卡罗尔提出了后来被学术界广为采用的四层次模型，即企业社会责任包括经济责任、法律责任、伦理责任和自由决定的责任。这是针对抽象的企业概念模型所作出的理论概括，且过于宽泛，语义上也较为模糊，是一种立足于道德角度对企业所提出的期望。2003 年，欧盟就业与社会事务委员会的一份文件对企业社会责任进行了系统的探讨，指出企业社会责任是由内外两个维度构成的。内部维度包括人力资源管理、工作中的健康和安全、适应变革、管理环境的影响与自然资源；外部维度包括当地社区、商业伙伴、供应商、消费者等利益相关者、人权、对全球化环境的考虑。这个研究视企业为一个社会存在实体，将企业所面对的环境截然分为内外两个部分，而忽略了并非内外泾渭分明的利益相关者。北京大学民营经济研究院 2006 年发表了一份《中国企业社会责任调查评价体系与标准》，将企业社会责任维度分为：股东权益、社会经济、员工权益、法律责任、诚信经营、公益责任和环境保护。在此研究中，部分责任维度之间区分并不是很明显，有语意重复之意，例如法律责任已经涵盖了股东权益、诚信经营和环境保护。金碚等通过对 986 家企业的调查，认为最能体现中国企业社会责任的三个维度分别为：生产性环保支出、劳工社会保障投入以及纳税额。这样的维度划分也有明显的不足，例如，用这三个维度去评价"三鹿集团"，结果一定会是很优秀的。

企业承担社会责任应与企业所处的历史时期相协调，也应与企业的规模、实力及发展阶段相匹配，还应遵循"地区与产品差异化"原则。因此，根据上述有关对企业社会责任维度的分析，结合企业社会责任的理论基础，联系资源型企业承担社会责任现实依据，本书认为，资源型企业的社会责任维度有以下三个：基于法律和道德的约束性责任、基于社会期望的选择性责任和基于可持续发展的创新性责任。这三个维度对资源型企业的要求是不一样的，是依次向高层级递进的。

基于法律和道德的约束性责任属于资源型企业最基本的社会责任，要求资源型企业要做到守法经营，诚信发展，也是企业存在和发展的所必须遵守且践行的最底线要求。无论企业的所处区位、性质、规模、运行情况及绩效高低，是必须履行的，没有讨价还价的余地，如果不承担这类责任，则企业将面临着处罚。基于社会期望的选择性责任属于较高层次的社会责任，要求资源型企业在履行约束性责任的基础上，结合企业区位所在地社会对该企业的期望，作出的以增进社会福利为目标的善举。选择性责任不是约束性的，不能强制，只能由企业根据其对社会责任的理解和理念、企业的经济能力以及企业的理性进行有目的的选择取舍。基于可持续发展的创新性责任是资源型企业社会责任的最高层级，因为资源型企业所赖以发展的自然资源是储量有限的，所以必然要面临企业衰亡或者进行产业调整和转型，资源型企业只有实现可持续发展，才能承担更多的社会责任，所以，资源型企业谋求实现可持续发展本身也是它的社会责任。

由以上分析可见，资源型企业承担社会责任事实上就是要求主动减少对环境的污染，主动响应社会公众对资源型企业的期望，强化对资源的综合开发利用，提高资源利用效率，这正是资源型企业实施绿色转型成长的目标所在。

三、企业社会责任与资源型企业绿色转型成长绩效

关于企业社会责任对企业发展的影响，有不少学者通过逻辑思辨论证了企业承担社会责任的合理性，且企业承担社会责任会对企业的发展带来价值。

近年来涌现的一些实证性的研究，也证明企业社会责任对企业发展具有促进作用。从国内的研究来看，李正以我国上海证券交易所2003年521家上市公司为样本，研究了企业社会责任活动与企业价值的相关性问题。结果表明，从当期看，承担社会责任越多的企业，企业价值越低；但从长期看，根据关键利益相关者理论与社会资本理论，承担社会责任并不会降低企业价值。金建江以浙江民营上市企业为例实证研究了企业社会责任水平和企业绩效水平之间的关系，结论表明企业积极地承担社会责任有助于提升企业绩效。

由于数据很难搜集，本书暂时不能对资源型企业社会责任活动与企业绩效之间的关系进行实证研究，并且当前也没有看到专门针对资源型企业社会责任与可持续发展之间关系的实证研究，但通过对众多逻辑思辨的文献和最近国内的实证研究的梳理，本书认为，企业社会责任对资源型企业的可持续发展具有推动作用。

首先，资源型企业承担约束性社会责任意味着企业将依法经营，诚实守信，恪守企业伦理，坚守企业道德，自觉维护市场秩序，如此一来，该企业必将成为社会和市场上的健康力量，赢得良好的声誉，从而获得社会的信赖、市场的认可。在这种情况下，与那些采取机会主义行为的企业相比，承担约束性社会责任的资源型企业可能会失去"采取机会主义行为的利得"，这个"利得"可以看作资源型企业承担约束性责任的"机会成本"，从长远看，会依靠声誉更加巩固企业的市场地位，为资源型企业的持续发展做好了铺垫，此时企业所得的有形及无形的收益会远大于"机会成本"。另外，企业承担约束性责任还意味着企业会善待自己的员工，尊重职工的合法权益，理解员工的合理诉求，在情感上与员工没有距离，因此可以使企业内部人员更加团结、和谐，因而保证了企业的运行机制更加完善，这既能为企业带来当前绩效，也能为企业的持续发展带来支持。

其次，选择性责任是企业有选择地承担的责任，是一种依据企业的偏好量力而行的行为，主要包括做慈善事业和善待社会。对于资源型企业而言，主要体现在不断提高资源利用效率、加强环境保护、切实保障安全生产、积极参与社会公益事业、不断提高产品质量和服务水平，为构建资源节约型、环境友好型社会及和谐社会作出贡献。因此，在恰当的宣传作用下，资源型企业承担一定的选择性责任可以帮助企业建立良好的声誉，从而提高企业知名度进而提高企业的市场业绩，同时还有助于提高企业的能力。需要指出的是，资源型企业承担选择性责任的数量多寡及强度大小是由企业能力所决定的，而企业能力又可以通过承担选择性社会责任建立的声誉得到提高。所以，在一定程度上，资源型企业承担选择性责任与企业能力互为因果，互相强化。因此，资源型企业承担适当的选择性社会责任，经过恰当的宣传，会在一定程度上促进企业的可持续发展。

最后，资源型企业的创新性责任既是资源型企业的社会责任，也是资源型企业能够持续履行社会责任的根本保证，包括企业能够认真贯彻落实科学发展观，立足长远，实施可持续发展的战略决策，主要体现在企业能够动态调整优化产业，进行组织创新和技术创新，不断提高持续盈利能力，做到又好又快发展。资源型企业调整优化产业主要是为了避免在资源储量逐渐枯竭时难以为继的局面发生，为资源型企业的可持续发展打下坚实的基础。组织创新就是运用管理的手段来改善企业的运行机制，这是企业改善运营绩效的手段，也是企业实现持续发展的支持力量。资源型企业的技术创新，不仅是企业实现降本增效、资源节约、环境友好的重要手段，还是构筑知识产权优势的重要途径，又能够大大增加资源型企业的能力，从而为企业的持续发展奠定基础。

四、研究启示

企业是一种人格化的组织，它能够而且必须对其经营活动所处的社会系统的要求作出回应，承担相应的社会责任是其应有之义。企业社会责任体现了企业的经营理念和处世哲学，反映了企业的价值观念，是影响企业可持续发展的一个不可忽视的变量。资源型企业由于其自身固有的特性，在传统发展模式下，造成了资源不节约、环境不友好的现象，甚至企业所在地还发生了"自然资源的诅咒"现象，还有不少资源型企业，尤其是矿产资源型企业甚至还发生过重大安全事故，这些现象的发生，恰恰是因为企业在追逐利润最大化而且是短期利润最大化，没有承担社会责任，更没有以人为本，同时也造成企业的发展不可持续性。上文通过理论辨析，认为资源型企业承担社会责任是企业实现可持续发展的推动力，但并不是说企业不承担社会责任就绝对不能发展，因为企业若不承担社会责任也许能够获得暂时的盈利和一时的发展，甚至能获得更多的短期利益。但这是竭泽而渔的行为，不会获得可持续性的发展。在可持续发展的理念下，零和博弈式思维逐渐褪色，合作共赢愈发深入人心，资源型企业作为社会的基本细胞，只有"取之于社会，用之于社会"，才能使自身的发展与社会的发展形成一种良性互动，从而真正实现可持续发展。

第四章 资源型企业生态网络的形成

前文已经论述，资源型企业生态网络能够使得资源型企业通过合作协调减少环境问题并提高资源绩效，同时也是资源型企业绿色转型能力形成和发挥作用的平台，因此生态网络的形成和构建对于资源型企业实现绿色转型成长至关重要。当前我国在资源型企业的集群及网络构建中，有着太多的人为设计和规划的色彩，部分地方政府在规划时没有认真考虑资源型企业生态网络形成的内在规律而强行推进，这样的生态网络是比较脆弱的。本书利用经济管理的相关知识构建模型，对资源型企业按照"看不见的手"的作用，并考虑资源环境带来的约束，讨论资源型企业在资源禀赋尚有潜力的情况下，上下游企业之间的竞争平衡问题，以及资源型企业在上下游之间以及横向之间通过演化博弈形成资源型企业生态网络，最后探讨在生态网络资源型企业的合作模式。

由于在资源型企业绿色转型成长中，资源环境绩效的提高最主要的因素是上下游企业的合作与协调，因此本章内容安排的逻辑是：首先，不同资源储量的地区对资源型企业的容量是不同的，因此需要说明资源型企业在以"食物链"形式联结时，纵向企业之间通过互动作用，达到整个链上的平衡，说明了资源型企业网络的纵向范围；其次，资源型企业在形成网络的过程中，上下游企业之间主要是合作关系，横向企业之间既有合作又有竞争，通过不断演化形成网络；最后，讨论网络内纵向企业的合作方式。

第一节 资源型产业链纵向企业竞争平衡研究

长期以来，自然资源在经济发展中扮演着重要的角色，是工业文明的物质基础，拥有丰裕的自然资源往往被认为是区域工业经济乃至整个经济社会发展的重要先决条件。在区域发展的初期，自然资源富集地区依托资源优势，通过对自然资源的开采、加工、贸易来推动区域经济发展，并在"路径依赖"等效应的作用下，使区域经济发展对自然资源的依赖不断加强，从而形成了长期依赖自然资源推动的发展模式。然而，这种资源型工业经济的发展方式是掠夺性地获取自然资源，而后又将生产和消费过程中产生的废物排放到环境中去，属于典型的粗放型发展方式。这一方面导致了自然资源的严重浪费，资源型企业不能提升其内在价值，也给地方经济发展带来了较大的影响，另一方面也导致环境污染加剧，从而造成了资源不节约、环境不友好的局面。为破解这个难题，近年来理论界和实业界都做了巨大努力。从目前来看，仿照自然界生物食物链的形式，把资源型企业链接起来形成生态产业链的模式得到较大的认同并得到了大力推广，这样就能使上游企业排放的副产品（废弃物）作为下游企业的原材料，以达到资源循环使用的目的。

生态产业链是依据生态学和工业生态学原理，以恢复和扩大自然资源存量为宗旨，以提高资源基本生产率并根据社会需要为主体，对两种以上产业的链接进行设计并开创为一种新型的产业系统的创新活动，它通过产品体系规划、元素集成以及数学优化方法，构建材料、产品、副产物及废物的工业生产链，从而实现物质的最优循环和利用。这个概念给出了一个资源型工业发展理想中的美好图景，然而，在国内外生态工业的实践过程中，也遇到了不少问题和困难。许多工业园区，尤其是中国的生态工业园区普遍存在着过分依靠政策手段和行政命令来推进园区建设目标的问题。如此一来，尽管政府在推进资源型企业生态产业链方面下了很大功夫，但很少能够认真考虑在构建产业链时同类企业及上下游企业之间潜在的互动规律，仅仅从理想化的角度去追求自然资源"吃干榨净"，其结果往往不能达到预期的目标。

现有文献对资源型生态产业链的研究，从较宏观的角度来看，主要集中于生态产业链的形成构建、链接动力，系统的链接稳定性、发展模式等方面；从较微观方面来看，大多数学者将焦点集中在技术、组织结构、利益分配等问题的探讨上。这些研究都属于对理想中的生态产业链的某个方面的研究，而对于资源型生态产业链的源头——自然资源，根据国内已有较多资源型城市资源衰竭的现实，绝大多数的研究都仅仅假定已探明的储量是固定不变的，并从静态的角度说明资源的有限性，从而论述构建生态产业链的重要性及紧迫性。笔者认为，尽管这个假定能引起人们警醒，但这是不科学的。因为这既不符合现实，又容易给人们带来悲观的心理预期。据有关地矿学专家的意见，尽管我国具有有利的成矿地质条件，但由于种种历史原因，与发达国家相比，我国在资源勘探方面的投入一直不大，矿产勘查工作程度较低，特别是西部地区工作程度更低，而东部地区勘查深度较浅，一般不超过 500 米，所以向已知矿区的深部和外围挺进的"探边摸底"工作还大有可为。因此，我国还存在着巨大的找矿潜力。在此情况下，简单地用固定化的资源总量进行学术研究是不符合现实的；而且，在资源依赖的条件下，对于依靠循环经济理念链接起来的上下游企业，同类企业之间的竞争使得企业的数量会出现波动，上下游企业之间由于相互作用会出现密度上的竞争平衡问题。因此，在市场机制、竞争机制、上游企业对资源的依存机制、上下游企业之间的链接机制的共同综合作用下，资源、上下游企业三者之间是相互依赖、相互制约的关系。这个关系怎么用模型进行描述，还很少见到相关研究。

基于此，本书的主要任务就是在假定资源具有增长潜力的条件下，利用微分方程建立资源、上下游企业之间的关系模型，探讨系统的平衡态，并给出该系统在 100 年的时期内的数值模拟，最后以一个具体案例来讨论本书的模拟结果，从而为资源型区域的地方政府和企业界人士提供一个观察现象和思考解决问题的视角。

一、模型建立及平衡态讨论

1. 理论分析与假设条件

资源型企业是指以地理空间上特定的自然资源为主要劳动对象，生产制造业和人民生活所需的基础原材料的企业，因此资源型企业对自然资源是强制依赖的。资源对企业的供养能力决定了企业生存能力，资源对企业转化率决定了企业的发展能力。这里，资源对企业的供养能力主要反映资源的丰裕度，即资源的储量大小；资源的企业转化率主要反映企业开发利用资源的成本，即资源的品位高低。在资源型企业构建的生态产业链中，资源、上下游企业是紧密联系在一起的，他们之间形成了一条"食物链"，其最本质的特征在于企业间的相互作用。为简便起见，本书只考察依赖资源的上下游两类企业之间的数量平衡问题。在市场经济条件下，上游企业之间、下游企业之间的关系是自由竞争的，并且上下游企业之间是紧密相连的，是食物链的关系，因此没有上游企业，下游企业将会因缺乏原材料而无法生存；如果没有下游企业，上游企业将会因为缺少"天敌"而大肆排放废弃物，致使泛滥成灾，同时也将会使得自然资源的消耗速度加快，从而加速企业自身消亡的步伐。

因此，本书假设：

（1）资源型企业可以类比为生物界中的一个种群，同时假设种群内个体的密度可以被精确测量，种群的密度增减可以被认为是一个连续的过程。

（2）自然资源仍然具有一定的增长潜力，在一定时期内呈线性增长趋势。同时同类企业间对资源的争夺是连续的，下游企业对上游企业存在严格的资源依赖，并且是连续的。

（3）资源及上下游企业之间存在着较强的密度制约，随着种群密度的变化而变化。在极端条件下，若下游企业的密度为零，由于上游企业需要考虑生态环境而不能排放废弃物，此时，上游企业将自动关停，即密度也为零。

（4）上下游企业在发展的过程中，严格遵循市场经济的法则。由"看不见的手"决定企业的生存发展及死亡。

（5）由于资源型企业生产基础原材料，因此上游企业的产品市场需求是旺盛的，下游企业的产品可能是基础原材料，也可能是其他类型的工业产品，其市场需求情况不确定。

2. 模型的建立

在建立模型之前，先对几个概念进行界定。在现实中，资源型企业往往不是仅仅依赖一种资源，而更大的可能是依赖几种资源的组合。因此，本书所谈的资源密度是指固定区域一定面积内资源型企业所依赖的自然资源的综合密度。

"企业密度"这个概念在我国提得较少，在国外的文献中也不多见。这个概念最初是美国学者 Ying Lowrey 在美国经济协会会议上提出的，其对企业密度的定义为每千人拥有的商业公司数。然而在本书中，如果直接采用这个概念，将缺乏解释力。因此，本书作出一定的修正，即在资源型企业中，把每年开采资源量为某个固定常数 C 作为一个标准企业的度量，如果在现实中一个大企业每年的开采量为 nC，则在本书中把该大企业视为 n 个标准企业的组合。在此基础上，企业密度就定义为一个固定的资源型区域一定面积内的每年开采资源量为固定常数 C 的企业的个数。于是，企业的繁殖率就体现为两个方面，即新企业的出现和旧企业的规模扩张。

用 N_1 表示直接获取资源的上游企业在某地区已探明资源量为 R 上分布数量(密度)，k_1 表示资源 R 对上游企业 N_1 的供养能力或上游企业 N_1 平均每个个体对资源 R 的消耗率，v_1 表示上游企业 N_1 个体生存平均所需要消耗资源 R 的量，则 $\dfrac{k_1}{v_1}$ 表示资源 R 对上游企业 N_1 的转化率，$\dfrac{k_1 R}{v_1}$ 表示资源 R 对上游企业 N_1 的承载力，$\dfrac{k_1 R}{v_1} \leqslant 1$。如果 $\dfrac{k_1 R}{v_1} = 1$，表示资源 R 可以全部承载繁殖率为 p_1 的上游企业 N_1，如果 $\dfrac{k_1 R}{v_1} < 1$，则表示资源 R 无法全部承载繁殖率为 p_1 的上游企业 N_1，只能承载其中的一部分。p_1 和 m_1 分别用来表示上游企业 N_1 的繁殖率和死亡率。N_2 表示下游企业在某地区已探明资源量为 R 上分布数量(密度)，k_2 表示上游企业 N_1 副产品对下游企业 N_2 的供养能力或下游企业 N_2 平均每个个体对上游企业 N_1 副产品的消耗率，v_2 表示下游企业 N_2 个体生存平均所需要消耗上游企业 N_1 副产品的量，$\dfrac{k_2}{v_2}$ 表示上游企业 N_1 副产品对下游企业 N_2 的转化率。p_2 和 m_2 分别用来表示下游企业 N_2 的繁殖率和死亡率。

对于建立在某地区已探明资源量为 R 上的上下游企业 N_1 和 N_2，有以下动力方程：

$$\frac{dN_1}{dt} = \frac{p_1 N_1 (k_1 R)}{v_1} - m_1 N_1 - N_2 k_2 N_1 \tag{1}$$

$$\frac{dN_2}{dt} = \frac{p_2 N_2 (k_2 N_1)}{v_2} - m_2 N_2 \tag{2}$$

考虑资源的勘探力度加强，资源的储量会继续增加，为方便处理，则假设资源 R 在一段较长时间内属于线性型增长，增长系数为 r，那么在没有承载任何企业之前，它的增长方程为：

$$\frac{dR}{dt} = r \tag{3}$$

由于上游企业 N_1 所消耗的资源率为 $N_1 k_1$，则增长方程为：

$$\frac{dR}{dt} = r - RN_1k_1 \qquad\qquad (4)$$

3. 对非零平衡态的讨论

令方程（1）、（2）和（4）的右边为0，则可以求出系统的非零平衡态为：

$$A(N_1 = \frac{m_2}{p_2(k_2/v_2)}, R = \frac{rp_2(k_2/v_2)}{m_2k_1}, N_2 = \frac{rp_1p_2}{m_2v_1v_2} - \frac{m_1}{k_2})$$

由上述非零平衡态的解可以看出：

（1）当系统达到平衡时，上游企业的密度 N_1 与下游企业的死亡率成正比。这个结论看上去不可思议，甚至在直观上不可接受。但这是可以解释的，由于上下游企业之间的发展不是同步的，他们之间存在着一定的时滞，也就是位相差。在上下游企业之间的互动中，上游企业密度增加后，下游企业会在此刺激下快速繁殖，从而竞争程度加大，死亡率也相应上升；上游企业的密度不会无限上升，而是将在资源约束下，密度在增加到一定程度后要下降，而此时下游企业群已过了激烈竞争期，死亡率也将降低；而上游企业下降到一定程度时，下游企业在严酷的竞争下将增加死亡率，此时上游企业已经过了调整期，又面临数量的增加。与下游企业的繁殖率以及上游企业对下游企业的转化率 $\frac{k_2}{v_2}$ 成反比，由于位相差的存在，结合上述解释，很容易理解 N_1 与 p_2 之间的关系；N_1 与 $\frac{k_2}{v_2}$ 成反比可以这样理解，$\frac{k_2}{v_2}$ 越大，下游企业的繁殖率 p_2 就越高，死亡率 m_2 就越低，这与上面的解释逻辑上是一致的。显然，在平衡态里，在上游企业对下游企业的供养能力或下游企业个体对上游企业副产品的消耗率接近0的情况下，上游企业密度达到最大，随着供养能力或下游企业的消耗率增加，上游企业的密度逐渐减小。

（2）当系统达到平衡时，资源密度 R 与自己的生长率成正比，这是显而易见的；由于资源密度 R 受到 N_1 的制约，随 N_1 的增长而降低，而 N_1 与 p_2 的关系是成反比的，因此，资源密度 R 与下游企业的繁殖率 p_2 成正比；下游企业转化率 $\frac{k_2}{v_2}$ 越高，下游企业的繁殖率 p_2 就越大，因此上游企业对下游企业转化率 $\frac{k_2}{v_2}$ 成正比。

同样可以理解,资源密度 R 与下游企业的死亡率及上游企业的消耗率成反比。

（3）通过以上分析,很容易理解当系统达到平衡时,下游企业的密度 N_2 与上下游企业的繁殖率及资源的增长率成正比,与自己的死亡率、上下游企业的消耗率成反比。

二、数值模拟与讨论

根据现实情况,在资源较为充裕的情况下,上下游企业的自然死亡率处于较低水平,且自然资源对上游企业的供养能力要大于上游企业排放的废弃物对下游企业的供养能力,因此假设在初始期 $N_1(0) = 0.2, N_2(0) = 0.1$, $R_0 = 0.5$,初步取参数: $m_1 = m_2 = 0.05, k_1 = 0.5, k_2 = 0.2, v_1 = 0.6, v_2 = 0.3$, $p_1 = p_2 = 0.1, r = 0.1$。取步长 $\Delta t = 0.01$,利用 Matlab 软件（7.0 版）进行数值模拟,模拟结果见图 4 - 1。

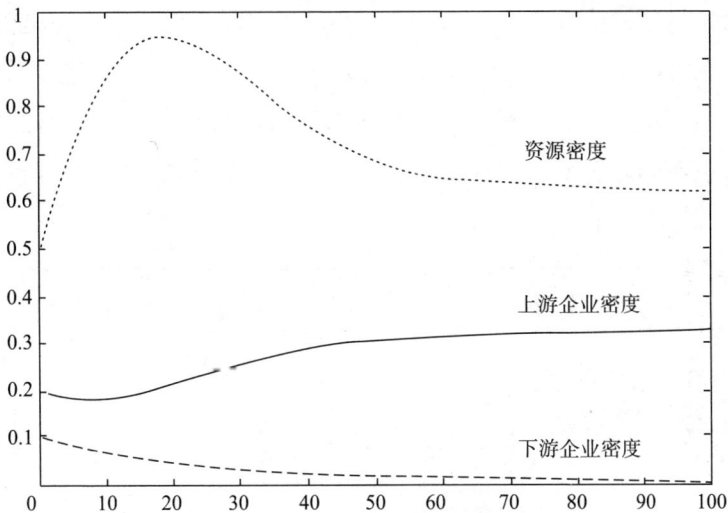

图 4 - 1 　 $p_1 = p_2 = 0.1$ 时的模拟结果

根据以上参考值,图 4 - 1 给出了 100 年的模拟结果。从图中可以看出,在加大资源勘探开发力度时,保证了资源在一定时间内的增长速度,当 $r = 0.1$ 时,资源密度先是上升,在大约 20 年时达到最大值,此后逐渐减小,直至达到平衡状态。上游企业 N_1 的密度逐渐上升,约 40 年达到平衡值,以后基本保持不变。由于上游企业副产品对下游企业的供养能力低于资源对上游企业的供养水平,加之自身的死亡率也较大, N_2 的密度逐渐下降,并在此后一直保持低密度运行的水平。这种情况会对资源型地区的经济发展带来资源浪费、生态效益差的后果。由于资源的密度是逐渐上升的，资源依赖型的上游企业有利可图，此时地方政府也会鼓励上游企业进行资源开发，因此上游企业的密度也随着资源的增加而上升，然而上游企业的增加加大了对资源的消耗，使得资源的密度急剧下降，直至达到平衡状态。因此，此时的平衡是资源与上游企业之间的平衡，整个生态产业链并没有达到密度上的平衡，这种情况会带来一个很明显的后果，即因为下游企业的密度逐渐减小，对上游企业排出的副产品不能有效地加以利用，从而肯定达不到生态产业链设计时的生态效果。

根据资源型区域经济发展现实，结合图 4-1 模拟的结果，应考虑以下两种情况：一是如果想要使得上游企业的废弃副产品得到充分利用，就必须考虑增加下游企业的繁殖率的情形；二是考虑在现实情况下，如果某地的资源较为丰富，且经勘探后确认资源密度还会增加时，无论是政府还是资源型企业，都有很大的动力加大资源开发力度，结果就会导致资源依赖型的上游企业大量繁殖。本书继续考察上下游企业都在较高繁殖率情况下的模拟结果。在其他数值不变的情况下，令 $p_1 = p_2 = 0.2$，取步长 $\Delta t = 0.01$，图 4-2 给出了 100 年的模拟结果。

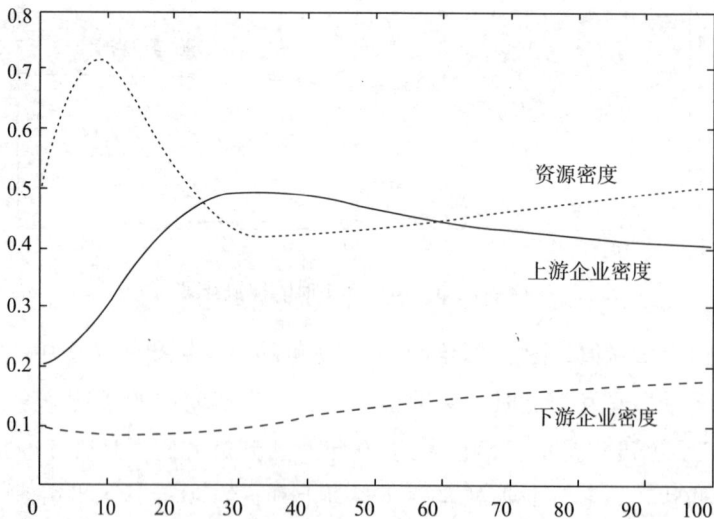

图 4-2　$p_1 = p_2 = 0.2$ 时的模拟结果

从图 4-2 可以看出，在整整 100 年的时间内，资源、上下游企业所构成的生态产业链在密度上并没有达到平衡状态。在资源呈线性增长的条件下，在与上下游企业的互动中，资源的密度呈现出了先增长后降低，而后又继续增长的趋势，在约 10 年时达到最大值，到约 35 年时则降至最小值；上游企业 N_1 的密度逐渐上升而后受资源密度下降的影响逐渐降低，约 30 年达到最大值，以后持续降低；由于较大的增长率，下游企业 N_2 在经历了前 20 年的低位调整后，其密度逐渐上升，并在此后一直保持持续上升的趋势。

这种情况会使资源型区域的经济发展存在较大的不稳定。由于资源的密度是逐渐上升的，且在初始一段时期内剧烈增长，这极大地刺激了资源依赖型的上游企业的发展，此时政府和企业都有很强的资源开发动机，因此上游企业的密度也随着资源的增加在短时间内快速增大，下游企业由于初始时期与上游企业之间在密度上的不平衡，经短暂震荡调整，随后随着上游企业密度的增加而增加。然而上游企业密度的快速增加，加大了对资源的消耗速度，使得资源的密度急剧下降，受此影响，上游企业的密度在大约 30 年时增大到最大值后又迅速降低，在此情况下，资源的密度又开始趋于上升。在较高的繁殖率的情况下，经受了短暂调整后的下游企业的密度开始增加。在整个模拟的时间内，系统并没有达到平衡状态，这种现象表明，该状态下的资源型企业产业链的发展是不稳定的，对资源型区域的经济发展也会带来影响。因为，受制于资源的密度，上游企业在较高的繁殖率状态下会因为资源的不足而大量倒闭，然而下游企业在高增长的情况下会普遍处于"吃不饱"的状态，使得体系不能健康发展。这时应考虑控制下游企业的繁殖率，本书在图 4-2 的基础上，降低下游企业的繁殖率继续进行模拟，图 4-3 是在其他条件不变的情况下，令 $p_1 = 0.2$，$p_2 = 0.15$，仍然取步长 $\Delta t = 0.01$，给出的 100 年的模拟结果。

在图 4-3 中，在数值模拟的时间内，资源、上下游企业所构成的生态产业链在密度上最终达到了稳定的平衡状态。由于资源呈线性增长，在与上下游企业的互动中，资源的密度呈现出了先增长后降低，而后形成了稳定的平衡态；上游企业 N_1 的密度逐渐上升，在约 35 年达到最大值，以后保持平衡；由于繁殖率的调整，下游企业 N_2 在经历了前 20 年的低位调整后，其密度在此后一直保持平衡的态势。

根据上述数据，图4－4给出了上下游企业之间的位相图，在图中，纵轴代表上游企业的密度值，横轴代表下游企业的密度值。从中可以看出，其他数值不变，在 $p_1 = 0.2$，$p_2 = 0.15$ 的假定下，上下游企业的密度最终稳定在了（0.52，0.08）。

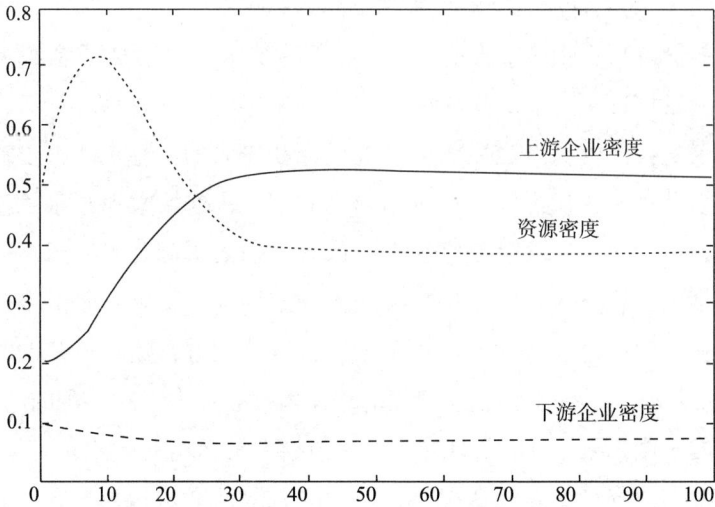

图4－3　$p_1 = 0.2$，$p_2 = 0.15$ 时的模拟结果

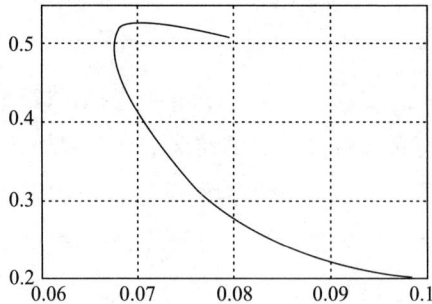

图4－4　上下游企业之间的位相图

三、案例研究

2005 年，国家六部委批准青海省柴达木循环经济试验区为国家级循环经济产业试点园区。2010 年，国务院正式批复了《柴达木国家级循环经济试验区总体规划》。按照规划，柴达木循环经济试验区由格尔木、德令哈、大柴旦、乌兰四个工业园组成。作为"一区四园"之一的德令哈工业园，其主要规划内容之一就是依托德令哈市境内丰富的石灰石资源以及周边区县的盐湖资源发展纯碱工业。基于此，近年来德令哈市认真分析宏观经济形势，依托自身资源优势，一直致力于打造中国碱都。

纯碱，也叫苏打，化学名称是无水碳酸钠，是玻璃、造纸、肥皂、洗涤剂、纺织、制革等工业的重要原材料，还常用作硬水的软化剂，也用于制造钠的化合物。因此，在经济建设发展的过程中，其市场需求是稳定且有保证的。纯碱工业制法主要有氨碱法和联合制碱法两种。氨碱法的原料主要是石灰石、氯化钠、氨气和水，成本较低；联合制碱法不需要石灰石。德令哈附近的柏树山石灰石矿区，已探明的石灰石储量约 33 亿吨，可可盐湖已探明的氯化钠储量约 1100 亿吨，资源基础得天独厚，并且随着勘探力度的加强，这些资源储量还可能会有增加，因此德令哈纯碱工业普遍采用的是氨碱法工艺。但使用该方法每生产 1 吨纯碱，就要排出 10 吨废弃溶液，溶质含 70% 的氯化钙，30% 的氯化钠，因此该工艺对水资源的依赖性极大。另外，使用该工艺还会排出一定的粉煤灰。所以德令哈市根据发展循环经济的要求，构建了纯碱工业的生态产业链，该产业链上的下游企业主要是氯化钙生产企业和干法水泥生产企业。

虽然德令哈市的资源基础较好，但由于德令哈市属于典型的高寒干旱大陆性气候，年平均降水量 16.7mm—487.7mm，年平均蒸发量 1353.9mm—3526.1mm，资源性缺水形势严峻。因此，德令哈市纯碱工业的综合资源密度并不高，严重制约了纯碱工业的发展。有鉴于此，前些年德令哈市委、市政府提出了"以水定规模"的工业发展思路。在 2000 年时，全市仅一家大型制碱企业——青海昆仑碱业，设计产量仅为每年 4 万吨，这主要受制于匮乏的水资源。自获批国家级循环经济试点园区后，德令哈市加大了水资源的勘探力度，加强了水利工程建设（包括引水调水工程），推行了节水技术（由于德令哈市的农业灌溉水利用系数在 0.32 左右，节水潜力极大）和中水回用技术，发挥水库的调节作用，且当前德令哈的降雨量明显增加，人努力加上天帮忙，获得了较好效果，水资源密度上升幅度较大，从而也拉动了纯碱工业所依赖资源密度的整体上升。从长期来看，可以把这个资源密度增加看成是线性增长的。因此，于 2005 年又上马了青海碱业，设计产量为 90 万吨，实际产量达到 60 万吨。到 2011 年，昆仑碱业二期工程 100 万吨生产线开始投产，青海碱业也开始上马了设计产量为 90 万吨的二期工程项目。由此可见，上游企业的密度在资源密度上升时也开始快速增长。可以预见，上游企业密度仍会受制于水资源，增速会放缓甚至回落。作为下游的氯化钙生产企业于 2005 年正式成立，刚开始时产品仅作为融雪剂，尽管年设计产量为 6 万吨，但实际产量很不稳定，生产也不够正常，可以认为这是下游企业的短暂回调。目前，该企业开发出了氯化钙的很多用途，并利用先进技术提高了纯度，年实际产量已达到了 3 万吨。同样作为下游企业的水泥生产企业，其主要原材料就是制碱后的尾料碳酸钙，成立时的设计产量为 100 万吨，实际产量为 65 万吨左右，也是一种短暂回调。随着碱业企业密度的增大，对下游企业的供养能力增强，同时也提高了其副产品对下游企业的转化率，因此水泥企业的设计产量为 100 万吨的二期工程也于 2011 年开始投产，这可以看作是下游企业密度的上升。

由于德令哈市的这条产业链运行的时间还不长，还不能完全观察出其运行规律，也还不能看到系统的平稳态，但运用本书的模型及数值模拟结果对其加以解释，仍能较好地对其未来发展态势作出框架性的判断，并有助于问题的发现与解释。

四、研究启示

本书通过对相关文献的阅读，依据我国自然资源勘探现状，结合我国多数省区自然资源家底仍然不清的现实，放弃了大多数文献所作出的区域内资源总量固定的假定，并假定在一段时期内资源量呈线性增长趋势，在此基础上构建了资源、上下游企业之间互动关系的微分方程模型，对非零平衡状态进行了讨论，并利用数学软件进行了数值模拟。得出结论如下：1. 资源、上下游企业通过产业链的关系联系在一起，可以利用生物食物链的分析方法进行研究。2. 资源、上下游企业之间是紧密联系的，也是互相制约的。他们通过资源的供养而产生联系，通过资源的转化率而相互制约。3. 数值模拟的结果表明，资源、上下游企业之间有着客观规律，资源的密度受制于自身增长率、下游企业的繁殖率及死亡率、资源对上游企业的供养能力及上游企业副产品对下游企业的转化率；上游企业的密度增长受制于下游企业的繁殖率、死亡率及上游企业副产品对下游企业的转化率；下游企业受制于上游企业的繁殖率及资源的增长率、自身的死亡率、上下游企业的消耗率。

从以上结论可以得到启示，即资源型区域应加大资源勘探力度，尽快摸清家底并正确评估资源的综合密度，进而根据资源的综合密度来构建生态产业链。在资源型企业产业链的构建过程中，政府应重视纵向企业之间互动的客观规律，正确评估资源对企业的供养能力和转化率，不能为取得一时的政绩而靠行政命令强行推动，为追求一时的"吃干榨净"而大干快上。否则，就会造成严重偏离政策初衷的后果。

第二节　基于演化博弈的资源型企业生态产业链形成研究

在传统工业经济的线性发展模式下，资源型企业掠夺性地获取自然资源，又将产生的废弃物直接排放到环境中去，引发了自然资源与经济社会的尖锐矛盾，同时也导致生态环境污染加剧，造成了资源不节约、环境不友好的局面。因此，越来越多的有识之士认识到，实施循环经济、发展生态工业是实现经济、社会及生态环境协调持续发展的有效途径。在实践中，构建生态产业链已成为资源型企业发展生态工业的重要途径。生态产业链是指某一区域范围内的企业模仿自然生态系统中的生产者、消费者和分解者，以资源（原料、副产品、信息、资金、人才）为纽带形成的具有产业衔接关系的企业联盟。资源型企业的生态产业链是纵向链和横向链的有机结合，是由发挥着协同效应的分工不同的关联企业构成的一个多链条的工业共生网状结构。与传统产业链的"资源—产品—废弃物质"单向线性运行方式不同，生态产业链的运行方式为"资源—产品—再生资源"的循环模式，目的是提高资源利用效率并减少废弃物排放甚至是零排放，提高产业效益。

在资源型企业生态产业链形成过程中，存在着各种类型的博弈行为。蔡小军等基于合作博弈的视角关注了生态产业链内上下游企业的利益分配。唐晓华等在假设企业追求生态效益目标的条件下，讨论了生态产业链中上下游企业之间的讨价还价博弈。然而，如果只考虑上下游企业副产品交换关系的建立而不考虑横向企业的联系，则会因种种原因造成系统瘫痪。并且，生态产业链的形成不是一蹴而就的，而是上下游企业之间、横向平行企业之间博弈的演化结果。本书运用演化博弈理论对生态产业链形成机理进行讨论，以期为资源型企业生态产业链的管理策略制定及调整提供有效的理论支撑。

一、资源型企业生态产业链的纵向演化博弈模型

一般而言，资源型企业生态产业链是一个上游控制型产业链。在这种生态产业链中，上游企业的废物资源的充分供应对下游企业相当重要，即下游企业对上游企业的废物资源供给有很大的依赖性，而上游企业对下游企业的废物资源供给则是有选择性的。上游企业以资源供应为导向，理性选择下游企业。因此，资源型企业生态产业链中博弈关系有两种基本形式，即上游企业对下游企业的选择博弈，下游平行关系的企业之间的竞合博弈。

1. 纵向博弈模型描述及研究假设

以上游控制型生态产业链为例，上游企业是纵向博弈的主体，其副产品提供给下游企业，因此该博弈为非对称演化博弈。上下游博弈企业获得的收益不仅是因为它们采取了不同的行动策略，而且与博弈者自身的属性有关。循环经济发展模式下，在形成生态产业链的过程中，由于资源的开采和加工本身具有外部非经济性，上游企业有两种策略选择：把废弃物或副产品资源化并提供给下游企业作为原料，或者仅把废弃物或副产品进行初级处理达到环境无害化的目标但不提供给下游企业；对于下游企业而言，上游企业的原材料具有决定性的作用，所以它的选择策略也有两种，接受上游企业提供的材料或不接受上游企业提供的材料。在资源型企业生态产业链形成的过程中，政府将使用各种手段发挥着积极作用。

根据资源型企业的特点，在生态产业链形成的动态演化过程中，有以下假设条件：

（1）在资源型企业生态产业链中，博弈是非对称的。位于产业链的最上游的是一个或几个规模大、实力强的资源型企业。上游企业自身不循环利用自己的废弃物或副产品，而是面临资源化或简单处理就直接排放两种策略选择。

（2）在生态产业链的形成过程中，经济群落中的企业具备有限理性特征，不可避免会出现逻辑推理或决策判断方面的失误；自利性的考虑可能使本企业偏离最优收益方案。

（3）根据动态演化特性，企业的理性层次属于慢速学习的类型，是接受反馈之后逐步调整，而不是一步到位的改善。

（4）在资源型企业生态产业链构建过程中，尽管有政府的激励手段在做调控，但上、下游企业仍是各自独立进行生产决策。因此，本书把"生态链接"问题描述成双方同时进行决策、反复进行的静态博弈。所以，该博弈的支付矩阵构建如下（如表4-1所示）。

表 4-1　上下游企业博弈的支付矩阵

		上游企业	
		资源化并提供	简单处理且不提供
下游企业	接受	$(A_d + I_d + R_2 - C_d - I_u, A_u + I_u + R_1 - C_{u1})$	$(A_d - C_d, -C_{u2} - NE)$
	不接受	$(0, A_u - C_{u1})$	$(0, -C_{u2} - NE)$

在支付矩阵中，A_u 和 A_d 分别表示政府使用补贴手段对上下游企业合作的激励；I_u 是上游企业将其废弃物资源化并提供给下游企业所获得的收益，也是下游企业向其支付的资源费用，I_d 是下游企业接受上游企业的原料所带来的收益，主要反映为成本的降低；C_{u1} 表示上游企业把废弃物资源化所投入的成本，C_{u2} 表示上游企业仅把废弃物简单处理所投入的成本，NE 表示简单处理后的废弃物的负外部性，这里既包括政府的惩罚，也包括民众的抗议等。C_d 表示下游企业接受上游企业的材料所要支付的成本；R_1 和 R_2 分别表示上下游企业在合作过程中由于生态产业链的协同效应带来的收益增加值，若上下游企业不能进行有效链接，则 $R_1 = R_2 = 0$。

2. 支付函数之间的数量关系

根据资源型企业的实际和假设条件，可以确定各支付函数之间的数量关系。首先，考虑上游企业，由于生态产业链的环保目标，选择把废弃物或副产品资源化会获得政府补贴，获得协同效应收益；若选择简单处理直接排放，不但会花费成本，还会造成外部不经济，所以有：$A_u + I_u + R_1 - C_{u1} > -C_{u2} - NE$。由于政府在倡导循环经济发展模式，所以即使下游企业不合作，政府的激励手段也会使上游企业更趋向于把废弃物或副产品资源化，于是有：$A_u - C_{u1} > -C_{u2} - NE$。对上游资源型企业而言，有下游企业合作要好于没有合作，显然：$A_u + I_u + R_1 - C_{u1} > A_u - C_{u1}$。对于下游企业，接受上游企业的副产品作为投入资源,有政府的激励,还有协同效益,明显要好于不接受,于是有:$A_d + I_d + R_2 - C_d - I_u > 0$;若上游企业选择不提供资源而是选择简单处理废弃物,根据环保目标,政府也会有动力采取先说服下游企业选择合作,而后再去说服上游企业采取合作,因此有:$A_d - C_d > 0$;对下游企业来说,有上游企业合作同样比没有合作要好,即:$A_d + I_d + R_2 - C_d - I_u > A_d - C_d$。

3. 演化博弈模型的建立及其稳定性分析

设 p 为上游企业把废弃物资源化并提供给下游企业的概率,则 $1 - p$ 表示上游企业仅把废弃物初级处理且未提供给下游企业的概率。q 表示下游企业接受上游企业资源的概率,则 $1 - q$ 表示下游企业拒绝接受上游企业资源的概率。那么,对于上游企业,采取把废弃物资源化并提供给下游企业的策略的期望收益为:$U_{u1} = q(A_u + I_u + R_1 - C_{u1}) + (1 - q)(A_u - C_{u1})$ (1)

采取把废弃物简单处理的策略的期望为:

$$U_{u2} = - C_{u2} - NE \tag{2}$$

根据式(1)和式(2),可得到平均期望收益为:

$$\overline{U_u} = pU_{u1} + (1 - p)U_{u2} = pq(I_u + R_1) + p(A_u - C_{u1}) - (1 - p)(C_{u2} + NE) \tag{3}$$

同理,下游企业的平均期望为:

$$\overline{U_d} = q[p(I_d + R_2 - I_u) - (A_d + C_d)] \tag{4}$$

由于在两种群非对称博弈中,还要引进动态复制方程。根据演化博弈的原理,一种策略的支付比种群的平均支付高,这种策略就会在种群中发展,复制动态方程反映了参与博弈者的学习速度和方向,只有当复制动态方程为 0 时,则学习速度也为 0,此时博弈达到一个相对稳定的均衡状态。

对于上游企业,其选择把废弃物资源化并提供给下游企业策略的复制动态方程为:

$$\frac{dp}{dt} = p(U_{u1} - \overline{U_u}) = p(1 - p)[q(I_u + R_1) + (A_u - C_{u1}) + (C_{u2} + NE)] \tag{5}$$

对于下游企业,其选择接受上游企业资源策略的复制动态方程为:

$$\frac{dq}{dt} = q(1 - q)[p(I_d + R_2 - I_u) + A_d - C_d] \tag{6}$$

分别令 $\frac{dp}{dt} = 0$,$\frac{dq}{dt} = 0$,可得到在复制动态过程中采用互相合作的策略的上下游企业比例稳定不变的水平，即两企业复制动态方程的不动点。此系统的不动点 (p^*,q^*) 分别为：$(0,0)$，$(0,1)$，$(1,0)$，$(1,1)$，$(\dfrac{C_d - A_d}{I_d + R_2 - I_u}$，

$\dfrac{C_{u1} - (A_u + C_{u2} + NE)}{I_u + R_1})$。

根据 Friedman 提出的方法，其均衡点的稳定性可由该系统的雅可比矩阵的局部稳定性分析得到。该系统的雅可比矩阵为：

$$J = \begin{bmatrix} (1-2p)[q(I_u + R_1) + (A_u - C_{u1}) + (C_{u2} + NE)] & p(1-p)(I_u + R_1) \\ q(1-q)(I_d + R_2 - I_u) & (1-2q)[p(I_d + R_2 - I_u) + (A_d - C_d)] \end{bmatrix}$$

把不动点分别代入雅可比矩阵进行计算，根据本书已确定的支付函数的数量关系，对结果进行分析并作出纵向非对称演化博弈复制动态方程的相位图。

（1）当 $p = 0$，$q = 0$ 时，此时雅可比矩阵的行列式值为正，迹也为正，这是一个不稳定点。这种情况表明，在构建生态产业链的时候，上下游企业采取完全不合作的策略是行不通的。首先，政府在倡导，也在使用激励手段进行努力促成生态产业链的形成，这种情况下企业不会无动于衷。其次，作为关键企业的上游资源型企业，如果不把废弃物或副产品资源化，不仅也要消耗成本，还会背上环保不力的不良声誉，因而它也不会对生态产业链的合作机会置之不理。最后，下游企业接受上游企业输送的原材料，成本较以前会有降低，还会得到政府的激励，又能获取环保声誉，所以它也不会把合作机会拒之门外。因此由于利益驱动和环保意识的加强，上下游企业在参与生态产业链的反复博弈的策略选择上，都不会停留在这一点上。

（2）当 $p = 1$，$q = 0$ 或 $p = 0$，$q = 1$ 时，此时雅可比矩阵的行列式值为负的，迹的值不确定，这两个点都是鞍点，是不稳定的。这两种情况只可能发生在构建生态产业链的初始时期，上游企业担心废弃物资源化的成本太高而不愿合作，或者下游企业担心形成资源依赖时上游企业会有一定的机会主义行为而不愿合作。也有可能是在构建生态产业链的初期，政府的规章制度形同虚设，或激励措施不能到位，致使企业存在认识上的障碍。但作为有限理性主体，上下游企业经过不断接受反馈并学习调整，加上政府的不断努力和修正自身的行为，在构建生态产业链的时候，不会出现上下游企业一方一厢

情愿，而另一方采取完全不理不睬的策略。因此，这两个不动点也是不稳定的。

（3）当 $p = 1, q = 1$ 时，此时雅可比矩阵的行列式值为正，迹为负，这是演化博弈的稳定均衡策略（ESS），说明复制动态变化的结果是生态产业链中的上下游企业随着不断的磨合调整而走向全面合作。对上游企业来说，参与生态链接一方面可以解决其废物排放而带来种种负外部性的问题，还能得到政府有效激励。通过生态产业链与下游企业合作之后，获得的明显效益之后，尝到甜头的上游企业将倾向于全面合作。对下游企业来说，从外部市场的购买渠道采购原材料的成本会高于上游企业资源化的原料，所以只要资源化的废弃物满足其质量和工艺等要求，就有利可图，"合作精神"就会出现，通过自我反馈和学习，选择全面合作就是下游企业的最优策略。

（4）当 $p = \dfrac{C_d - A_d}{I_d + R_2 - I_u}$，$q = \dfrac{C_{u1} - (A_u + C_{u2} + NE)}{I_u + R_1}$ 时，根据支付函数之间的数量关系可知，此时 $p < 0$，$q < 0$，此取值没有经济意义，不再讨论其稳定性。

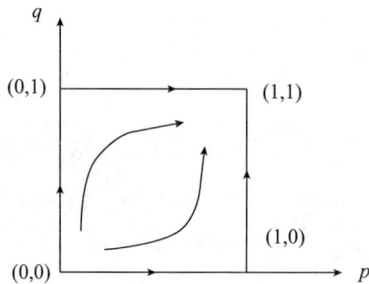

图 4 - 5　纵向非对称演化博弈复制动态方程的相位图

二、资源生态产业链形成的横向演化博弈模型

1. 下游平行企业间的竞合博弈模型描述

下游平行企业之间的博弈属于单种群的演化博弈。它们之间是竞争与合作的关系，因此可以利用鹰—鸽博弈模型进行分析。下游的平行企业都是从上游企业获得生产的原材料的，因此这些博弈过程就是对原材料争夺的过程。而这些下游的平行企业需要依靠这些原料资源才能使企业获得生存和发展。

根据资源型企业生态产业链的特点及下游企业实际，作出以下假设。（1）在企业进行博弈的过程中，政府提供公平竞争的环境，并不进行寻租和干涉。各个企业仍是各自独立进行策略选择，因此，本书仍然把问题描述成双方同时进行决策、反复进行的静态博弈。（2）平行企业是同类型的企业，企业实力没有明显差别，博弈是对称的，且在博弈过程中，上游企业不干涉它们的决策。（3）根据动态演化特性，下游平行企业的理性层次也属于慢速学习的类型，对于应该竞争还是合作，是接受反馈之后逐步调整，而不是一步到位的改善。所以，该博弈的支付矩阵构建如下（如表4-2所示）。

表4-2　下游平行企业博弈的支付矩阵

		企业1	
		竞争	合作
企业2	竞争	$\frac{v-c}{2},\frac{v-c}{2}$	$v,0$
	合作	$0,v$	$\frac{v-r}{2},\frac{v-r}{2}$

在上述支付矩阵中，面对与上游企业形成链接的机会，用v代表两个下游平行企业欲争夺的利益总和，c则表示竞争失败所付出的总成本，两企业合作的交易费用为r，r是c的一部分。根据上述假设条件可知，当两个平行企业互相合作，此时支付为（$\frac{v-r}{2},\frac{v-r}{2}$）；如果当其中一个企业采取竞争行为，此时另一个企业的合作行为实际上就是妥协，让出了与上游企业合作的机会，因此采取竞争行为的企业独自得到全部收益v，采取合作行为的企业获得收益为0，显然，（合作，竞争）和（竞争，合作）的支付分别为$(0,v)$或$(v,0)$；而当双方都采取竞争行为时，胜者将得到v单位的收益，而败者则付出c单位的代价，由于是对称博弈，所以胜败的概率各为50%，所以支付为$(\frac{v-c}{2},\frac{v-c}{2})$。

2. 演化博弈模型的建立

现在考虑在一个群体的下游资源型企业之间随机配对进行该博弈。假设在该群体中，有比例p的企业采用竞争的策略，比例$1-p$的企业采用合作的策略，p通常是时间t的函数。当下游资源型企业的学习速度比较慢时，采用竞争策略下游的资源型企业的比例动态变化速度可以用下面的复制动态方程来表示：

$$\frac{dp}{dt} = p(1-p)(E_1 - \overline{E}) \tag{7}$$

其中，$E_1 = p\frac{v-c}{2} + (1-p)v \quad \overline{E} = \frac{1}{2}(1-p)(v-r)$

把 E_1，$\overline{E}$ 代入式（7），可得：$\frac{dp}{dt} = \frac{1}{2}p(1-p)[(v+r)-p(c+r)]$ （8）

令 $\frac{dp}{dt} = 0$，即可得到可能稳定状态的 p 值为：

$p_1^* = 0$，$p_2^* = 1$，$p_3^* = \frac{v+r}{c+r}$（当且仅当 $0 \leqslant \frac{v+r}{c+r} \leqslant 1$ 时成立）。

根据微分方程的稳定性定理及演化稳定策略的性质，令 $F(p) = \frac{dp}{dt}$，则当 $\frac{\partial F(p^*)}{\partial p^*} < 0$ 时，p^* 为演化稳定策略（ESS）。

3. 稳定性分析

由上述结果可以看出，下游平行企业之间竞合博弈的均衡状况，取决于支付函数中 v 和 c 的取值情况，讨论如下并作出横向对称演化博弈的相位图。

（1）当 $v < c$ 时，此时竞争的成本大于竞争的收益，在完全理性的静态博弈中，当一方采取竞争策略，另一方就会采取合作策略，因此（合作，竞争），（竞争，合作）就是该博弈的纳什均衡。但这两点都不是演化稳定策略。因为在下游企业群体中，单个企业的决策取决于它对周围企业的决策的观察，如果它周围企业大多都是保守型的，倾向于合作策略，那么它就会采取竞争策略，反之则相反。最后会有一定比例的企业采取竞争策略，另外一定比例的企业采取合作策略。考察动态复制方程，当 $p_1^* = 0$，$\frac{\partial F(p^*)}{\partial p^*} > 0$；当 $p_2^* = 1$，$\frac{\partial F(p^*)}{\partial p^*} > 0$；因此，这两个状态都不是演化稳定策略。而 $p_3^* = \frac{v+r}{c+r} < 1$，符合 p 的取值范围，且 $\frac{\partial F(p^*)}{\partial p^*} = \frac{(v+r)(v-c)}{2(c+r)} < 0$，所以这是演化稳定策略。也就是说，在 $v < c$ 时，企业通过不断的学习和调整策略，最后有 $\frac{v+r}{c+r}$ 比例的企业采取竞争策略，有 $\frac{c-v}{c+r}$ 比例的企业采取合作策略。显然，当 v 和 r 保持不变时，随着 c 的增大，采取竞争策略的企业越少，而随

着 c 的减小，采取竞争策略的企业越多；当 c 和 r 保持不变时，随着 v 的增大，采取竞争策略的企业越多，随着 v 的减小，采取竞争策略的企业越少；当 v 和 c 保持不变时，随着 r 的增大，采取竞争策略的企业越多，随着 r 的减小，采取竞争策略的企业越少。而且，在演化的过程中，当 $p < p^*$ 时，说明采取竞争策略的期望收益大于采取合作策略的收益，此时一些企业会根据这一现实情况调整自己的策略选择，直到 $p = p^*$ 为止；同理，当 $p > p^*$ 时，说明采取竞争策略的期望收益小于采取合作策略的收益，此时一些企业也会根据这一现实情况调整自己的策略选择，直到 $p = p^*$ 为止。

（2）当 $v = c$ 时，此时竞争的成本等于竞争的收益，由于胜败的概率各为 50% ，若两个企业都采取竞争策略，那么期望收益都为 0 ；若一方采取竞争策略，则另一方无论采取什么策略，得到的收益都是 0 。因此，原静态博弈的唯一的纳什均衡是（竞争，竞争），但并不严格。而在动态演化博弈中，当 $p_1^* = 0$, $\dfrac{\partial F(p^*)}{\partial p^*} > 0$ ；$p_2^* = p_3^* = \dfrac{v+r}{c+r} = 1$, $\dfrac{\partial F(p^*)}{\partial p^*} = 0$ ，由此可见，采取合作策略不是下游资源型企业的演化稳定状态，而竞争策略也没有达到严格的稳定状态，但（竞争，竞争）仍然是下游企业演化的唯一方向。

（3）当 $v > c$ 时，竞争的结果是有利可图的，此时对任何下游资源型企业期望收益都大于 0 ，所以在原静态博弈中，（竞争，竞争）是唯一严格的纳什均衡。在动态演化博弈中，当 $p_1^* = 0$, $\dfrac{\partial F(p^*)}{\partial p^*} > 0$ ；当 $p_2^* = 1$, $\dfrac{\partial F(p^*)}{\partial p^*} < 0$ ；$p_3^* = \dfrac{v+r}{c+r} > 1$ ，不符合 p 的取值范围，无经济意义，所以不是稳定状态。在此情况下，有限理性的下游资源型企业经过长期反复博弈均趋向于采取竞争的策略，即该博弈的演化稳定策略仍然是（竞争，竞争）。

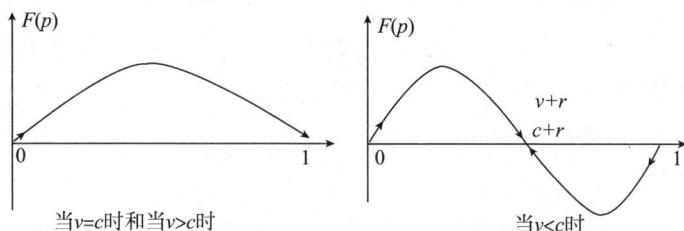

当 $v = c$ 时和当 $v > c$ 时   当 $v < c$ 时

图 4-6   横向对称演化博弈复制动态方程的相位图

三、研究结论与启示

1. 结论

本书通过利用动态演化博弈模型对资源型企业生态产业链的纵向和横向关系进行分析，研究了生态产业链形成过程中企业之间合作与竞争的机理，得到如下结论。

（1）由于资源型企业的固有特点，决定了上游资源型企业尤其是还处于兴盛期的资源型企业，其自身构建生态产业链的兴趣和欲望不强，然而这些企业又具有较大的负外部性，因此，其生态产业链的构建必须由政府给出宏观指导和微观激励。所以政府在资源型企业生态产业链的形成过程中扮演着极其重要的角色。

（2）上下游企业链接关系形成的快慢、质量的高低与两个企业的初始支付以及两个企业本身的学习速度、反馈能力有很大关系。因此，资源型企业生态产业链的演化有着较大的支付初值依赖性和企业学习素质依赖性。

（3）下游平行企业之间选择竞争还是合作取决于对收益与成本之间的衡量预期。下游企业刚进入生态产业链时，参与竞争的成本较大，将有较多的采取合作策略，而随着成本的降低，加上企业之间相互反馈、学习和调整，将走向全面竞争。

2. 启示

通过本书理论分析，结合研究结论，我们有以下几点启示。

（1）在资源型企业生态产业链形成的过程中，链接的动力是双方策略所能得到的收益。具体表现为，上游企业进行链接的动力机制是政府的激励及其废弃物的外部不经济性，下游企业进行链接的动力机制是政府的激励及其可获得的原材料的低成本和便捷性。在具体实践中，资源型企业废弃物的外部非经济性是客观存在的，下游企业对原材料的获取也是低成本且便捷的，因此政府的激励是具有决定性的作用的因素。所以，政府要在激励手段上下功夫，增强企业发展循环经济、进入生态产业链的动力，强化上下游企业的合作行为。

（2）在资源型企业上下游企业形成链接后，经一段时间的演化后，由于政府补贴和其他收益较为固定，企业是选择继续合作还是退出，将取决于上下游企业合作后产生的协同收益的大小。而协同收益的大小受制于上下游企业之间互动时的交易成本和交易效率。交易成本越小，协同收益就越大；且交易效率越高，协同收益也越大。因此，上下游企业之间要降低交易成本，提高交易效率。

（3）在上下游企业的链接形成之后，由于有利益驱动，必然会有很多下游企业愿意与上游企业合作，则下游的平行企业之间会展开博弈。根据本书的博弈模型可知，下游企业的行为取决于 v 和 c 的取值。这两个参数的取值与参与企业的生产规模、生产能力、管理水平、组织结构及技术水平有关，也与企业所在地的基础设施有关。所以，政府应加强基础设施的供给，而企业应强化管理创新、组织创新和技术创新等，这样可以使得 v 不断增大，c 不断下降，下游企业之间形成良性竞争局面。

第三节　基于微分博弈的资源型上下游企业合作研究

资源型企业是以特定的自然资源为主要劳动对象，生产、加工和经营人们生活所需的基础原材料的相关企业。从总体上来看，多年来我国的资源型企业在发展过程中，没有注意资源节约利用，也没有能够意识到优化资源的价值，而是掠夺性地获取自然资源，而后又将生产和消费过程中产生的废物排放到环境中去，属于典型的粗放型发展方式。这一方面导致了自然资源的严重浪费，致使不能提升资源的内在价值，也给地方经济发展带来了较大的影响；另一方面也导致环境污染加剧，造成了资源不节约、环境不友好的局面。当前我国资源环境压力日益加大，迫切需要资源型企业采取资源节约、价值优化的可持续发展模式。为破解这个现实难题，近年来政府、理论界和实业界都做了巨大努力。从目前来看，仿照自然界生物食物链的形式，把资源型上下游企业链接起来形成生态产业链的发展模式得到较大的认同且得到了大力推广，这样就能使上游企业排放的副产品（废弃物）作为下游企业的原材料，以达到资源循环使用的目的。这种理念一经形成，很快就得到了政府的响应，并写入了2004年国务院的政府工作报告，同时也在构建资源型企业生态产业链方面投入了大量资源。不少资源型区域的政府都提出延长资源型企业的产业链、充分节约利用资源的口号，并把资源"吃干榨净"作为目标导向。然而，知易行难，相对于理论认知，资源型企业的生态化发展在现实中遇到了不少问题和困难。我国不少资源型企业工业园区都存在着过分依靠政策手段和行政命令来推进园区建设目标的问题。如此一来，尽管政府在推进资源型企业生态产业链方面下了很大功夫，但由于没有能够认真考虑在构建产业链时上下游企业之间潜在的互动规律，也没有认真考虑企业行为的市场导向，仅仅从理想化的角度去追求自然资源"吃干榨净"，其结果往往并不能达到预期目标。

在政府和企业进行实践探索的同时，不少学者围绕生态产业链做了大量工作，逐渐涌现出了不少研究成果。由于生态产业链是我国学者在 20 世纪末针对我国经济发展阶段提出的经济学新概念，因此从国内外研究的检索情况来看，国外的研究基本是空白，国内研究也处于初级阶段。从概念界定来看，一般认为生态产业链是依据生态学和工业生态学原理，以恢复和扩大自然资源存量为宗旨，以提高资源基本生产率并根据社会需要为主体，对两种以上产业的链接进行设计并开创为一种新型的产业系统的系统创新活动，它通过产品体系规划、元素集成以及数学优化方法，构建材料、产品、副产物及废物的工业生产链，从而实现物质的最优循环和利用。从这个定义可以看出，资源型企业构建生态产业链强调企业之间的链接，强调资源效率的动态优化，是一系列创新行为的集合，是一项系统工程。而且生态产业链的基本思想是通过成员企业的合作来减少生态环境问题，因此需要大量艰苦的科学探索，现有研究成果对资源型生态产业链的探索利用不同的方法，从不同视角进行展开。

博弈论是经济学的标准分析工具之一，利用博弈论能够研究经济系统中不同决策主体在互动中的优化策略行为。因此，在研究企业之间的互动时，博弈论成为广泛应用的方法。在利用博弈论对生态产业链的研究中，有学者利用静态博弈的方法，在考虑生态效益基础上分析了生态产业链的形成，也有利用演化博弈研究了资源型企业生态产业链的形成。对于资源型企业的合作，有学者基于合作博弈提出了一个利益分配模型，也有基于非对称 Nash 协商模型分析了资源型企业关联供应链的合作机制。然而，上述文献较少能够考虑动态性、连续性及资源型企业的未来收益预期，而微分博弈方法的优点恰恰在于其基于博弈论观点的决策过程和连续动态博弈理论的应用。微分博弈的理论基础允许在决策过程中考虑对竞争者决策的预期。当前微分博弈方法在研究现实问题中得到了广泛应用。在经济方面，有研究将微分博弈方法应用在企业的合作研发、流域水环境的管理合作促进机制建设方面、寡头垄断竞争方面、差异商品和黏性价格的寡头垄断博弈方面及广告促销方面，均取得了较好的研究效果。但当前还没有看到使用微分博弈方法对资源型上下游企业的决策进行研究的成果。而在生态产业链中，微分博弈的动态本质使得上下游企业策略的制定不仅仅要考虑当前的结果，还考虑其决策的长远意义。

基于此，本书引入时间因素，根据对资源型企业产业链的构建过程中上下游企业的决策现实的调研，首先建立了两阶段 Stackelberg 微分序贯博弈，探讨上下游企业在非合作时的决策行为，然后建立一个理想条件下的合作微分博弈模型，最后建立协商博弈模型。结果表明协商合作能够实现生态产业链的帕累托改进。

一、资源型企业上下游非合作微分博弈模型

1. 模型的假设条件及分析

为研究方便，本书对资源型生态产业链进行简化。假定产业链上只有两个企业，分别是依赖自然资源的上游企业和依赖上游企业废弃物的下游企业。上游企业只生产一种产品，同时排放出一种废弃物；下游企业利用上游企业排出的废弃物作为主要生产原料，也只生产一种产品。这两个企业构成简单的生态产业链如图 4 - 7 所示。

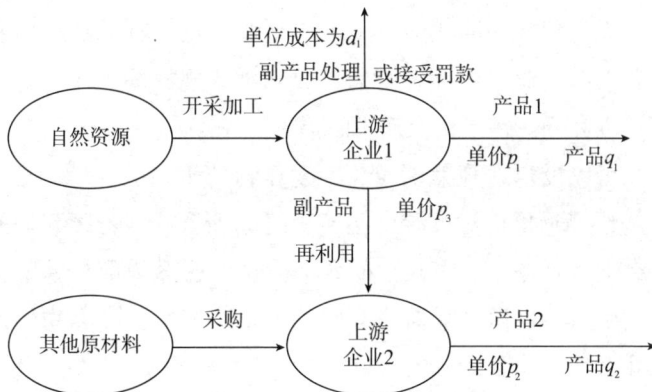

图 4 - 7　资源型上下游企业的系统结构

针对该产业链，本书的假设条件及对假设条件的分析如下：

（1）在上述产业链中，上游企业所依赖的自然资源能够满足生产需要，其废弃物的产出量与其最终产出的产品量 q_1 成正比，产出系数为 β，即废弃物的产出量为 βq_1；下游企业对废弃物的需求量与其最终产品产量 q_2 成正比，产出系数为 δ，即对废弃物的需求量为 δq_2。而且上游企业废弃物的产出是稳定且连续的，并满足 $\beta q_1 \geqslant \delta q_2$。不能被下游企业利用的废弃物，上游企业应该负责将其进行无害化处理或接受政府的罚款，此项工作的单位成本为 d_1，即上游企业将为剩余的废弃物支付的成本为 $d_1(\beta q_1 - \delta q_2)$。

（2）考虑时间因素，对于上下游企业，假设在任意时刻 t，市场的反需求函数为：$p_1(t) = a_1 - b_1 q_1(t)$，$p_2(t) = a_2 - b_2 q_2(t)$。根据实际意义，式中 a_i，b_i（$i = 1,2$）均大于 0，其中 a_i 为产品 i 的价格最高上限，b_i 为产品 i 的供给敏感系数。

下面分析废弃物的价格。一般情况下废弃物再利用的准入门槛较高，在现实中，上游企业作为废弃物供给方，需要保证废弃物产出量稳定并具有一定的规模；而下游企业作为废弃物需求方，则应具备一定的技术创新能力及雄厚的经济实力。另外，考虑到废弃物运输成本等因素，还需要两个企业在地理位置上相对邻近。因而，在产业链中，上、下游资源型企业之间一般为寡头合作关系。而且，由于利用废弃物进行生产，需要一定的专用性投资，导致下游废弃物需求方对上游供给方具有一定程度的依赖性，所以在合作中往往表现出上游供给方占主导地位的单方市场性质。因此，在企业自主决策的情况下，废弃物的价格的变动规律往往是：初始时期由于废弃物存量较大，在政府罚款和无害化处理的压力下，上游企业愿意以较低的价格甚至是零价格供给，随着下游企业专用性投资的形成和生产规模的扩大，上游企业会根据下游企业对废弃物的需求情况而不断提价。

基于此，可以设定在任意时刻 t，废弃物的价格为：$p_3(t) = k\delta q_2(t) - d_1$，其中 k 为废弃物价格对下游企业产量的敏感系数，若废弃物的价格为负值，则表明在下游企业需求量较少时，上游企业愿意采取补贴下游企业的方式刺激其增加生产，进而增加对废弃物的需求。理论上废弃物价格不会低于 $- d_1$，现实中大多不会低于零。

废弃物的价格是随时间变动的，其微分方程可表示为：$\dfrac{dp_3(t)}{dt} = s(k\delta q_2 -$

$d_1 - p_3$），令其初始值 $p_3(0) = 0$，其中，$k\delta q_2 - d_1$ 为上游企业根据下游企业对其废弃物的需求量进行的报价，p_3 为下游企业对所需废弃物的能够接受的实际价格，$k\delta q_2 - d_1 - p_3$ 表示二者之间的差价，s 表示上游企业通过对市场的考察而对废弃物价格进行学习调整的速度系数，其意义为近期下游企业需求量对废弃物价格的相对重要性，s 值越大，就意味着现有价格的持续性水平越低，价格的增长幅度就越大。此式为上下游企业的共同知识。

（3）考虑到资源型企业特点，假设上游企业除去废弃物无害化或政府罚款的成本函数为：$C_1 = c_{10} + c_{11}q_1(t) + c_{12}q_1^2(t)$，$c_{10}$，$c_{11}$，$c_{12}$ 均大于0。显然上游企业的总成本可以表示为：$C_{1T} = c_{10} + c_{11}q_1(t) + c_{12}q_1^2(t) + d_1(\beta q_1 - \delta q_2)$。

下游企业除购买上游企业废弃物之外的成本函数为：$C_2 = c_{20} + c_{21}q_1(t) + c_{22}q_1^2(t)$，式中 c_{20}，c_{21}，c_{22} 也均大于0。其总成本可表示为：$C_{2T} = c_{20} + c_{21}q_1(t) + c_{22}q_1^2(t) + p_3\delta q_2$。

因此，上下游企业的利润函数分别为（为书写方便，以下略去后缀 (t)，不影响对结果的讨论）：$\pi_1 = p_1q_1 + p_3\delta q_2 - C_1 - d_1(\beta q_1 - \delta q_2)$；$\pi_2 = p_2q_2 - p_3\delta q_2 - C_2$。

产业链整体的利润函数为：$\pi = \pi_1 + \pi_2 = p_1q_1 + p_2q_2 - d_1(\beta q_1 - \delta q_2) - C_1 - C_2$。为方便后文的论述，有必要对此利润函数做进一步的分析。假设 q_1 为常量，然后对该利润函数求关于 d_1 和 q_2 的导数，有 $\dfrac{\partial \pi}{\partial d_1} = -(\beta q_1 - \delta q_2)$，显然 $\dfrac{\partial \pi}{\partial d_1} < 0$，因此产业链整体利润是关于政府罚款力度的减函数，这可以理解为政府为了环境效益的改善所作出的经济效益上牺牲；而 $\dfrac{\partial \pi}{\partial q_2} = (a_2 - c_{21} + d_1\delta) - 2(b_2 + c_{22})q_2$，即当 $q_2 < \dfrac{a_2 - c_{21} + d_1\delta}{2(b_2 \div c_{22})}$ 时，生态产业链整体利润是下游企业产量 q_2 的增函数，而当 $q_2 = \dfrac{a_2 - c_{21} + d_1\delta}{2(b_2 + c_{22})}$ 时，生态产业链整体利润达到了其整个值域上的最大值。

（4）在整个博弈的过程中，上下游企业都追求利润最大化。考虑时间因素，在时期 $[0,t]$ 内，上下游企业连续、动态地进行决策。r（$0 < r < 1$）为贴现系数，在 $t \to \infty$ 时，上游企业的目标函数为：$\displaystyle\int_0^\infty e^{-rt}\pi_1(p_1, p_3) = \int_0^\infty e^{-rt}(p_1q_1 +$

$p_3 \delta q_2 - C_1 - d_1(\beta q_1 - \delta q_2))dt$，下游企业的目标函数可表示为：$\int_0^\infty e^{-rt} \pi_2(p_2) = \int_0^\infty e^{-rt}(p_2 q_2 - p_3 \delta q_2 - C_2)dt$。

2. 模型求解

与以往的模型相比，本书考虑了动态情况，引入了上游企业废弃物价格的微分方程。上下游企业在互动决策的过程中，根据资源型企业发展的现实情况，在构建生态产业链时，上游企业占据决策的主导地位，首先决定产量，并根据预判下游企业的产量来确定废弃物的价格，下游企业为跟随者，处于从属地位，在知道上游企业的产品和废弃物的价格策略后确定对废弃物的需求量。因此可以将上下游企业的决策过程看作一个完全信息的两阶段 Stackelberg 序贯微分博弈。在决策中，上下游企业的目标函数均是追求自身的利润最大化。

采用逆向归纳法，首先对下游企业的目标函数模型进行求解：

$$\int_0^\infty e^{-rt} \pi_2(p_2) = \int_0^\infty e^{-rt}(p_2 q_2 - p_3 \delta q_2 - C_2)$$

$$st. \quad \frac{dp_3(t)}{dt} = s(k\delta q_2 - d_1 - p_3) \ , \ p_3(0) = 0 \quad (1)$$

设下游企业的值函数满足线性关系：$v_2(p_3) = l_0 + l_1 p_3$，则有 $v_2'(p_3) = l_1$，从而构建 HJB（Hamilton – Jacobi – Bellman）函数如下：

$$rv_2(p_3) = \max\{(p_2 q_2 - p_3 \delta q_2 - C_2)\} + v_2'(p_3)s(k\delta q_2 - d_1 - p_3) \quad (2)$$

最大化 HJB 方程，可解得：

$$q_2 = \frac{a_2 - \delta p_3 - c_{21} + sk\delta v_2'(p_3)}{2(b_2 + c_{22})} \quad (3)$$

在（3）式中，a_1，b_2，c_{21}，c_{22}，s，k，δ 均为外生变量，可以根据实际经验求出。通过在（2）式中利用待定系数法可以求出 l_1，把 l_1 代入（3）式可解得下游企业产量的均衡解为：

$$q_2 = \frac{(r + s)(a_2 - \delta p_3 - c_{21})}{2(b_2 + c_{22})(r + s) + sk\delta^2} \quad (4)$$

由下游企业成本函数的表达式可知 $a_2 - \delta p_3 - c_{21} > 0$ 显然成立，因此此均衡解是有意义的。此时，$\frac{\partial q_2}{\partial p_3} < 0$，$\frac{\partial q_2}{\partial s} < 0$，$\frac{\partial q_2}{\partial r} > 0$，于是可以得知，下

游企业在与上游企业互动过程中，上游企业对废弃物的定价越高，下游企业越倾向于降低产量；上游企业对废弃物价格的调整速度越快，下游企业越倾向于降低产量，这与上游企业学习调整系数 s 的内在含义是一致的；同时，贴现系数越大，即未来盈利的期望越大，下游企业越倾向于增加产量。

其次，对上游企业的决策进行求解

$$\int_0^\infty e^{-rt}\pi_1(p_1,p_3) = \int_0^\infty e^{-rt}(p_1q_1 + p_3\delta q_2 - C_1 - d_1(\beta q_1 - \delta q_2))$$

$$st. \ \frac{dp_3(t)}{dt} = s(k\delta q_2 - d_1 - p_3) \ , \ p_3(0) = 0 \tag{5}$$

同样设上游企业的值函数也满足线性关系，为 $v_1(p_3) = m_0 + m_1 p_3$，则有 $v_1'(p_3) = m_1$，构建 HJB 函数可得：

$$rv_1(p_3) = \max\{p_1q_1 + p_3\delta q_2 - C_1 - d_1(\beta q_1 - \delta q_2)\} + v_1'(p_3)s(k\delta q_2 - d_1 - p_3) \tag{6}$$

最大化 HJB 方程，可解得上游企业产量的均衡解为：

$$q_1 = \frac{a_1 - c_{11} - d_1\beta}{2(b_1 + c_{12})} \tag{7}$$

由上式可以看出，$\frac{\partial q_1}{\partial d_1} < 0$，$\frac{\partial q_1}{\partial \beta} < 0$，即上游企业的产量决策受制于政府对其废弃物的罚款和自身废弃物的产出率，罚款数额越大，废弃物的产出率越高，上游企业越倾向于降低产量。然而，在上游企业的产量决策中，废弃物的价格 p_3 却没有影响，这是因为，根据上文的假设 $\beta q_1 \geqslant \delta q_2$，废弃物总能满足下游企业的需求，因此 p_3 的高低并不影响上游企业的产量决策，只影响上游企业的利润。所以上游企业在产量决策时不考虑 p_3 的价格因素。

把（4）、（8）两式代入上游企业的利润函数，可得：

$$\pi_1 = \frac{(a_1 - c_{11} - d_1\beta)^2}{4(b_1 + c_{12})} - c_{10} + \frac{\delta(p_3 + d_1)(r + s)(a_2 - \delta p_3 - c_{21})}{2(b_1 + c_{22})(r + s) + sk\delta^2} \tag{8}$$

考察（9）式可知，上游企业的利润与废弃物的价格存在明显的函数关系，通过计算 π_1 关于 p_3 的导数可知：当 $p_3 < \frac{a_2 - c_{21} - d_1\delta}{2\delta}$ 时，$\frac{\partial \pi_1}{\partial p_3} > 0$；当 $p_3 > \frac{a_2 - c_{21} - d_1\delta}{2\delta}$ 时，$\frac{\partial \pi_1}{\partial p_3} < 0$；当 $p_3 = \frac{a_2 - c_{21} - d_1\delta}{2\delta}$ 时，$\frac{\partial \pi_1}{\partial p_3} = 0$，此时上游企业的利润达到最大。因此，上游企业的利润随废弃物价格的提高而

先增加后降低，这是因为随着废弃物价格高至一定程度后，下游企业将减少需求，从而增加了政府对上游企业的罚款数额，降低了上游企业的利润。

由于上游企业的主导地位，此时为保证其利润的最大化，在非合作时，上游企业对其废弃物的最优定价应为：$p_3 = \dfrac{a_2 - c_{21} - d_1\delta}{2\delta}$。把 p_3 的均衡解代入下游企业产量、上下游企业及产业链整体的利润函数式，可得非合作时的均衡解，即结论1。

结论1：在 Stackelberg 序贯微分博弈均衡时，上下游企业产量决策、所获利润分别为：

$$q_1 = \frac{a_1 - c_{11} - d_1\beta}{2(b_1 + c_{12})}, \pi_1 = \frac{(a_1 - c_{11} - d_1\beta)^2}{4(b_1 + c_{12})} + \frac{(r+s)(a_2 - c_{21} + d_1\delta)^2}{4[2(b_2 + c_{22})(r+s) + sk\delta^2]} - c_{10}$$

上游企业排放的废弃物的价格为：$p_3 = \dfrac{a_2 - c_{21} - d_1\delta}{2\delta}$

$$q_2 = \frac{(r+s)(a_2 - c_{21} + d_1\delta)}{4(b_2 + c_{22})(r+s) + 2sk\delta^2}, \pi_2 = \frac{(r+s)(a_2 - c_{21} + d_1\delta)^2(r+s+sk\delta^2)}{4[2(b_2 + c_{22})(r+s) + sk\delta^2]^2} - c_{20}$$

产业链整体利润为：

$$\pi = \pi_1 + \pi_2 = \frac{(a_1 - c_{11} - d_1\beta)^2}{4(b_1 + c_{12})} + \frac{(r+s)(a_2 - c_{21} + d_1\delta)^2(r+s+sk\delta^2)}{4[2(b_2 + c_{22})(r+s) + sk\delta^2]^2}$$

$$+ \frac{(r+s)(a_2 - c_{21} + d_1\delta)^2}{4[2(b_2 + c_{22})(r+s) + sk\delta^2]} - c_{10} - c_{20}$$

该结论表明，在非合作序贯博弈时，上游企业的产品产量及废弃物的供给量不受变量 p_3 的影响，只是随政府罚款力度及自身单位产品废弃物排放率的增加而降低，因此可以把 q_1 看作一个常量，所以上游企业的利润就由变量 p_3 决定，并且由于上游企业的主导地位，废弃物的价格 p_3 随下游企业的需求量增加而增加，直到增加至上游企业获得最大利润为止，此时的 p_3 是上游企业的最优决策。由于下游企业居于从属地位，在上游企业决策后，下游企业根据废弃物价格 p_3 高低决定自己的产量 q_2 的大小，而此时产量远远小于 $\dfrac{a_2 - c_{21} + d_1\delta}{2(b_2 + c_{22})}$，根据上文假设条件（3）中的分析，此时该生态产业链的整体利润还远远没有达到最大值。因此在这种由上游企业占据主导地位的 Stackelberg 序贯微分博弈中，由于两个企业的不合作，既造成了整个产业链的经济效益不能达到最大，而且由于变量 p_3 由上游企业根据其利润预期进行制定，使得下游企业不能充分吸收利用废弃物，也造成了环境效益不能有效提高。因此，这样的产业链是不能达到资源节约利用和生态持续优化的目的的，促进产业链上两个企业的合作是非常必要的。

二、合作博弈模型

1. 完全合作的情况

如果能够促使上下游企业完全合作，则可以把他们看作一个虚拟一体化的企业，此时下游企业对废弃物的购买转变为虚拟一体化企业中的内部交易行为，因此合作的关键在于上游企业不再根据下游企业的需求进行定价，而是根据自己的供给情况对废弃物进行定价，假设在任意时刻 t 有反需求函数：$p_3(t) = a_3 - b_3 \beta q_1(t)$，式中 a_3, b_3 均为正常数，其中 a_3 表示废弃物的最高价格。当废弃物价格为负值时，表示上游企业愿意以补贴的形式刺激下游企业的生产，但最低价不会低于 $-d_1$。引入微分方程：$\dfrac{dp_3(t)}{dt} = s(a_3 - b_3 \beta q_1 - p_3)$，初始值 $p_3(0) = -d_1$。此式表示废弃物价格随时间的变动性，式中 s 表示上游企业通过对市场的考察而对废弃物价格进行学习调整的速度系数，p_3 为下游企业对所需废弃物的能够接受的实际价格。此式为上下游企业的共同知识。

在上下游企业形成虚拟一体化企业时，他们共同的目标函数是最大化整个产业链的利润函数，可以表示为：

$$\max \int_0^\infty e^{-rt} \pi(p_1, p_2) = \max \int_0^\infty e^{-rt} \{ p_1 q_1 + p_2 q_2 - C_1 - d_1 (\beta q_1 - \delta q_2) - C_2 \}$$

$$st. \frac{dp_3(t)}{dt} = s(a_3 - b_3 \beta q_1 - p_3), \ p_3(0) = -d_1 \tag{9}$$

此时可以将上下游企业的决策过程看作一个完全信息的微分博弈，由上游企业根据最大化目标函数的要求确定其产量及废弃物的价格，下游企业根据最大化目标函数及上游企业对废弃物的定价决策确定其产量。首先对上游企业构建 HJB 方程：

$$rv_{o1}(p_3) = \max \{ p_1 q_1 + p_2 q_2 - C_1 - d_1(\beta q_1 - \delta q_2) - C_2 \} - v'_{o1}(p_3) s(a_3 - b_3 \delta q_1 - p_3)$$

$$\tag{10}$$

此时对（11）式右端求最大值，可得：$q_1^* = \dfrac{a_1 - c_{11} - d_1\beta - v'_{o1}(p_3)sb_3\beta}{2(b_1 + c_{12})}$，

由此可以看出 q_1^* 是 $v'_{o1}(p_3)$ 的减函数，而根据值函数的实际意义，应有 $v'_{o1}(p_3) \geqslant 0$，因此当 $v'_{o1}(p_3) = 0$ 时，则 q_1^* 取得最大值。而这就意味着上游企业以能够接受的最低价提供废弃物，所以此时有 $p_3^* = -d_1$，即上游企业按照政府罚款的额度采取补贴下游企业的方式供给废弃物。故此时的上游企业的产量决策为：$q_1^* = \dfrac{a_1 - c_{11} - d_1\beta}{2(b_1 + c_{12})}$。

再构建下游企业的 HJB 方程：

$$rv_{o2}(p_3) = \max\{p_1q_1 + p_2q_2 - C_1 - d_1(\beta q_1 - \delta q_2) - C_2\} - v_{o2}'(p_3)s(a_3 - b_3\beta q_1 - p_3)$$

(11)

根据式（12）可以求出下游企业的产量决策：$q_2^* = \dfrac{a_2 - c_{21} + d_1\delta}{2(b_2 + c_{22})}$，此时的均衡产量不受 p_3 的影响，因为此时 $p_3 = -d_1$，下游企业受到了补贴，刺激了生产，因此其产量主要受 d_1 的影响，而且 $\dfrac{\partial q_2}{\partial d_1} > 0$，因此政府罚款力度对下游企业的产量影响是正向的。此时，上游企业产量不变，下游企业产量变大。

把所求结果代入上下游企业的利润函数及产业链的利润函数，分别可解得：

$$\pi_1^* = \frac{(a_1 - c_{11} - d_1\beta)^2}{4(b_1 + c_{12})} - c_{10}, \quad \pi_2^* = \frac{(a_2 - c_{21} + d_1\delta)^2}{4(b_2 + c_{22})} - c_{20}$$

$$\pi^* = \pi_1^* + \pi_2^* = \frac{(a_1 - c_{11} - d_1\beta)^2}{4(b_1 + c_{12})} + \frac{(a_2 - c_{21} + d_1\delta)^2}{4(b_2 + c_{22})} - c_{10} - c_{20}$$

通过把两企业完全合作时的各种决策与非合作博弈时相比较可以得到结论2。

结论2：（1）$\Delta q_1 = q_1^* - q_1 = 0$，$\Delta q_2 = q_2^* - q_2 > 0$，$p_3^* = -d_1$；（2）$\Delta \pi = \pi^* - \pi > 0$，$\Delta \pi_2 = \pi_2^* - \pi_2 > 0$，$\Delta \pi_1 = \pi_1^* - \pi_1 < 0$。

分析上述结论可以看出，完全合作时，上游企业将以政府单位罚款的额度的负值作为废弃物的单价，受到补贴的刺激，下游企业将大幅度增加对废弃物的需求，进而极大提高了产量。由于上游企业产量及废弃物的产出量没

有发生变化，在政府罚款额度固定时，根据对假设条件（3）的分析，产业链整体利润达到了最大值。如果把d_1作为变量看待，则此时上下游企业的产量及利润主要受罚款力度的影响，上游企业的产量及利润均随罚款力度增大而降低，下游企业的产量及利润均随罚款力度的增大而增加；由于上游企业受到罚款的影响更大，产业链的利润随罚款力度的增大而降低。

通过合作，产业链整体利润增加至最大值，下游企业也增加了利润，但上游企业的利润却减少了。然而，要促进上下游企业的合作，必须要解决利益双方最关心的两个问题：其一是合作的可行性，即能保证每个个体都从合作中受益；其二是合作的公平性，即能使每个个体对最终的效用所得感到满意，也就是说合作方式具有稳定性。上下游企业作为两个完全独立的决策主体，完全合作显然不具备可能性。因为在市场经济条件下，此时上游企业所排放的废弃物对下游企业而言就是资源，有市场就应该有价格，双方对此废弃物的价格的认同是应该根据供给和需求来确定的，因此上游企业不会采取完全补贴的形式供给其废弃物，下游企业甚至不可能以零价格得到其所需的资源。基于此，有必要探讨其他更有效的合作机制。

2. 协商合作

完全合作虽然能够使得整体利益达到最大化，同时这样的合作也可能是资源型区域的地方政府在发展循环经济时的初衷和理念，但却不具备合作的可行性和公平性。虽然完全合作并不可行，但并不意味着上下游企业就完全没有合作的可能。因为上下游企业进行合作的关键是如何确定废弃物价格的问题，通过合理引导并建立沟通谈判渠道，使得两个企业根据自身情况进行协商，进而确定废弃物的价格，这是值得尝试的。

由于在非合作时，上游企业为保证其利润最大，对废弃物的定价为$\dfrac{a_2 - c_{21} - d_1\delta}{2\delta}$；在完全合作时，为刺激下游企业大量生产，从而保证产业链整体利润最大，下游企业获得废弃物的价格为$-d_1$，这两种均为极端情况，因此可以引入通过协商的废弃物价格p_3^N，利用上文微分博弈的结果，借鉴协商博弈的思想，构建模型如下：

$$U = \max\left[p_3^N - d_1\right]^\lambda\left[\frac{a_2 - c_{21} - d_1\delta}{2\delta} - p_3^N\right]^{1-\lambda} \tag{12}$$

式（13）中，λ 代表上游企业在产业链中的地位，也即是上下游企业互动中上游企业的谈判能力；$1-\lambda$ 代表下游企业在产业链中的地位，其含义是下游企业在互动中的谈判能力。根据资源型产业链的实际情况，一般情况下，资源型企业产业链的构建均是围绕一个卫星企业，这个卫星企业一般为上游企业，因此上游企业的主导地位是不可动摇的，事实上可以对 λ 的值做进一步假设：$0.5 < \lambda \leq 1$。

对上式求均衡解，可得 $p_3^N = \lambda \dfrac{a_2 - c_{21} - d_1\delta}{2\delta} - (1-\lambda)d_1$。事实上，废弃物价格的均衡解相当于以上下游企业的相对谈判能力作为权数，以按照废弃物供给和需求两种定价的加权平均值。

对 p_3 的均衡解求关于 λ 和 d_1 的导数，于是有 $\dfrac{\partial p_3^N}{\partial \lambda} > 0$，$\dfrac{\partial p_3^N}{\partial d_1} < 0$，因此在协商合作中，废弃物的价格是上游企业所拥有的地位的增函数，其随着上游企业地位的增大而增大，在极端情况下（$\lambda = 1$），$p_3^N = \dfrac{a_2 - c_{21} - d_1\delta}{2\delta}$，博弈重新回到了非合作时的情形。同时废弃物的价格是政府罚款力度的减函数，其随着罚款力度的增加而减少。

在求出 p_3 均衡解的情况下，此时上下游企业又回到为各自利润最大化的微分博弈阶段，上游企业的产量仍然没有发生变化，$q_1^N = \dfrac{a_1 - c_{11} - d_1\beta}{2(b_1 + c_{12})}$；利用（2）式可以求出下游企业产量均衡解为：$q_2^N = \dfrac{(r+s)(2-\lambda)(a_2 - c_{21} + d_1\delta)}{4(b_2 + c_{22})(r+s) + 2sk\delta^2}$；进而可以得出上下游企业及产业链的整体利润 π_1^N，π_2^N 和 π^N。通过比较可得结论3。

结论3：（1）$q_1 = q_1^* = q_1^N$，$q_2 < q_2^N < q_2^*$，$p_3^* < p_3^N < p_3$；（2）$\pi_1^* < \pi_1^N < \pi_1$，$\pi_2 < \pi_2^N < \pi_2^*$；$\pi < \pi^N < \pi^*$。

上述结论表明，通过协商而进行的合作，相对于非合作时的情形，上游企业利润略有下降，废弃物价格有所降低；下游企业的产量和利润均上升；并且此时产业链整体利润有所增加。从整体上看，从非合作走向协商合作的过程，正是帕累托改进的过程。而相对于完全合作时的情形，此时废弃物的价格增加，上游企业的利润增加，下游企业的产量及利润都有下降，而且产业链整体利润也有所下降。尽管如此，由于完全合作的不可能性，协商合作虽非上下游企业互动中的最优解，却是最有可能实施的满意解。

三、研究结论和启示

资源型企业在经济发展中地位非常重要，但多年来的粗放发展使资源不能节约利用，同时也带来了较大的负外部性。在可持续发展的理念下，如何使资源型企业持续健康发展成为理论和实践重点关注的对象之一。一些资源型区域的地方政府也在生态环境的压力下促使企业延长产业链，向精深加工方向转型，并提出了对资源"吃干榨净"的宏伟目标。然而，实现这个目标并非易事，因为能否对资源"吃干榨净"不仅取决于政府的大力推进，更多的还要看市场对产品的需求、企业之间互动等因素。本书利用微分博弈方法，对简化的资源型上下游企业之间的竞争与合作进行了探讨，结果表明：上下游企业在非合作时，整条产业链的总收益最低；在完全合作时，整条生态产业链总体利润最高。然而，在市场经济条件下，上下游企业的完全合作是不公平的，也是不可行的。在此基础上，本书构建了一个实践上可行的上下游企业协商博弈模型，根据上下游企业的谈判能力进行协商决定上游企业废弃物的定价，此时总收益虽低于完全合作，但对比非合作时，已然有了明显改进。

基于本书的研究，我们有以下启示：

第一，完全合作时，总体利润最高，下游企业对上游企业的废弃物需求量最大。而独立决策的两个企业主体又不能完全合作，此时政府可以通过激励措施，使上下游企业合并或让上游企业直接开办回收废弃物的企业，这样会促进废弃物的回收利用。

第二，下游企业对废弃物的需求量是政府罚款力度的增函数，而废弃物的价格是政府罚款力度的减函数，因此适当增大罚款力度，可以降低废弃物的价格，且同时能增加下游企业对废弃物的回收利用。但由于上游企业是政府罚款力度的减函数，加大罚款力度，会给上游企业及整个生态产业链带来损失，所以政府罚款的力度应适可而止。

第三，由于废弃物价格是上游企业地位的增函数，是下游企业地位的减函数，因此在建立上下游企业协商机制时，政府可对下游企业采取适当的扶持政策，以适当增加下游企业谈判能力，从而有助于降低废弃物的价格，刺激下游企业对废弃物的更多利用。

第五章 资源型企业绿色转型
能力的概念模型及测度

本章主要探讨绿色转型能力的构成维度及其测度，由于目前在研究文献中尚未找到直接以资源型企业绿色转型能力为主题的管理学研究，但作为一种实践，资源型企业绿色转型已经在各地开展，因此本章结合资源型企业发展实际及本书的研究逻辑从相关的研究中寻找灵感及借鉴。根据上文的分析，资源型企业绿色转型能力实际上是一种在绿色发展背景下资源型企业的网络动态能力，因此有必要结合企业战略转型理论、动态能力理论和网络能力理论及资源型企业实施绿色发展的具体要求，通过文献回顾和规范性的分析，提出资源型企业绿色转型能力的构成维度，形成反映资源型企业绿色转型能力的题项，利用探索性因子分析初步确定资源型企业绿色转型能力的因子结构，确定其初步的量表，并对量表进行内部一致性分析。最后，通过收集的一组样本，对资源型企业绿色转型能力的量表进行验证性因子分析，完成对绿色转型能力概念模型的测度。

第一节 绿色转型能力的理论基础

为了实现对绿色转型能力的测度，有必要对战略转型能力、动态能力和网络能力及资源型企业实施绿色转型发展的相关要求作进一步的分析，以做到对相关理论和概念的充分理解和掌握，为本书后续的研究打下一个坚实的基础。

一、战略转型能力的维度

自 20 世纪 90 年代以来，企业战略转型理论开始引起了战略管理学者的注意，但对战略转型的概念并没有较为统一的认识，研究视角也各不相同，并且把战略转型与战略变革、战略调整、战略转换甚至战略柔性混合使用。而且一直以来，研究的关注点主要集中于战略转型性质、时机、内容、方式、影响因素和绩效相关等方面（唐健雄，2008），从当前的研究文献来看，对企业战略转型能力的研究属于薄弱环节，直接对战略转型能力的维度进行测度的研究更是少之又少。国外的研究没有搜到，国内学者项国鹏（2003）构建了战略变革能力理论框架，并认为战略变革能力包括战略认知能力、信息处理能力、战略形成方式的转换能力、战略实施的反馈能力和管理战略首创性的能力。该研究把视角紧紧扣住了企业的战略管理的过程，没有把企业战略变革与企业的成长联系起来，因此对本书的参考意义不大。唐健雄（2008）在其博士论文中对企业战略转型能力进行了较为详细的研究，对战略转型能力整合构架进行了剖析，对战略转型能力确定了四个维度：即环境识别能力、资源整合能力、管理控制能力和持续创新能力，并开发了量表，而且把企业战略转型能力与企业绩效之间的关系进行了定量研究，阐明了企业战略转型能力对企业成长的促进作用。尽管该研究的研究对象没有针对某一种类型的企业，而是面向了较为宽泛的企业群体，且其视角也仅从战略转型入手，但该研究具有很强的创新性，对本书的研究有很大的启发性。

二、网络动态能力的维度

由于网络是除企业和市场之外的第三种组织形态，并且企业的网络活动已经变得越来越重要，相关的研究文献也较多。企业网络组织是以共同的集体目标、专业化联合的资产、共享的过程控制为基本特性的组织管理方式。随着企业所处环境的不断变化，企业的网络关系也不可能一成不变，这就要求企业网络能力也必须与这种动态变化相匹配。当前，已有不少学者从动态能力的视角分析企业网络活动，且引起了较大的关注，动态能力思路正在成为研究企业网络的新路径。在此思路下，对企业网络动态能力的构成维度的研究也日益增多，表5-1是对一些有代表性的国内外相关的研究的综合整理。

表5-1 网络动态能力结构维度的相关研究

研究者	研究的重点所在	结构维度
Lorenzoni 等（1999）	关系能力	吸收其他企业能力的能力 组合与协调多个企业技能的能力 组合现有知识或创造新知识的能力
Ritter（1999） Ritter 等（2002）	网络胜任力	跨关系任务执行 特定关系任务执行 专业资质 社交资质
Moller，Halinen（1999）	网络能力	网络规划能力 网络管理能力 组合管理能力 关系管理能力
Kale 等（2002）	结盟能力	结盟的经验（盟友的数量） 有无负责结盟事务的专门部门（时间、级别、雇员数）
Walter 等（2006）	网络能力	协作（协同、计划、控制） 关系技能（培育与发展紧密关系） 知悉伙伴（信息可获性） 内部沟通（沟通质量与信项）
徐金发等（2001）	网络能力	网络构想能力 角色管理能力 关系组合能力
邢小强、仝允桓（2006）	网络能力	网络愿景能力 网络管理能力 组合管理能力 关系管理能力
张荣祥、伍满桂（2009）	网络动态能力	协作安排 关系技能 知悉伙伴 内部沟通 学习支持
任胜刚（2010）	网络能力	网络愿景能力 网络构建能力 关系管理能力 关系组合能力

从表中可以看出，动态能力理论融入企业网络中后，多数研究都从战略层面和操作层面对网络能力进行了结构维度的界定。在战略层面，主要强调企业的愿景构想和成长规划，而操作层面则更多地对企业在网络中的关系管理和谋划，内部沟通与协调进行分析，从而有助于企业更好地成长。

通过对上述研究的梳理，对本书有以下启示：

一是企业网络能力要具有战略性。首先，企业进入网络以及网络中的行为主体的互动关系都要为企业本身的发展战略服务；其次，企业在网络中要充分认识网络的活动规律，识别有利于发展的战略机会，进而指导自身具体的网络行为；最后，企业网络能力的构建以及提升都能为企业下一步发展战略提供良好基础，实现企业网络能力与发展战略的良性互动。

二是操作性的网络能力是使得企业战略落地的关键关节。在此过程中，企业的能力主要体现自身的网络角色定位、网络关系的组合与管理、网络资源的整合与利用。其中，企业自身的网络角色定位主要体现企业的网络构建能力，网络关系的组合与管理主要体现企业对网络伙伴的知悉程度、企业的关系技能和内部学习交流情况，网络资源的利用与整合则体现了企业对整个网络的资源发掘、战略协同等情况。

三是企业本身的管理控制能力对企业网络能力的构建和提升具有重要影响。"打铁还要自身硬"，企业自身的管理控制能力是形成其网络动态的基础。没有一个较好的企业自身管理能力，是不可能形成理想的网络动态能力的。

三、实施绿色发展对资源型企业的要求

近年来，随着可持续发展理念的逐渐深入人心，绿色发展模式受到了联合国环境规划署的重视，该国际组织在倡导和呼吁绿色发展方面一直不遗余力。受到资源环境的制约，我国政府也逐渐提出走"资源节约型、环境友好型"的绿色发展道路，然而，直到现在，绿色发展也仅仅作为一个发展理念而在宏观经济方面有一定的研究进展。作为经济发展的微观主体——企业，如何实施绿色发展战略，还没有见到有影响的研究。尽管如此，通过对一些有代表性的研究进行剖析，仍能使本书得到启迪。

事实上，对绿色发展的研究已经引起了不少专家和机构的重视，中国科学院可持续发展战略研究组每年都发布中国可持续发展战略报告，其中2010

年和2011年的主题分别为绿色发展与创新及实现绿色的经济转型。中国环境与发展国际合作委员会作为中国政府批准的高级国际咨询机构，也经常进行专题研究。对绿色发展的研究一般认为是从绿色经济概念的提出开始的。"绿色经济"一词源自英国环境经济学家皮尔斯于1989年出版的《绿色经济蓝图》一书。然而迄今为止，绿色经济也一个没有统一的定义，相关定义大都强调"通过有益于环境或与环境无对抗的经济行为，共同提升经济效益与环境效益，实现可持续增长"（OECD，2009）。把这个宏观的概念应用到微观主体时，实现微观组织的绿色化是一个复杂的过程，至今也没有一致认同的观点，一些有代表性的观点有：M. Tushman（1986）等认为应将绿色化视为组织化的进化过程；J. Conger和Rkanunga（1988）则强调企业家在绿色企业中的作用；G. Huber（1991）提出绿色化其实就是组织学的观点；Kkemp（1992）强调了企业绿色化是一个自然选择的过程；T. Gladwin（1992）认为绿色化是企业的一种战略选择。这些文献所论述的内容只是零星的研究碎片，尽管也闪耀着一些思想的光芒，但对资源型企业实施绿色转型仍然不能进行直接的理论指导。

目前，对中国工业绿色转型的理论阐述也有逐渐增多的趋势。王毅（2011）认为，要实现工业的绿色转型，一是开展资源节约、污染治理、生态保护等，这属于"绿色"本身固有之意；二是发展节能环保、新能源、节能等"绿色产业"；三是把低碳、智能、循环等理念融入工业化过程，对经济系统实施"绿色改造"。诸大建（2011）认为工业的绿色转型不能停留在对传统工业发展模式进行修补和改良，而是要从发展机制上防止资源环境问题的发生，对工业发展模式进行创新与变革。太原市绿色转型促进条例（2009）中要求企业要实施清洁生产，走循环经济的发展道路。徐匡迪（2011）认为工业的节能降耗要靠发展循环经济，这是我国走向绿色发展的第一步，也是重要的一步，而工程技术创新是走向绿色发展的关键。中国科学院可持续发展战略研究组（2010）认为资源环境绩效是绿色发展的核心，而提高资源环境绩效又有赖于一系列的绿色创新。中国社会科学院工业经济研究所课题组认为（2011），从其内涵来看，绿色转型是工业迈向"能源资源利用集约、污染物排放减少、环境影响降低、劳动生产率提高、可持续发展能力增强"的过程，是对工业革命以来人类近300年工业化实践的否定之否定，同时，中国工业绿色转型需要综合性、体系化和开放式的机制创新（如图5-1所示）。

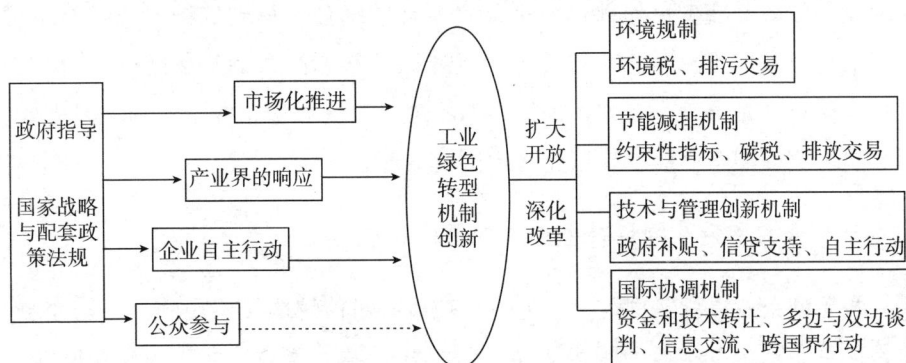

图 5 - 1 工业绿色转型机制创新

通过对上述的研究进行梳理，有以下启示：

一是资源型企业的绿色转型并不是要求企业脱离自然资源而转向另外的产业去谋求发展，而是通过动态优化提升资源环境绩效，使企业能够保持持续竞争优势，在把负外部性降到最低的同时，实现可持续成长。

二是资源型企业绿色转型的关键是实施绿色创新，以技术创新、制度创新和结构创新为基本载体，为资源型企业的持续成长提供驱动来源。其中技术创新由于研发投资大、风险高，因此创新的位置应由单个企业转移至网络中去。

三是资源型企业绿色转型要依靠循环经济的不断发展，而事实上尽管循环经济在理论上和实践上都存在一些不足之处，但其发展理念正是要求企业要形成生态型网络结构，在网络中实现资源充分有效的综合开发利用。

四是根据我国的相关法律，矿产资源属国家所有，而资源型企业成长过程中又呈现出了较大负外部性，所以资源型企业必须承担相应的社会责任，资源型企业绿色转型也离不开社会公众的参与。

基于以上研究，可以为本书形成资源型企业绿色转型能力的维度及其量表的开发奠定了良好的基础。

第二节 资源型企业绿色转型能力的维度构成和分类

资源型企业绿色转型能力是一个具有时代背景，且符合当前资源型企业发展潮流的重要概念。资源型企业绿色转型能力对资源型企业实现绿色发展，获取竞争优势、减少负外部性并提高资源环境绩效、得到持续成长具有不可替代地位和作用。因此，对资源型企业绿色转型能力的构成维度并对其进行分类研究，是很有必要的。根据本书的逻辑及资源型企业常住的实践需要，下文提出资源型企业绿色转型能力的构成维度。

一、资源型企业绿色转型能力的维度构成

资源型企业绿色转型既是一种战略转型，对传统成长模式的创新与变革，也是一种在网络中向各种网络伙伴学习，整合各种资源，提高资源环境绩效和自身效率，强化动态能力的提升，从而保持竞争优势的过程。资源型企业运用绿色转型能力就是根据变化了的环境要求，考虑资源和生态环境的绩效，从战略和操作两个层面考虑组织和安排其拥有的生态网络资源，改善企业所处生态网络的结构并调整与其他网络伙伴的关系，且占据在整个生态网络中有利于获得更多更有价值的信息和知识的位置的过程，这对企业而言是一个积极能动的过程。运用绿色转型能力的目的就是改善资源型企业嵌入网络的形态或属性，提高在生态网络中的学习效率，并进而提高企业的创新效率和资源环境绩效，最终获得持续成长。资源型企业绿色转型能力作为一种网络动态能力形式，不可能仅由单一的能力维度构成，而是由多个具有不同属性的能力子系统构成的整合系统，各个能力子系统同样是由相应的能力要素的结合体；资源环境绩效的获取和持续竞争优势的取得并不是绿色转型能力的某一能力子系统可以承担的，而是由绿色转型能力的各个能力子系统的协同作用来实现的。在能力子系统中，资源型企业首要任务是对参与生态网络有一个非常明确的定位，包括目标、规划和对各种活动的指导思想和处理网络事务的基本原则。只有先明确了定位之后，资源型企业对具体的各种网络活动的管理才能具有清晰的指向和规范。因此，这种明确定位的网络能力是资源型企业最基本的也是最关键的能力子系统，属于战略性绿色转型能力，这个能力子系统可以称为战略洞察能力。其余的能力子系统可以称之为操作性绿色转型能力，这些操作性绿色转型能力是实现资源型企业战略性绿色转型能力的保障，在网络中每一个环节都能发挥重要作用，且这些作用都是循环式的。根据能力子系统的作用不同，资源型企业主要包括网络协调能力、管理控制能力和绿色创新能力。这些能力子系统的构成如图5-2所示。

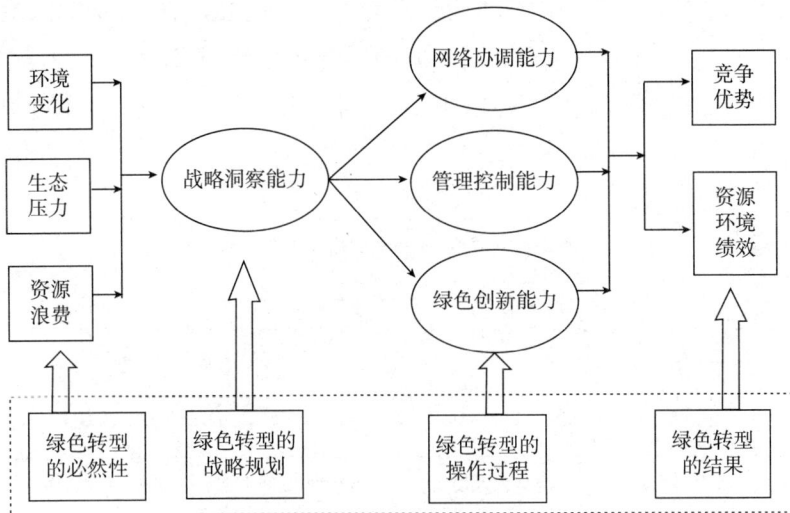

图 5 - 2　资源型企业绿色转型能力结构

二、资源型企业绿色转型能力维度的分类

综上所述，资源型企业绿色转型能力由四个能力维度构成，这四个能力维度可以简单地分为两类，即战略性绿色转型能力和操作性绿色转型能力。这两类绿色转型能力在其目标、内容、特征和对网络活动的影响等方面都有很大不同的表现。战略性的绿色转型能力致力于识别、创造和利用参与创新网络后带来的机会，塑造资源型企业成长的愿景。资源型企业利用战略性的绿色转型能力来指导和规划具体的网络活动和网络事务的管理。不仅如此，战略性的网络能力还涉及资源型企业对生态网络的系统性理解和对生态网络以及相关产业未来长期演化的把握，面临的不确定性较高，风险较大，且难以度量。正因为这类网络能力的全局性和不确定性较高，所以对资源型企业的成长和各种网络活动的影响是长期的、全局性的和系统性的。操作性的绿色转型能力则主要专注于根据网络环境的不断变化来适时调整资源型企业对网络各种活动的管理，对各种资源流动进行调控。资源型企业利用操作性网络能力来搜寻并选择合适的网络伙伴以提高资源绩效、管理和整合与网络伙伴的关系以提高整体效率和效益，并占据较为合适的网络位置以实现在网络中学习效果的提高和获得更多和更有价值的知识和信息。因此，对操作性的

网络能力的度量相比战略性绿色转型能力就显得较为简单，操作性绿色转型能力对资源型企业的网络活动的影响是局部性的且是短期的，因为能够根据网络环境的变化做到即时的调整。图5-3给出了资源型企业绿色转型能力的基本分类。

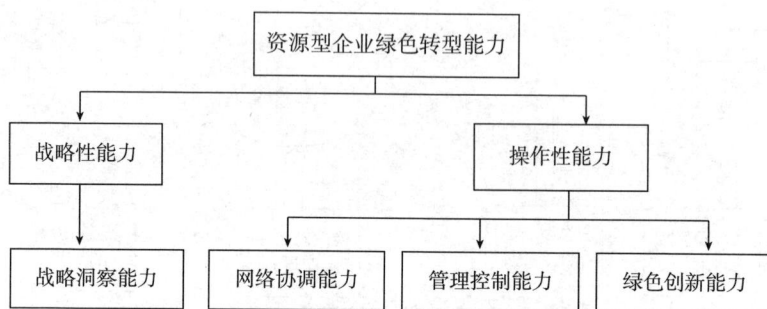

```
            资源型企业绿色转型能力
             ┌──────────┴──────────┐
        战略性能力              操作性能力
            │          ┌──────────┼──────────┐
      战略洞察能力  网络协调能力  管理控制能力  绿色创新能力
```

图5-3 资源型企业绿色转型能力的基本分类

表5-2总结了这两类绿色转型能力的不同特点。

表5-2 战略性绿色转型能力和操作性绿色转型能力的对比

	战略性绿色转型能力	操作性绿色转型能力
概念	资源型企业对绿色转型成长的整体性把握和定位的能力	资源型企业对绿色转型成长过程中具体的、贯彻战略的执行能力
内容	根据产业演化趋势并洞察绿色转型机会，塑造战略愿景，对绿色转型成长进行全方位的规划	根据产业链和网络的要求寻找最优伙伴，协调和管理网络关系
目标	识别、创造和利用各种能够带来绿色转型的机会	根据环境变化调整自身的活动，整合和管理生态网络中的资源流动，提高资源环境绩效、学习效果和企业效率
特点	不确定性大，风险高 其绩效不易测度	能够适时调整行为 不确定性低 能够测度其绩效
对资源型企业绿色转型的影响	长期性和全局性 战略性	短期性和局部性 战术性

上述资源型企业绿色转型能力是一个较为笼统的理论框架,其操作性仍然不强,还不能进行直接测度,仍有待进一步的细分和深入研究,因此本书提出假设如下:

假设1:资源型企业绿色转型能力是一个能力体系,包括战略洞察能力、网络协调能力、管理控制能力和绿色创新能力。其中,战略洞察能力属于资源型企业在其所处的生态网络中的战略性能力,网络协调能力、管理控制能力和绿色创新能力则属于操作性能力。

第三节 绿色转型能力各维度的内涵

资源型企业绿色转型能力包含四个能力维度,分为战略性绿色转型能力和操作性绿色转型能力。这四个能力维度在资源型企业生态网络中不断循环作用,处于不断更新、不断演进和不断完善的过程中,也就是说,各个能力维度一直处于非均衡的状态,因此它们所组成的能力系统——资源型企业绿色转型能力也表现出一个动态的非均衡状态。四个能力维度互相作用也相互依赖,Moller 和 Halinen(1999)阐述了战略性的网络能力对其他能力子系统具有指导性,而 Boyle 和 Desai(1991)认为企业实施战略转型的绩效不好的原因主要应归结于管理控制。李烨(2005)认为提高企业战略管理能力,通过实时扫描环境的变化,能成功实施前瞻性战略转型,实现企业持续成长。李卫峰(2006)的研究表明,企业战略转型不成功的主要原因是缺乏对产业发展演变趋势的预见性、资源整合能力缺乏、企业创新能力不足等。在对资源型企业绿色转型能力实证研究之前,应详细剖析这四个构成维度的内涵。

一、战略洞察能力的内涵

战略洞察能力作为战略性的绿色转型能力,它体现的是资源型企业在绿色转型成长过程中的动态战略思想、动态战略选择,而不是静态的战略分析。一般而言,静态战略思想强调的是对自己不具优势的企业要坚决予以放弃,即"弃短"思维;而动态的战略思想更多的是着眼于"补短",即通过不断弥补自身的短处来改变企业的竞争地位(黄丹、余颖,2009)。对于资源型企业而言，很明显的是，在排放的废弃物处理方面是极大的短板，如果弃之不理，则会给生态环境带来很大压力，也是一种没有承担社会责任的表现。因此，资源型企业融入生态产业网络，通过与下游企业链接成网，既能改变自己的竞争优势，又能承担社会责任，本身就是一种补短的动态战略行为。对于任何企业，战略选择的基本原则都可以表述为，"扬长避短，趋利避害，不断通过战略投资和整体性运作，提高自身的核心竞争力"（黄丹、余颖，2009），资源型企业在绿色转型过程中的战略选择就是通过预测产业演化，洞察各种发质机会，充分整合网络资源，有效管理网络活动，使自身能够得到又好又快的成长。

基于前文所述及以上认识，本书认为战略性绿色成长能力可以细分为三个维度。第一个维度是预测产业演化的能力。资源型企业在成长过程中，对自然资源极端依赖，负外部性大，可能带来高耗能且存在较大的环境问题，面临的产业政策规制的可能性很大，因此在成长过程中应时刻关注并预测相关产业政策的发展变化，及时做好前期准备，不能在政策出台后才去临时考虑因应之策，否则临时抱佛脚的做法不会得到好的结果。第二个维度是辨析和把握绿色转型成长机会的能力。尽管网络组织比较稳定，很少随时间变化而变化，然而典型的网络组织是受外界力量（环境变化等）和内在力量（某一成员的退出等）影响而动态发展的（Madhavan，1998）。此能力可以帮助资源型企业发现和把握更多网络组织的机会，一方面，资源型企业应辨析整个生态网络的发展变化及发展前景，对网络结构以及网络范围的变动方向和程度进行预判，识别出系统的落差，寻觅其中的机会，以避免网络中的锁定效应；另一方面，资源型企业应在网络中搜寻到自己想要得到的信息和知识以及能够提供这种信息和知识的网络伙伴。第三个维度是塑造战略愿景的能力。在网络化发展环境中，要求资源型企业必须重新审视自己的战略地位，从网络化的角度来进行战略思考和规划，努力培养和发展企业的未来外部伙伴关系，正确塑造战略愿景。值得注意的是，技术实力很强的资源型企业不一定具有塑造战略愿景的能力，因为技术强的企业可能会倾向于封闭式创新，从而无法识别出外部网络环境中蕴藏的新兴竞争模式和机会（邢小强、全允桓，2006）。

总之，战略洞察能力综合反映了资源型企业实施战略意图的能力特质，对具体的生态网络活动的操作具有指导性和规范性。从战略管理的视角来看，这种能力的目标是通过战略规划和定位以指导资源型企业获得更大份额的经济租金，提高资源环境绩效。

二、网络协调能力的内涵

网络协调能力是一种操作性绿色转型能力，反映资源型企业在网络中对关系伙伴的了解认知，与伙伴的交流互动、协调作用及学习的技能，根据自己的网络位置对网络活动中的资源整合等方面的能力。资源型企业与其他类型的企业不同，在整个生态网络中，资源型企业所处的纵向位置基本上是由企业对自然资源的利用状态决定的，上游企业与下游企业位置相对固定，因此网络协调能力对资源型企业的意义更大。基于以上认识，本书认为，该能力的构成维度有两个。

第一个维度是资源型企业网络关系的组合管理能力。在第三章中曾提到，资源型企业网络的基本构成要素是行为主体、活动和资源，而活动的结果就是关系的产生。资源型企业网络关系组合能力着眼于把资源型企业与其他行为主体的网络关系看成是资源和能力的组合，通过组合来发挥协同效应，提高企业的绿色转型能力。因此关系组合能力强调资源型企业对网络中关系的整合能力。资源型企业所处的网络关系环境为企业提供了一系列组织学习的宝贵机会。知识和信息在企业网络组织中不断扩散和转移共享，企业通过组织学习可以掌握更多的知识，从而提高资源型企业的竞争优势。资源型企业在网络组织环境中的组织学习，首先取决于企业内部支持这种组织学习的组织机制和文化氛围，其次取决于资源型企业与其他合作者的网络关系。另外，资源型企业由于其带来的负外部性，因此资源型企业的网络协调能力还包括企业承担社会责任，倾听社会公众的呼声，与他们协调关系。因此，资源型企业对网络关系的组合管理能力主要体现在三个方面。一是资源型企业与其他行为主体关系联结的强度，联结强度的高低决定了资源型企业与网络伙伴的交流频率和相关活动的多寡，也决定了资源型企业与其他行为主体之间的信息和知识共享的多寡，从而决定了资源型企业绿色转型能力提升速度的快慢；二是资源型企业与其他行为主体之间关系联结的密度，密度大说明关系种类多，密度小则说明关系种类少，关系越多信息和知识的交流就越多，越容易使资源型企业的能力得到提升。而且，在密度大的情况下，可以使资源型企业能够建立网络集体的行为规范和价值共享系统（方钢，2008），从而使资源型企业发展出与其他组织相互兼容的管理方法和体系；三是资源型企业与其他行为主体之间关系的稳定性。显然，关系越稳定，越有利于资源型企业的能力提升和顺利实施绿色转型。

第二个维度是网络资源的整合能力。资源是网络的基本构成要素，因此资源型企业对生态网络的资源整合情况对其绿色转型能力的形成和应用都有直接的影响。网络资源整合能力是资源型企业在进行绿色转型过程中对不同类型的资源进行选择、配置和有机融合，使之具有较强战略柔性的能力。因此，其包含三个方面的内容，即资源的选择、资源的配置及资源的有机融合。资源选择是资源型企业根据自身的成长和发展战略定位，结合当前企业的具体需求而对生态网络内的备选的资源进行选择的过程，资源选择的好坏将对资源型企业绿色转型有较大影响，所以此过程应该非常慎重，以企业的具体需要和可接受性为依据进行判别和选择。资源配置的能力主要表现在有效置换及配置的资源数量、质量及其结构合理性等方面（王国顺、唐健雄，2008）。因此，只有把资源合理地配置到最能发挥其效能的地方，才能优化资源型企业的能力，也才能体现出这些资源的价值。资源型企业进行绿色转型时是不可能随时拥有所有类型的资源的，这就要求资源型企业不仅要注意汲取外部稀缺资源，而且还要考虑到资源结构与企业战略以及环境的匹配性，并根据外部环境的变化及时调整企业的内外部资源结构，使之能够保持持续竞争优势。资源配置的途径通常包括资源购买、资源联盟和资源重组三种形式。资源的有机融合意味资源不能简单叠加，而是充分发挥资源型企业所具备的各种资源之间的协同作用，使之浑然一体，形成较为充分的合力，从而最大化地优化各种资源的价值。

三、管理控制能力的内涵

在资源型企业生态网络组织中，资源型企业的管理控制能力分为两个方面，一方面要管理好、维持好资源型企业在网络组织内的角色地位，虽然其上下游的角色基本是固定的，但与其平行位置的企业仍要竞争以保持角色地位；因此就要求资源型企业根据自己所扮演的角色，很好地与网络内其他成员组织合作，以更好地完成具体的项目或任务。另一方面，则要强调资源型企业的内部管理控制，以企业的发展战略为出发点，实施必要的计划、控制、组织、协调等相关管理职能。

从外部管理来看，资源型企业在生态网络中的角色地位是由该企业与其他组织的生产经营关系所决定的。所以资源型企业既要了解合作伙伴的资源、能力和需要，又要通过交流来建立相互合作、相互信任的关系。这必然要求资源型企业具有一定的沟通交流能力、冲突管理能力、适应能力以及建立合作和相互信任等方面的能力。

从内部的管理来看，首先，资源型企业必须根据不断变化的发展环境来设计和调整自身的组织结构、管理制度以及管理流程等，从而使企业自身拥有较为完善的结构匹配，建立起合理的管理控制体系，以满足绿色转型的需要。其次，资源型企业要不断完善战略执行能力。执行是战略落地的关键环节，是目标与结果之间的桥梁。建立良好的执行团队的首要任务是企业内部具有共同的战略愿景，实现企业的战略认同，且战略体系应具有很好的协同性，否则会造成经营活动与战略的脱节，除此之外，还要有必要的战略控制，即管理者对执行过程进行实时纠偏。最后，资源型企业内部应有良好的激励机制。良好的激励机制将能够充分调动员工的积极性、能动性和创造性，提高整个企业团队的凝聚力、向心力和战斗力，进而使企业能够适应网络角色，胜任网络任务，推进资源型企业的绿色转型。

四、绿色创新能力的内涵

资源型企业在传统发展模式下，强调增长导向型成长，因此劳动生产率的提高是其成长的主题，然而传统的发展模式已被证明是不可持续的，绿色发展模式已经全面启动，在此情况下，资源生产率的提高将是 21 世纪驱动和协调创新的主题（Weaver，2005）。因此，绿色创新就成为资源型企业绿色转型的关键。由于资源环境绩效更多地受到技术、制度、结构等方面的影响，因此围绕资源环境绩效提高的绿色创新也必然涉及技术创新、制度创新和结构创新。

技术创新是资源型企业提高资源环境绩效以及经济效益的重要依靠。一般认为，技术创新能力是指获取先进技术和信息并结合组织内部知识进行吸收，并对知识进行再加工，通过组织、生产和扩散实现经济效益的能力，它具体表现为新产品、新工艺和新标准。21世纪绿色科技发展已经体现出"整合化"的趋势（刘爱玲，2006），因此在资源型企业绿色转型过程中，技术创新能力主要体现为企业与网络内的其他行为主体尤其是上下游企业和教育科研机构通过基于生态网络内各节点上的协同学习与互动合作，充分聚集、开发和利用各类创新资源并实现知识的溢出效应以及创新成果的持续涌现与扩散，从而达到使资源环境绩效提升、自身竞争优势得以保持和持续的目的。这种技术创新的成果与传统技术创新的成果不同，应该体现出较强的生态性，具有以下几个特性：节约资源、节省能源、环境保护和劳动保护等，因此这种具有生态属性的绿色技术能够促进和保证资源型企业的绿色转型（吕永龙、许健，2000）。

多数经济学家认为，制度重于技术，在技术水平一定或稳步提升的时候，制度的重要性是显而易见的。在资源型企业绿色转型的过程中，制度创新是与组织创新、政策工具创新和管理创新相联系的，是资源型企业适应持续绿色成长的要求而对企业中所有者、管理者、经营者和劳动者之间原有契约关系的重新调整和变革，从而促使资源型企业在绿色转型成长过程中的资源配置、执行过程和组织激励等方面获得更高的效率和效能。在推进绿色转型进程中，对资源型企业内部，需要促进部门分割封闭式管理模式向部门综合协调治理模式转变，即采用"综合性"或"一体化"的决策和管理模式；对资源型企业外部联系而言，要更加注重促进多方参与和建立生态网络内的合作伙伴关系，建立信息交流平台，发挥行业协会和非政府组织的作用，共同为提高资源使用效率和保护环境而努力。

结构创新是绿色转型过程中很重要的一个维度，包括产业创新和对技术创新和制度创新的支持。在产业创新方面，必须有政府的相关政策约束和资源环境规制作用，否则如果只有少数企业自行去搞绿色转型，而其他企业无动于衷，其结果一定是少数企业以失败而告终，因此，政府一定要出台相关政策和条例支持资源型企业绿色转型，对不愿意实施绿色转型的资源型企业给予惩罚示警。在绿色技术创新的过程中，会产生正的溢出效应，而创新的成本则由原创单位承担，这种双外部性使得资源型企业进行绿色技术创新的意愿大大降低，若不施加相关的资源环境规制和对绿色技术的支持措施，则绿色技术与传统技术之间的竞争状态将会被严重扭曲，进而削弱开展绿色技术创新活动的积极性，也同样会削弱资源型企业对绿色转型的制度创新的积极性，从而对资源型企业绿色转型进程产生很大的负面影响。因此，结构创新属于软性的活动，但其意义和作用很大。

第四节 资源型企业绿色转型能力测度和量表

根据上文对资源型企业绿色转型能力的详细论述，结合对青海省、甘肃省的十个大型资源型企业的综合访谈，且与青海省经济委员会相关部门负责人、青海省发展和改革委员会青海经济研究院的负责人进行交谈和意见交流，并向青海省内的有关专家征询意见，综合大家较为一致的意见，本书提出资源型企业绿色转型能力的测度量表。在初始量表开发完成后，又先后向兰州大学管理学院具有博士学位的两位教师、青海大学财经学院的部分管理学教师以及青海某知名的企业管理咨询公司征求了意见，并根据相关意见进行了修改，结果如表5-3所示。

表5-3 资源型企业绿色转型能力的量表

题项内容	来源和依据
战略洞察能力 1. 企业对产业的发展趋势有准确的预判 2. 处于生态网络中，企业具有清晰的发展思路和指导原则 3. 企业能够识别、开发和利用生态网络带来的机会 4. 企业对经营环境的变化敏感 5. 企业具有完善的竞争分析系统	Moller 和 Halinen（1999） 邢小强、全允桓（2006） 邬爱其（2004）
网络协调能力 1. 企业具有很强的同时与更多的伙伴保持密切持续的联系及沟通的能力 2. 企业能够及时开发潜在伙伴，并以高的成功率使之成为伙伴 3. 企业能够建设性处理与网络伙伴之间的矛盾 4. 企业与合作伙伴之间的互信程度高 5. 企业对所需资源有正确的判断，对内部资源能够有效配置 6. 企业对网络资源能够合理的配置，效率高 7. 企业能够经常总结获取网络资源的经验与教训 8. 企业能较好地协调与社会公众的关系	Ritter 等（2002） 张荣祥、伍满桂（2009） Paul Patterson（2000）

题项内容	来源和依据
管理控制能力 1. 组织结构、制度及流程与企业战略相匹配 2. 企业具有较完善的内部控制体系 3. 企业员工具有较高的工作热情和主观能动性，能积极改进工作效率 4. 企业具有合理的激励约束机制 5. 企业重视员工的关系能力培训，员工能很好地与网络伙伴打交道 6. 企业能将各类员工的业绩考核与奖惩制度与战略执行相衔接	Gilsing 和 Nooteboom（2005） 唐健雄（2008）
绿色创新能力 1. 地方政府对绿色技术创新有支持措施 2. 对绿色技术创新成果有保护措施 3. 企业能与实力较强的科研机构保持良好的伙伴关系 4. 企业能够根据创新的要求调整组织结构及相关制度 5. 企业建立了学习型组织 6. 企业具有开发协作的企业文化，能够营造创新氛围	OECD（2004） 中国科学院可持续发展战略研究组（2010）

第五节　统计分析

　　一个量表的开发要经过题项产生、专家确认和预测试三个阶段（Hinkin，1995）。本书的量表前两个步骤已经完成，一旦预测试成功，即可使用此量表对资源型企业的绿色转型成长进行实证研究。在预测试阶段，本书通过数据收集，利用SPSS17.0进行探索性因子分析，随后对量表进行验证性因子分析，通过结构方程模型验证假设1，并最终确认量表。

一、数据收集

　　本书的研究对象是资源型企业，主要是以不可再生自然资源为原材料的企业，这类企业的主要特征是对自然资源的严重依赖，在生产过程中对生态环境有较大的负外部性。在本书中，考虑资源集聚的地域性，限于调研条件，把资源型企业的行业限制在盐湖化工、煤炭、石油等几个类型。另外，在数据收集过程中，考虑不同地区的经济发展条件，尽量降低不同的经济发展状况对数据统计分析带来的影响，因此在具体操作中把资源型企业所在地限定为欠发达的资源型省份或地区，以经济社会发展程度相近，地域相邻为具体条件，选择了正在规划中的黄河上游经济带中的三个省区，及青海省、甘肃省和宁夏回族自治区，超出以上地域的企业问卷一律按无效处理。

为获得更多的样本，在研究过程中，采取了多种方法对数据进行收集，具体有以下三种方式：一是纸质问卷，通过咨询公司、青海省发改委和经委等部门与企业取得联系，通过兰州大学管理学院举办的 EMBA 班以及在宁夏的好友及同学共向其发放问卷 100 份，一共收回 45 份，但由于在青海发放的问卷与在兰州大学 EMBA 班上的问卷有同一个人填写的现象，经统计，共有 5 人，为避免同源误差，本研究剔除 5 份，因此这类问卷实际回收 40 份。通过在青海行政学院举办的青海省企业领导人培训班上（该班的主要培训对象是青海省国有企业领导及少数市县级主管企业的政府领导）发放问卷 45 份，回收 45 份，但其中有一些领导所在的企业并非资源型企业，因此予以剔除，而且，政府领导不一定对资源型企业的情况完全了解，把这一部分问卷也予以剔除，因此实际回收应是 25 份；二是通过电子邮件发放问卷，即通过互联网查找到三省区内的资源型企业邮箱及企业高层领导的邮箱，然后向其发放问卷，共发放 60 份，实际回收 10 份；三是直接走访，限于条件，主要走访了西宁周边和兰州周边的相关企业 22 家，实际回收问卷 22 份。通过仔细核查，对有下列情况的予以剔除：

1. 回答不认真，在问卷中的回答都是同一个答案或具有明显的规律性；

2. 填写者为同一个单位的，主要出现在电子问卷方面；

3. 填写者所属行业不是本研究限定的行业的。

综上所述，共剔除 9 份回收的问卷，有效问卷为 88 份，具体情况如表 5 - 4 所示。

表 5 - 4　调查问卷发放及回收情况

发放方式	发放份数	实际回收	回收率	无效份数	回收有效率
纸质问卷	145	65	44.8%	3	95.4%
电子问卷	60	10	16.7%	5	50%
直接走访	22	22	100%	1	95.5%
合计	227	97	42.7%	9	90.7%

二、探索性因子分析

对收集到的数据进行因子分析的一个目的是寻求数据的基本结构（马庆国，2002），因此通过对数据进行因子分析可以找到具有综合意义的因子来反映原数据的基本结构。要研究上述量表的基本结构及其构思效度，首先要对数据做探索性因子分析。

在因子分析之前，首先检验相关指标之间的相关性。一般使用 KMO 样本测度和 Bartlett 球体检验，如表 5 – 5 所示。

表 5 – 5　资源型企业绿色转型能力样本的 KMO 和 Bartlett 球体检验（N = 88）

KMO and Bartlett's Test		
	Kaiser – Meyer – Olkin Measure of Sampling Adequacy.	0. 819
Bartlett's Test of Sphericity	Approx. Chi – Square	2033. 984
	df	300
	Sig.	0. 000

从表 5 – 5 可以看出，样本的 KMO 值为 0. 819，大于 0. 8，而且 Bartlett 统计值显著异于 0，所以可以进一步做因子分析。

对本研究构建的包括 25 个题项的 88 份问卷进行探索性因子分析。首先，根据本章前面的研究假设，按特征根大于 1 的方式来抽取因子个数，因子提取法则采用主成分法，旋转方式设定为最大方差法，其结果如表 5 – 6 所示。

表 5 – 6　探索性因子分析结果

题项	方差	因子载荷 1	因子载荷 2	因子载荷 3	因子载荷 4	因子载荷 5
战略洞察能力 1	1. 008		0. 787			
战略洞察能力 2	1. 193		0. 845			
战略洞察能力 3	1. 138		0. 802			
战略洞察能力 4	1. 219		0. 870			
战略洞察能力 5	1. 159		0. 848			

续表

题项	方差	因子载荷1	因子载荷2	因子载荷3	因子载荷4	因子载荷5
网络协调能力1	1.126			0.818		
网络协调能力2	1.269			0.794		
网络协调能力3	1.136			0.827		
网络协调能力4	1.199			0.809		
网络协调能力5	1.009			0.811		
网络协调能力6	1.181			0.789		
网络协调能力7	1.001			0.722		
网络协调能力8	1.007			0.631		0.579
管理控制能力1	1.218	0.714				
管理控制能力2	1.223	0.831				
管理控制能力3	1.149	0.773				
管理控制能力4	1.102	0.837				
管理控制能力5	1.273	0.748				
管理控制能力6	1.223	0.755				
绿色创新能力1	1.057				0.836	
绿色创新能力2	1.437				0.717	
绿色创新能力3	1.126				0.764	
绿色创新能力4	1.329				0.732	
绿色创新能力5	1.136				0.829	
绿色创新能力6	1.028				0.831	

根据特征根大于1的要求，共抽取了5个因子，且所有25个题项的方差都是大于1的，5个因子的累积解释变异为80.24%，各个题项的因子载荷都大于0.5，所以都符合统计要求。战略洞察能力的5个题项、管理控制能力的6个题项以及绿色创新能力的6个题项都在同一个因子中。网络协调能力的第8个题项的因子载荷较为平均，分别在因子3（载荷为0.631）和因子5（载荷为0.579）中，根据因子分析的原理，网络协调能力的第8个题项显然与其他题项在数值上具有较为显著的差异，应该将此题项从量表中删除。而且，通过考察第8个题项的含义，"企业能较好地协调与社会公众的关系"主要体现资源型企业的社会责任，而事实上该题项可以涵盖在第三个题项"企业能够建设性处理与网络伙伴之间的矛盾"之中，因此可以进行直接删除。然后对删除了该题项后的数据重新做探索性因子分析，结果如表5-7所示。

表 5 - 7　删除一个题项后的探索性因子分析

题项	因子载荷 1	因子载荷 2	因子载荷 3	因子载荷 4
战略洞察能力 1		0.804		
战略洞察能力 2		0.847		
战略洞察能力 3		0.812		
战略洞察能力 4		0.870		
战略洞察能力 5		0.835		
网络协调能力 1			0.828	
网络协调能力 2			0.813	
网络协调能力 3			0.829	
网络协调能力 4			0.815	
网络协调能力 5			0.823	
网络协调能力 6			0.809	
网络协调能力 7			0.743	
管理控制能力 1	0.727			
管理控制能力 2	0.811			
管理控制能力 3	0.783			
管理控制能力 4	0.827			
管理控制能力 5	0.764			
管理控制能力 6	0.772			
绿色创新能力 1				0.827
绿色创新能力 2				0.736
绿色创新能力 3				0.768
绿色创新能力 4				0.741
绿色创新能力 5				0.817
绿色创新能力 6				0.822

从表 5 - 7 可以看出，修正后的量表的所有题项的最大因子载荷值均在 0.5 以上，且也不再存在因子载荷分布平均的题项，因此可以进一步运用和分析。而且，修正后的数据提取的四个因子的构成与本章的假设是一致的，这四个因子分别代表了战略洞察能力、网络协调能力、管理控制能力和绿色创新能力。

三、信度检验

信度（reliability）表示测量结果的一致性和稳定性，也就是研究者对于同样的研究对象，运用同样的观测方法得出同样观测结果的一致性，常用的信度指标有稳定性、等值性和内部一致性（李怀祖，2004）。本研究主要针对内部一致性进行检验。

内部一致性关注不同测试题项所带来测试结果的差异，通常采用 Cronbach's α 系数作为检验样本数据信度的指标，通常认为该系数大于等于 0.7 时，属于高信度，在 0.35 与 0.7 之间时属于尚可，低于 0.35 时则为低信度。另外，按照经验判断，题项与总体的相关系数 CITC（Corrected Item – Total Correlation）应大于 0.35。本研究以下内容将分别计算 Cronbach's α 系数和 CITC，以评价通过最终量表获得的数据的信度。

在研究中，通过计算四个绿色转型能力变量的 CITC，并计算每个变量的 Cronbach's α 系数，进而评价对网络能力测度的信度。同时，观测删除每一个题项后 Cronbach's α 系数的变化方向，从而确定是否可以通过删除某些题项来提高整体信度。将原有的资源型企业绿色转型能力的 25 个题项分别按照假设进行信度检验，结果如表 5 – 8 所示。

表 5 – 8　资源型企业绿色转型能力的信度检验

变量	题项	CITC	删除该项后的 Cronbach's α	Cronbach's α
战略洞察能力	战略洞察能力 1	0.829	0.818	0.905
	战略洞察能力 2	0.831	0.894	
	战略洞察能力 3	0.829	0.840	
	战略洞察能力 4	0.925	0.902	
	战略洞察能力 5	0.872	0.896	
网络协调能力	网络协调能力 1	0.809	0.854	0.869
	网络协调能力 2	0.893	0.865	
	网络协调能力 3	0.925	0.853	
	网络协调能力 4	0.861	0.836	
	网络协调能力 5	0.841	0.813	
	网络协调能力 6	0.918	0.865	
	网络协调能力 7	0.853	0.856	
	网络协调能力 8	0.845	0.843	

变量	题项	CITC	删除该项后的 Cronbach's α	Cronbach's α
管理控制能力	管理控制能力1	0.885	0.854	0.890
	管理控制能力2	0.945	0.872	
	管理控制能力3	0.879	0.881	
	管理控制能力4	0.935	0.833	
	管理控制能力5	0.890	0.844	
	管理控制能力6	0.893	0.850	
绿色创新能力	绿色创新能力1	0.881	0.823	0.883
	绿色创新能力2	0.938	0.877	
	绿色创新能力3	0.862	0.844	
	绿色创新能力4	0.851	0.875	
	绿色创新能力5	0.855	0.821	
	绿色创新能力6	0.867	0.870	

从表5-8可以看出，所有的题项与总体相关系数（CITC）都大于0.35，而且所有四个能力变量的 Cronbach's α 系数都大于0.7，因此属于较高的信度。由于在探索性因子分析中，网络协调能力的第8个题项与其他题项有显著的差异，因此有必要对删除网络协调能力的第8个题项后的量表进行信度检验，结果如表5-9所示。

表5-9　删除第8个题项后网络协调能力的信度检验

变量名称	题项	CITC	Cronbach's α
网络协调能力	网络协调能力1	0.824	0.903
	网络协调能力2	0.901	
	网络协调能力3	0.829	
	网络协调能力4	0.892	
	网络协调能力5	0.862	
	网络协调能力6	0.861	
	网络协调能力7	0.885	

表5-9的结果表明，删去第8个题项后，网络协调能力的一致性系数Cronbach's α有所提高，CITC均远大于0.35，因此通过了信度检验。基于以上研究，资源型企业绿色转型能力的正式量表就由24个题项构成。

四、验证性因子分析

通过探索性因子分析得出的资源型企业绿色转型能力的四个构成维度需要经过进一步的验证性分析加以证实。探索性因子分析在未知构思结构时适用，而验证性因子分析则可以提供进一步的检验，也为模型检验提供了基础。

1. 结构方程方法描述

本研究使用结构方程模型进行验证性因子分析。结构方程模型是一种综合运用多元回归分析、路径分析和验证性因子分析方法而形成的统计数据分析工具。事实上，结构方程分析是一种基于变量的协方差矩阵进行分析变量之间关系的统计方法，可用来解释一个或者多个自变量与一个或者多个因变量之间的关系。结构方程模型主要具有验证性功能，研究者利用一定的统计手段对复杂的理论模型加以处理，并根据模型与数据关系的一致性程度，对理论模型作出适当评价，从而证实或证伪研究者事先假设的理论模型。

结构方程模型具有诸多优点，如：同时处理多个因变量；允许自变量和因变量含测量误差；同时估计因子结构和因子关系；允许更大弹性的测量模型；估计整个模型的拟合程度。特别是与多元回归分析相比，结构方程模型可以接受自变量之间存在相关关系，从而避免了在多元回归分析中难以处理的多重共线性问题。本研究在对网络能力进行分类的分析中发现，各种网络能力之间存在着相关关系，考虑到结构方程模型的上述优点，本研究在分析网络能力和企业创新绩效之间的关系时，采用结构方程模型来检验相关假设。

从结构方程模型涉及的变量看，结构方程模型的变量根据其可测性可以分成显变量和潜变量两类，显变量可以直接观测并测度，而潜变量则不能直接测度，可用对应的指标测量。而根据变量生成，结构方程模型的变量又可分成外生变量和内生变量，外生变量不受其他变量的影响，相当于自变量的概念，而内生变量则受模型中其他变量的影响，相当于因变量的概念。

结构方程模型一般分为测量方程和结构方程两部分（侯杰泰、温忠麟和成子娟，2004）。结构方程描述潜变量之间的关系，是一组类似多元回归中描述外生变量和内生变量之间定量关系的模型。测量方程描述潜变量与显变量（指标）之间的关系，表明一个潜变量是由哪些观测变量来度量的。其实，一个单纯的测量模型是一个在每对潜变量之间有着协方差的验证性因子分析模型。

结构方程模型的应用可分为四个步骤：模型设定、模型拟合、模型评价以及模型修正（侯杰泰、温忠麟和成子娟，2004）。模型评价的核心是模型的拟合性，即研究者所提出的变量之间的关联模式是否与数据相拟合，以及拟合的程度，由此验证相应的理论研究模型。最后可以根据统计输出的改善模型拟合度的统计量 MI，通过删除、增加或修改模型的参数实现模型的修正。

2. 验证性因子分析过程及结果

为了实现对资源型企业绿色转型能力的验证性分析，本研究采用前面探索性因子分析所得到的含有 24 个题项的量表，在更大范围内进行了问卷调查，共收回有效问卷 161 份。样本的基本情况如表 5－10 所示。

表 5－10　样本的基本特征描述

企业属性	企业分类	样本数	百分比
所处行业	煤炭	30	18.6%
	石油	25	15.5%
	盐湖化工及相关	90	55.9%
	其他	16	10%
企业的所有制	国有或集体	138	85.7%
	其他	23	14.3%
企业年龄	5 年	10	6%
	6—10 年	40	25%
	10 年以上	111	69%
企业的员工数量	200—500 人	25	15.5%
	500—1000 人	45	28%
	1000 人以上	91	56.5%
企业所在区域	青海省	90	56%
	甘肃省	40	25%
	宁夏回族自治区	31	19%

首先，对收集的 161 份问卷中的网络能力的数据进行描述性统计，结果如表 5-11 所示。其次，进行信度检验。依旧通过计算四个绿色转型能力变量的题项—总体相关系数（CITC），并计算每个变量的一致性指数（Cronbach's α），来评价对网络能力测度的信度。

表 5-11　资源型企业绿色转型能力各题项的描述统计及信度检验

变量	题项	均值	方差	CITC	Cronbach's α
战略洞察能力	战略洞察能力1	3.89	1.251	0.758	
	战略洞察能力2	3.19	1.349	0.863	
	战略洞察能力3	3.48	1.272	0.794	0.868
	战略洞察能力4	3.72	1.470	0.836	
	战略洞察能力5	3.50	1.387	0.856	
网络协调能力	网络协调能力1	3.60	1.265	0.826	
	网络协调能力2	3.92	1.409	0.836	
	网络协调能力3	4.38	1.542	0.822	
	网络协调能力4	4.04	1.505	0.831	0.895
	网络协调能力5	3.48	1.693	0.845	
	网络协调能力6	3.59	1.737	0.852	
	网络协调能力7	3.10	1.403	0.849	
管理控制能力	管理控制能力1	3.39	1.348	0.861	
	管理控制能力2	3.77	1.069	0.816	
	管理控制能力3	3.40	1.545	0.781	0.877
	管理控制能力4	3.48	1.701	0.861	
	管理控制能力5	3.69	1.540	0.802	
	管理控制能力6	3.83	1.671	0.833	
绿色创新能力	绿色创新能力1	3.39	1.548	0.861	
	绿色创新能力2	3.77	1.069	0.816	
	绿色创新能力3	3.40	1.745	0.781	0.887
	绿色创新能力4	3.48	1.601	0.862	
	绿色创新能力5	3.69	1.540	0.802	
	绿色创新能力6	3.83	1.672	0.833	

从表 5-11 中可以看，资源型企业绿色转型能力的所有题项总体相关系数（CITC）都是大于 0.35 的，而且所有四个能力维度变量的一致性系数

（Cronbach's α）也都大于0.7，因此，可以认为上述数据通过了信度检验。

在进一步的研究中，由于在本研究中的四个能力维度的题项数目较多，最多的7个（网络协调能力），最少的5个（战略洞察能力）。为了能够提高结构方程模型的拟合水平，本书考虑对这四个能力维度的变量分别进行题项组合。

在对结构方程模型的应用研究中，Foxall 和 Hackett（1992）认为，验证性因子分析模型的拟合指数受到题项的数量的影响，其解决的方法是在探索性因子分析的因子结构基础上将那些测量同一个因子的题项进行整合或合并。侯杰泰等（2004）也认为，每个因子用三个题项来表征其结构方程是最为稳定的。

关于题项的组合问题，研究发现，通过题项组合，能够较好地改善模型的拟合程度。Bandalos（2002）通过对比研究发现，通过对多个题项的合并而构建的结构方程，其拟合指标，如 RMSEA，CFI 和卡方比，都获得了明显的改善。Plummer（2000）认为，题项组合确实能带来拟合程度的改进，但建议在结构方程中使用题项组合应该在经过测试之后。国内学者也针对此问题进行了相关研究，卞冉、车宏生和阳辉（2007）对题项组合在结构方程模型中的应用提出了相关建议，主要有以下三个方面：（1）根据研究的目的与具体情境选择是否需要组合；（2）组合之前必须首先确定概念的维度；（3）题项组合最好建立在一定的理论基础上。综合以上结论和建议，本研究将在四个能力维度变量的理论维度分析和进一步的探索性因子分析的基础上，对题项进行合并。

在本章对资源型企业绿色转型能力的四个维度进行内涵分析时，曾经把战略洞察能力分为三个维度，分别为战略愿景塑造、发展机会辨析和产业演化预测；把网络协调能力分为两个维度，分别为关系组合能力和资源整合能力；把管理控制能力分为三个维度分别为系统匹配能力、战略执行能力和组织激励能力；把绿色创新能力分为三个维度，分别为技术创新能力、制度创新能力和结构创新能力。下面对绿色转型能力的四个能力维度做因子分析，对战略洞察能力固定抽取 3 个公因子，对网络协调能力固定抽取 2 个公因子，对管理控制能力和绿色创新能力分别固定抽取 3 个公因子，其中因子抽取的方式是主成分法，因子旋转的方法是最大方差法。结果如表 5 - 12、表 5 - 13、表 5 - 14、表 5 - 15 所示。

表 5－12　对战略洞察能力的五个题项的因子分析（KMO 值为 0.884）

题项	因子载荷 1	因子载荷 2	因子载荷 3
战略洞察能力 1			
战略洞察能力 2	0.847		0.761
战略洞察能力 3		0.762	
战略洞察能力 4			0.815
战略洞察能力 5			0.824

表 5－13　对网络协调能力的七个题项的因子分析（KMO 值为 0.868）

题项	因子载荷 1	因子载荷 2
网络协调能力 1		
网络协调能力 2	0.826	
网络协调能力 3	0.797	
网络协调能力 4	0.813	
网络协调能力 5	0.816	0.843
网络协调能力 6		0.796
网络协调能力 7		0.742

表 5－14　对管理控制能力的六个题项的因子分析（KMO 值为 0.890）

题项	因子载荷 1	因子载荷 2	因子载荷 3
管理控制能力 1			
管理控制能力 2	0.781		
管理控制能力 3	0.826	0.792	
管理控制能力 4		0.838	
管理控制能力 5			0.767
管理控制能力 6			0.754

表 5－15　对绿色创新能力的六个题项的因子分析（KMO 值为 0.876）

题项	因子载荷 1	因子载荷 2	因子载荷 3
绿色创新能力 1			
绿色创新能力 2	0.829		
绿色创新能力 3	0.776	0.776	
绿色创新能力 4		0.748	
绿色创新能力 5			0.819
绿色创新能力 6			0.832

上述四个因子分析表明，因子载荷分布合理，不存在载荷平均的现象，且资源型企业绿色转型能力的理论分析与因子分析的结果相吻合。根据上述对四个能力维度进行因子分析的结果，结合资源型企业绿色转型能力各维度的内涵，可以把一些题项进行合并，从而简化分析，改善模型的拟合程度。

在战略洞察能力维度五个题项中，第一个题项和第二个题项都单独成为一个因子，因此无须合并，分别代表资源型企业的战略愿景塑造和产业演化预测，后面三个题项形成了一个公因子，可以组合成为一个题项，以发展机会辨析进行命名；在网络协调能力七个题项中，前四个体现形成了一个公因子，将其组合成为一个题项，命名为关系组合管理，后三个题项形成一个公因子，将其组合成一个题项，命名为资源整合能力；在管理控制能力的六个题项中，共形成了三个公因子，其中，第一个题项和第二个题项在一个公因子内，可以组合成一个题项，命名为系统匹配能力，第三个题项和第四个题项在一个公因子内，将其组合成为一个新的题项，命名为战略执行能力，第五个题项和第六个题项在一个公因子内，进行组合后成为一个新的题项，命名为组织激励能力；在绿色创新能力的六个题项中，也形成了三个公因子，其中第一个题项和第二个题项在一个公因子内，可以组合成一个题项，将其命名为结构创新能力，第三个题项和第四个题项在一个公因子内，将其组合成为一个新的题项，命名为技术创新能力，第五个题项和第六个题项在一个公因子内，进行组合后成为一个新的题项，命名为制度创新能力。上述题项组合的方法是对原题项的分值进行简单算术平均，得出的新的分值代表新题项的得分。

将原有的24个题项进行重新组合后，就可以进行下一步的验证性因子分析了。利用AMOS软件17.0版本，可以得出图5-4、表5-16、表5-17的结果。

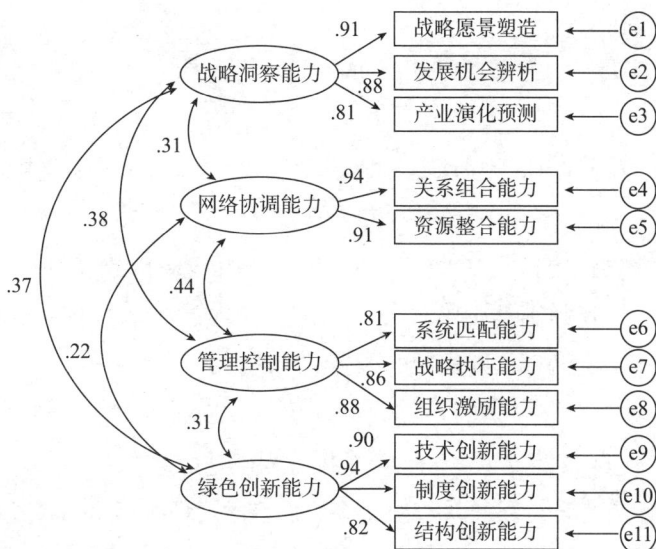

图 5-4　资源型企业绿色转型能力的验证性因子分析

表 5-16　资源型企业绿色转型能力验证性因子分析的拟合结果

路径	标准化路径系数	C. R.	P 值
战略愿景塑造←战略洞察能力	0.909		
发展机会辨析←战略洞察能力	0.882	24.448	＊＊＊
产业演化预测←战略洞察能力	0.813	18.338	＊＊＊
关系组合能力←网络协调能力	0.939		
资源整合能力←网络协调能力	0.914	11.510	＊＊＊
系统匹配能力←管理控制能力	0.809		
战略执行能力←管理控制能力	0.860	13.616	＊＊＊
组织激励能力←管理控制能力	0.878	13.808	＊＊＊
技术创新能力←绿色创新能力	0.899		
制度创新能力←绿色创新能力	0.938	19.588	＊＊＊
结构创新能力←绿色创新能力	0.817	15.822	＊＊＊

注：＊＊＊代表 P 小于 0.001。

从上述拟合结果可以看出，标准化的路径系数是比较理想的，但这并不能说明这个模型的拟合度就是非常理想的。根据侯杰泰（2004）、荣泰生（2009）等人的研究，评价结构方程模型拟合程度的指标和准则有以下几条：

（1）卡方值（χ^2）与自由度（df）的比值，即 χ^2/df，此指标为绝对拟合指标，其判别准则为：若 $\chi^2/df \leqslant 2$，代表模型拟合较好；若 $2 \leqslant \chi^2/df \leqslant 5$，

代表模型可以接受。

（2）估计误差均方根，即 RMSEA，此指标也是绝对拟合指标，其判别准则为：若 RMSEA > 0.1，则模型不拟合；如果 0.05 < RMSEA < 0.1 则表示模型可以接受；若 RMSEA < 0.05，代表模型拟合良好；RMSEA 越接近于 0 则表明模型拟合越好。这个指标受样本大小的影响较小，是较好的绝对拟合指标。

（3）非基准拟合指数（NNFI）或 Tucker – Lewis 指数（TLI），此指标为相对拟合指标，其判别准则是：若 NNFI > 0.90 或 TLI > 0.90，模型可接受，NNFI 和 TLI 越接近于 1，则模型的拟合程度越好。

（4）比较拟合指数（CFI），此指标也是相对拟合指标，若 CFI > 0.90，模型可接受；CFI 越接近于 1 表明模型拟合程度越好。

此外，还应检查与路径系数相对应的临界比（Critical Ratio），即 C. R. 的数值，当路径的 C. R. 的绝对值大于 1.96 的参考值时，说明该路径系数在 $p = 0.05$ 的水平上具有统计显著性。上述拟合结果中，C. R. 值均大于 1.96，表5 – 17列出了资源型企业绿色转型能力验证性因子分析的上述判别指标的值。

表 5 – 17　资源型企业绿色转型能力的拟合程度

χ^2/df	RMSEA	NNFI	TLI	CFI
1.275	0.043	0.991	0.988	0.992

结合前述判别准则，从表 5 – 17 可以看出，模型拟合非常好。上述的研究结果表明，本章的资源型企业绿色转型能力的维度结构得到了验证，即绿色转型能力可以分成战略洞察能力、网络协调能力、管理控制能力和绿色创新能力四个能力维度。至此，本章的假设 1 通过了验证。

如果不对相关题项进行组合，结构方程的拟合结果仍然是可以接受的，表 5 – 18 给出了题项不组合时的模型拟合结果。

表 5 – 18　题项不组合情形下的资源型企业绿色转型能力的拟合程度

χ^2/df	RMSEA	NNFI	TLI	CFI
1.826	0.067	0.989	0.976	0.983

从上表可以看出，题项组合确实能够提高模型的拟合程度，这个结论给后文的分析提供了一个简化分析并提高拟合优度的思路。

第六章　绿色转型能力与资源型企业绿色转型成长的关系

上一章阐述了资源型企业绿色转型能力的构成维度，完成了其量表的开发并对其进行了探索性因子分析和验证性因子分析。然而，资源型企业绿色转型能力对其实现绿色转型成长究竟有什么样的作用和机理，尚待进一步的厘清和剖析。本章的主要任务就是通过较为规范的文献分析，结合当前西北地区资源型企业的发展实际，并通过对一些有代表性的资源型企业的管理者进行访谈，在此基础上整理出当前资源型企业绿色转型的概念模型，探讨资源型企业绿色转型能力对资源型企业绿色转型成长的内在机理，寻找其中的中介变量、调节变量和控制变量，据此提出一定量的假设，并进行实证研究。

第一节　资源型企业访谈

前文已经通过理论论述，本书认为资源型企业绿色转型能力是资源型企业绿色转型成长的重要推动力量，而在实践中，企业管理者对此是如何认识的，他们眼中的绿色转型能力是一个什么样的概念，如何才能真正使资源型企业实施绿色转型等问题仍然需要研究。因此，对企业家或企业高层管理人员进行个案访谈是进一步深入了解的非常关键的一步。本书对一些典型的资源型企业高层次管理人员进行深度访谈，主要目的就是使本研究能够从具体的实践中考察资源型企业绿色转型能力的作用机理，进而确定理论研究的合理性。

本研究对资源型企业个案访谈的具体目的主要包括以下两个方面：

其一，探讨本研究与资源型企业现实发展情况契合与否。资源型企业需要实现绿色转型，这是国际上一些环境保护组织早就开始呼吁和倡导的了，当前也引起了很多政府的重视，国家之间对此问题也开始进行协调。在我国，受制于资源环境压力和瓶颈，发展循环经济、实现资源型企业绿色转型的口号也已经屡见不鲜。但是，在有关文献的研究中，正统的经济学理论基本上不会涉及资源型区域或企业发展循环经济的问题，主流的管理学文献也很少把视角聚焦在资源型企业的成长上。即使是有关企业战略转型的研究方面，其研究对象往往是处于市场竞争中的企业，这里的企业也仍然是一个整体性的概念，研究内容则主要包括战略转型能力与企业绩效的关系等问题。而对于资源型企业，其实现绿色转型成长所需要的绿色转型能力，至今仍没有比较合乎管理学规范的研究文献。然而，我国当前受到的资源环境压力越来越大，经济发展方式正处于逐渐转变的过程中，资源型企业所固有的负外部性对国家和区域的可持续发展将带来极大的负面作用，因此，资源型企业实施绿色转型成长已经成为资源型企业迫在眉睫的任务之一。资源型企业所面临的经营环境和管理特点都与其他企业有很大的不同，且当前没有文献对资源型企业绿色转型成长进行过翔实认真的讨论，因此对资源型企业的绿色转型能力这一提法是否准确到位？资源型企业绿色转型能力是不是资源型企业绿色转型成长过程中一定要培育和壮大的一个重要动态能力系统？这些都是在访谈中首先必须加以确认的问题。

其二，咨询本研究中涉及的理论阐述问题。由于对资源型企业绿色转型能力还没有较为规范的管理学文献研究，因此本研究的理论模型是在国内外相关经典文献的基础上，结合企业战略转型能力、生态产业网络理论、循环经济理论和系统工程理论，针对以往研究中对资源型企业尚未解决的问题，经过一些理论推演和逻辑思考而构建的，其目的在于探讨资源型企业绿色转型能力的基本要素的维度构成，以及资源型企业绿色转型能力与资源型企业成长绩效之间的作用机理和关系。由于资源型企业的涵盖行业很多，对资源型企业绿色转型的研究必然面对较为复杂的情况，理论上应该有比较高的归纳和概括，因此，该理论所描述的模型所反映的各个变量之间的因果关系是否存在，是否能为所考察区域的资源型企业实践所证实，是否需要对理论概念进行修改等问题，都成为此次访谈的重要内容。

一、访谈的对象

为了能够多方位对资源型企业绿色转型与绿色转型成长绩效进行考察，从而使访谈的效果更加具有深度和广度，本研究精心设计访谈方案，广泛考察访谈对象，本研究历时四个多月，从被访企业所在区域的基本情况、被访企业的综合概括以及被访者个人的情况综合考虑、精心选择，确定访谈的对象，并进行了详细的访谈。

从被访企业所在的区域情况来看，选择了甘肃省和青海省的企业作为访谈对象。因为，甘肃省是全国第一个被国务院批准的循环经济发展试点省，甘肃省的政策对资源型企业在发展循环经济方面有较大的激励，在资源型企业实施绿色转型有较好的、规划的鼓励措施。青海省的柴达木地区是被国务院批准的区域性循环经济发展试验园区，省上召开了全省循环经济大会，制定具有较强针对性的促进资源型企业实施绿色转型成长的具体措施。因此这两个省内的有代表性的资源型企业能够作为本研究的访谈对象。

从被访企业的综合概况来看，本研究选择了六家具有代表性且已经实施过绿色转型的资源型企业作为访谈企业。这六家企业的行业分布为盐湖化工、石油冶炼和纯碱制造。从绿色转型实施的绩效来看，有三家资源型企业实施绿色转型过程中财务绩效得到了较大提升，社会公众的认可程度较高，资源环境绩效也成绩喜人，两家资源型企业在实施绿色转型过程中财务绩效持平，政府和公众较为认可，资源环境绩效取得了较好效果，一家资源型企业在实施绿色转型过程中财务上略有亏损，但资源的利用率得到了提高，且对环境的污染程度有所减轻，政府与社会公众仍对该企业充满期待。这六家资源型企业全部为国有企业。

从被访者个人的基本情况来看，接受访谈的全部是资源型企业的高层管理者，或是总经理，或是副总经理，他们都接受过正规的教育，四位接受过重点高校的 MBA 教育，另外两位有 EMBA 的经历，都具有相当丰富的管理学知识和实践经验；且在资源型企业内的工作时间较长，最长的已有 25 年的工作经历，对资源型企业的情况和相关产业的发展趋势十分了解，对相关的国家级和省级政策能够吃透，是理想的访谈对象。

二、访谈的内容

在本研究中，主要采取开放式询问方法，在现场没有问到或回答不够详细的部分，则采取了午餐或晚餐时间继续补充问答的形式，整个访谈氛围融洽，回答者的自由度高，由此进一步开拓了研究视野，获取较为充足的信息。访谈中具体咨询的问题如下（根据具体的情景，发问的方式可能不一样）：

（1）请介绍贵公司的基本情况，所在行业处于一个什么样的发展态势？

（2）国家和省上都提出了绿色发展的战略，这对贵公司的影响是不是迫使企业实施绿色转型成长？

（3）您怎样理解资源型企业的绿色转型？贵公司是否正在实行绿色转型？

（4）您认同资源型企业绿色转型能力这个概念吗？您认为资源型企业绿色转型能力主要是哪些方面的能力？

（5）贵公司当前的绿色转型对企业绩效的提高有什么样的帮助？

（6）贵公司是否在绿色转型过程中非常重视整个企业的发展战略？包括哪些方面？

（7）现在资源型企业在成长过程中，与周围的资源型企业和其他行为主体已经形成了一个生态型的企业网络，贵公司是否很注重协调与网络中其他行为主体之间的关系？具体包括哪些措施？

（8）贵公司在企业实施绿色转型成长过程中如何加强管理控制能力？

（9）资源型企业绿色转型必然要求绿色创新，您是如何认识这个问题的？

（10）您认为资源型企业绿色转型能力是怎样作用于资源型企业绿色转型成长的？

（11）资源型企业绿色转型是一种重大的经营模式的转变，风险很大，存在着失败的可能，那么您认为资源型企业绿色转型失败的主要原因可能是什么？

（12）您认为衡量资源型企业绿色转型绩效的准则是什么？

（13）资源型企业对生态环境的影响较大，您认为资源型企业如何承担企业社会责任？

（14）您对本研究设计的资源型企业绿色转型能力的维度构成认同吗？为什么？

三、访谈所得到的启示

通过较为翔实的访谈，使得本研究对资源型企业及其所属行业的情况有了比较深入的了解，而且本研究提出资源型企业绿色转型能力得到了资源型企业高层次管理者的高度共鸣，对研究的理论模型作了初步的证实。访谈得出的主要结论和启示有：

（1）资源型企业绿色转型能力是一个很有实践和理论意义的概念。接受访谈的六家企业高管都认为资源型企业的绿色转型能力对资源型企业今后的可持续发展过程中十分重要，资源型企业能否实现绿色转型成长，其关键就在企业自身具备的绿色转型能力的高与低，绿色转型能力的高低与企业绩效之间存在直接的显著关系，并且还能为企业带来声誉的提高，对企业的影响不可低估，因此对绿色转型能力与企业绩效之间的关系进行实证研究具有极为重要的现实意义。

（2）访谈到的企业高管们认为，在资源型企业形成的生态网络过程中，尤其是在经济欠发达的地区，政府发挥了很大的规划和引导作用。然而，"政府搭台，企业唱戏"，如果企业之间不能有效实现战略上、操作上等各方面的有机整合并实现有效协同，则这个网络并不能发挥其应有的作用，成为一盘散沙和一潭死水，资源型企业的绿色转型能力也不可能会得到提高。相反，如果网络中的协同效应发挥出来，绿色转型能力就能够通过它为资源型企业的绩效提升带来直接的推动作用。

（3）高管们认为，资源型企业的绩效衡量应该不同于其他类型的企业。因为，如果资源型企业和其他类型的企业一样去追求竞争优势和相对生产效率的提高，则可能会对资源带来更大范围和更高数量的浪费，并对生态环境产生更大压力和更多面积的破坏，因此资源型企业在确保自身竞争优势和生产效率的同时，更要考虑对外部环境带来尽可能小的负外部性，也就是最大限度地提高资源的利用效率，动态优化资源环境的绩效。而且，一旦资源型企业把资源利用效率提高了，生态的副作用也就降低了，因此对当地经济发展和生态环境都承担了责任，六家企业负责人都表示，资源型企业绿色转型能够取得较好的绩效事实上就是资源型企业在承担社会责任。

（4）高管们认为，由于本身并不作学术研究，尽管对资源型企业绿色转型能力这个概念感觉比较新颖，也易于理解，用来作理论研究也非常合适，但作为学术研究，建议本研究要严谨对待，因此对其构成维度不能轻易就给予完全确认。同时这些经理们也认为，绿色转型能力分为战略洞察能力、网络协调能力、管理控制能力和绿色创新能力，这个界定能够反映当前资源型企业面临的实际情况和直接任务，符合实践的要求。但他们表示，对这些构成维度能够理解其基本含义，并不能详细加以界定。在回答绿色转型能力对资源型企业绩效的作用机理时，他们有一个共同的观点，即资源型企业绿色转型能力对企业的可持续成长具有重要的正向作用，但"一花独放不是春"，如果一家资源型企业着重加强绿色转型能力的建设而不和其他网络内的企业进行合作，则这个资源型企业的所谓绿色转型只能是昙花一现，徒劳无功且增加企业的运营成本，因此资源型企业绿色转型成长不是单独一个资源型企业能够做到的，有效利用好生态型的整个企业网络作用巨大。

综合以上访谈得到的有关启示和结论，并结合相关理论研究，本研究可以勾勒出绿色转型能力对资源型企业绿色转型成长作用机理的概念模型，进而提出研究假设，对资源型企业的绿色转型成长绩效加以度量，从而进行实证研究分析。

第二节　绿色转型能力对资源型企业绿色转型成长作用机理的概念模型

前文的理论分析和上述访谈为研究打下了一个坚实的基础。从企业实践情况可知，资源型企业绿色转型能力能够推动资源型企业顺利实施绿色转型成长，在此过程中，资源型企业自发或通过政府政策规划形成的生态产业网络的类型将对网络内的协同效应产生很大影响，如果政府规划时没有认真考虑产业的发展趋势和网络内资源型企业的真正需求，仅仅一味追求理想中的资源"吃干榨净"而不是按照产业和企业的发展规律办事，则该网络可能是一盘散沙（尤其是最开始阶段），如果该生态产业网络能够按照产业发展规律进行规划，以企业为主体进行规划和有效引导，则资源型企业生态网络将产生极大的协同效应，前文的研究已经表明，企业网络的协同有助于企业绩效的提升，因此生态网络内的协同效应绩效的高低将对资源型企业绿色转型成长具有重要作用。根据前文的理论探讨，结合资源型企业的发展实际，本书认为在资源型企业绿色转型成长过程中，资源型企业与其他行为主体之间结成的生态网络有重要作用，网络内的协同效应绩效起到了中介作用，网络的类型起到了调节作用。

一、协同效应绩效的中介作用

罗胜强和姜嬿（2008）认为，凡是 X 影响 Y，并且 X 是通过一个中间变量 M 对 Y 产生影响的，则 M 就是中介变量。因此，这里的两个关键点就是：第一，X 和 Y 之间是存在因果关系的；第二，M 是这个因果关系中间的媒介，即 M 受到 X 的影响之后，再影响到 Y，从而传递了 X 的作用。中介关系如图 6－1 所示。

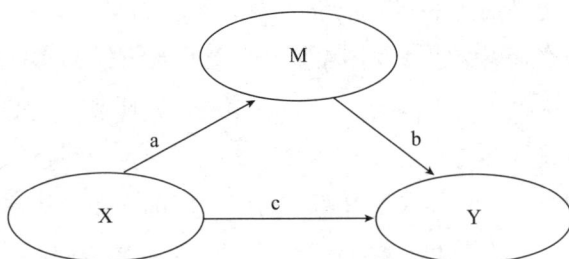

图 6－1 中介作用模型

资料来源：罗胜强和姜嬿（2008）

在上图中，a，b，c 分别代表变量之间的因果关系，如果 c ＝ 0，则表明 M 是完全中介变量，如果 c ＞ 0，表明 M 是部分中介变量。

根据企业网络的理论研究，结合资源型企业的发展实际以及对典型资源型企业高层管理者的访谈结果可知，在资源型企业形成的生态网络中，资源型企业要想实施或实现绿色转型成长，必须以网络内行为主体之间的协同效应绩效为中介，才能使得绿色转型能力对资源型企业的绿色的可持续成长起到更好、更强的作用。苏敬勤和刁晓纯（2009）的研究认为协同学是产业生态网络的理论基石。这里所讲到的资源型企业网络内的协同效应，具体包括以下几个内容：一是发展理念上的协同。理念是观念和价值观的集中反映，对行为主体的各种活动具有内在约束性，因此，当前不少管理学家和企业家们都认为，理念是第一生产力，在资源型企业实施绿色转型的进程中，如果在整个企业网络内的各个行为主体的发展理念并不一致甚至相反，那么整个系统内的各个行为主体的活动就显得杂乱无章，于是网络内的资源流动也会呈现出无序状态，不易整合。二是活动方面的协调。活动是理念的能动反映，如果仅仅有理念上的协同，而没有活动协调的配合，则理念只能成为镜中花、水中月，因此各种活动的协调其实就是把理念落地的过程，把理念从美好的蓝图预想变成真实的多彩画卷，实现网络内资源的合理配置和有序流动，发挥现有资源的最大价值。三是网络内知识的转移和共享。网络成员的繁杂性及联结范围的广度和深度预示着网络具有丰富的知识含量，但其知识如果不能发生转移和共享，则知识和信息将停留在静态层面，不能够对其他企业产生影响，同时资源型企业也不能把其他企业的知识进行利用，如此一来，企业就不能在能力方面有所提高，进而不能顺利实施绿色转型。

另外，绿色转型能力的提升能够对网络间的协同效应产生影响。首先，绿色转型成长的理念决定了资源型企业在网络中要寻求更多的合作并建立更多的信任，因为资源型企业带来的负外部性及资源环境绩效的提高不可能靠一个资源型企业就能够得到解决。其次，从资源型企业绿色转型能力的构建过程来看，其四个维度来都有促进网络协同效应的作用。战略洞察能力的一个重要方面就是辨析发展机会，而网络协同无疑能够提供更多的成长机会；网络协调能力本身就是要拓展发展思路，搞好互信合作管理，从而整合资源进行有效配置；管理控制能力则要求资源型企业修炼自身内功，以能够更好地适应和利用网络带来的种种便利和机会，使得企业能在网络中更加游刃有余；而绿色创新能力事实上是一种网络内的非线性创新模式，客观上需要资源型企业和其他行为主体之间的合作进行创新，需要整合和共享网络的知识和信息，这样可以使得创新更有针对性，也能有效降低创新的成本。而且，绿色创新中的结构创新事实上就是追求理想的创新环境和氛围。最后，从绿色转型能力带来的效果看，无疑是使得资源型企业在生态网络，通过精诚合作，走向更好的协同，从而促进资源型企业顺利实现绿色转型成长。

综上所述，网络内的协同效应绩效能够起到资源型企业绿色转型能力和实现其绿色转型成长之间的中介作用。

二、网络类型的调节作用

温忠麟等（2005）认为"如果变量 Y 与变量 X 的关系是变量 M 的函数，则称 M 为调节变量"。其中的含义是，有关系，但是变量 Y 与变量 X 的关系的方向或强弱受到第三个变量 M 的影响，而调节变量的研究目的是为了弄清 X 何时影响 Y 或何时对 Y 的影响较大（如图 6 - 2 所示）。

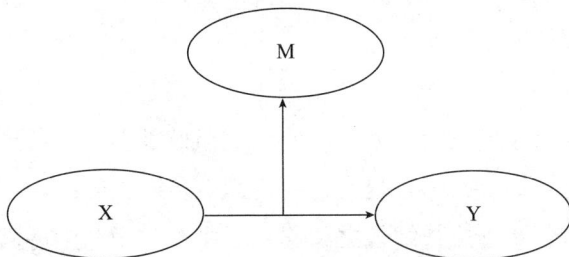

图 6 - 2　调节作用模型

根据实地访谈的有关结论及上述研究内容可知，资源型企业在形成生态型网络后，协同效应绩效能够起到资源型企业绿色转型能力和其实现绿色转型成长的中介作用。很显然的，对于不同网络，其中的企业之间的联结程度和强度不同，关系的强度和持续度也各不相同。因此资源型企业所形成的生态网络具有不同的类型。在信息共享程度高、合作紧密且时间持续、互信程度高的网络中，企业之间成长理念、活动过程及知识转移和共享程度就高，企业的协同效应也就越高，对资源型企业的绿色转型成长就越有促进作用。相反，如果在资源型企业生态网络中，各个企业的投入资源显著不同，企业文化差异很大，机会主义行为很多，信息不能共享，则网络内的协同效应就越低，从而不利于资源型企业的绿色转型成长。另外，从资源型企业绿色转型能力的角度来看，网络中的合作越少，关系越不紧密，则企业的网络协同能力越差，绿色创新能力越得不到支持，辨析发展机会越来越困难，合作机会越来越少，企业之间可能会越来越倾向于竞争甚至是恶性竞争，从而不能带来资源环境绩效的提升，使得资源型企业绿色转型成长变成一个美丽的肥皂泡。但是，如果网络内企业能够紧密合作，知识和信息能够有效地得到转移和共享，则情形就会是另一番景象，战略上能够协同，网络协同能力越来越强，绿色创新能力大幅提升，企业之间形成合力，从而推动资源型企业的顺利绿色转型成长。

因此，资源型企业所处的生态网络的不同类型对资源型企业绿色转型成长影响很大，并且质量低下的网络类型对资源型企业绿色转型成长具有负面影响，质量较高的网络类型对资源型企业绿色转型成长具有正面影响。

三、概念模型的建立

根据上述研究内容，可以构建绿色转型能力对资源型企业绿色转型成长作用机理的概念模型（如图 6 - 3 所示）。在资源型企业绿色转型成长过程中，绿色转型能力的四个能力维度，战略洞察能力、网络协调能力、管理控制能力和绿色创新能力对生态网络内的协同效应绩效都有正向的影响和作用，对资源型企业绿色转型成长绩效也有正向的影响，而且网络协同效应绩效在绿色转型能力和绿色转型成长绩效之间起到了中介作用，生态网络的模式和类型对绿色转型能力和绿色转型成长绩效的关系起到了调节作用。

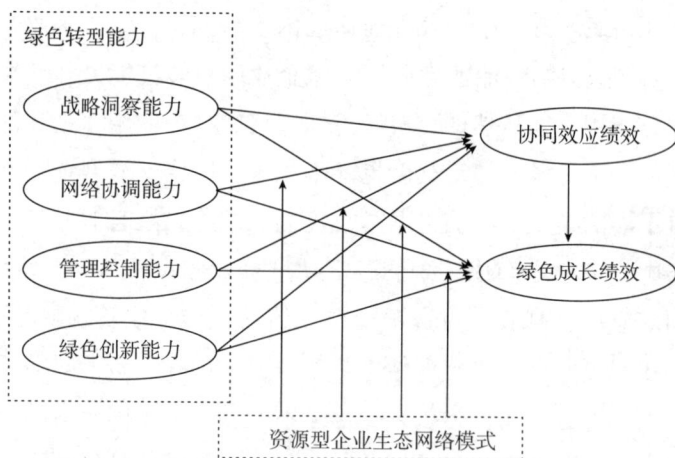

图 6 - 3　绿色转型能力对资源型企业绿色转型成长作用的概念模型

第三节　研究假设

访谈结果拓宽本章研究的思路，上文建立的概念模型建立了本章的研究框架。根据以上研究，已经初步得出了资源型企业绿色转型能力对资源型企业绿色转型成长绩效具有正向影响的结论，并且这种影响是通过绿色转型能力正向影响网络协同效应绩效，而网络协同效应绩效正是通过影响资源型企业绿色转型成长绩效的机制来实现的，即网络协同效应绩效在资源型企业绿色转型能力正向影响绿色转型成长的关系中起到了中介作用。本章进一步对上述结论结合现有的文献进行较为规范的理论分析，并更深入地探究资源型企业生态网络类型对上述影响机制的调节作用，并提出具体的研究假设，从而构建本书的实证研究模型。

一、绿色转型能力与资源型企业绿色转型成长绩效

如前文所述，资源型企业绿色转型能力从本质上说是一种网络动态能力。动态能力的最终目标在于实现企业家所发现的机会的潜在价值，为股东创造利润，如果没有持续地为客户提供有价值的产品和服务，则必将背离企业的长期成长目标（Prahalad 和 Hamel，1990）。因此动态能力是能够使企业在网络关系中获取、整合和重构内外竞争力来维持竞争优势的能力。Teece，Pisano 和 Shuen（1997）结合资源观理论与演化经济学的相关理论，构建了基于"组织与管理过程"、"位势"和"路径"三要素的动态能力模型。"组织与管理过程"指企业处理问题的方式或学习与实践的具体模式，包括协调与整合、学习、重构与转变等几个方面。协调与整合包含内外两方面，外部活动和技术的整合创新（如战略联盟、供应与采购关系的建立、技术合作等）主要是为了获得战略优势，内部协调与整合主要是为了强化企业的管理控制能力，从而提高组织运行效率和效能；学习则是不断重复和实验的过程。通过学习，组织能够更好、更快速地完成任务，实现创新，同时也为企业提供了新的发展机遇；重构和转变是指企业在快速变动的环境下，必须具有重构企业资产结构，实现内外部变革的能力。实现重构和转变要求企业必须密切关注市场和技术的变化，并积极进行探索实践并加以创新。"位势"是指企业拥有的特定技术禀赋、知识产权、辅助性资产、金融资产、声誉资产、客户基础以及与供应商的外部关系等。这些专有性资产如声誉、关系资产等难以进行交易，并且它们决定了企业的竞争优势。"路径"涉及企业的战略变革和路径依赖。企业未来的发展方向受当前所处位势和路径的制约，而当前的位势又由其以往的发展路径决定，这说明了惯例制约着未来的选择，企业的发展具有路径

依赖的特征。有以上论述可以看出，资源型企业绿色转型能力同样符合这样的模型，对资源型企业绿色转型成长具有和动态能力作用于企业成长绩效一样的意义和作用。

Dosi（2000）认为动态能力是更新企业能力的能力，其能够促使企业识别市场机会，合理配置、重构企业资源和能力，并提升企业的市场价值。Eisenhardt 和 Martin（2000）认为通过动态能力，企业可以更好地利用资源的流程，即整合、重构、获取和释放资源，从而应对或者创造市场的变革。梁运文（2006）从全球化竞争角度出发，提出了企业生态群落的"大"动态能力战略观。其"大"动态能力包括政府动态能力、企业动态能力、金融制度动态能力、教育制度动态能力。政府动态能力包括三类，一是基于规则的能力，即政府通过市场竞争机制和事前规则支撑民间机构创造与分配租金的能力；二是基于权威的能力，即政府凭借统治权与自己偏好创造租金的能力；三是基于关系的能力，即政府通过相机性政策，促进民间机构发展的协调功能。金融制度能力从金融制度演进过程中适应效率差异可分为金融制度适应能力、金融制度主动能力和金融制度先导能力。教育的能力体现在生产、传播和创新知识与技能能力；形成、积累和升级人力资本能力；创造和扩大"产研"联合效应能力。"大"动态能力在注重企业能力动态演进的内部动力因素前提下，把企业能力动态演进的动力因素范围扩展到了企业所赖以生存的生态群落系统，认为决定竞争优势可持续性的动力不仅仅囿于企业内部，政府、金融制度、社会教育制度等都是企业能力演进不可或缺的驱动因素。这种大动态能力观对资源型企业绿色转型成长的研究是有很大借鉴意义的，在资源型企业组成的生态网络中，实现资源型企业的绿色转型成长不可能仅仅依靠资源型企业个体的努力，也不能仅仅依靠资源型企业的内部资源完成，而是来自于资源型企业网络关系组合能力的不断提高和资源型企业对整个生态网络的资源有效整合能力的不断提高。

Nohria（1992）认为企业是以"多纽带的关系联结"形态嵌入企业网络之中，企业与外部环境之间相互作用，企业的行为以及战略都会受制于其所在网络的属性和它本身在网络的角色和位置，因此网络对企业既是机遇，也是约束，企业的行为和绩效受其所在网络的限制；另外，企业的行为和绩效反作用于网络，对网络产生不同的贡献度，影响网络形态的演化。因此，网络化对企业绩效有益是不言而喻的。基于此，资源型企业在生态网络中如果能对网络充分加以利用，把网络化放到应有的高度加以重视，从战略洞察的视角来审视企业如何在网络中能动的响应甚至影响网络演进，就一定能够获得绿色转型成长绩效。

张志坚（2001）通过问卷进行定量分析得出结论：首先，动态能力在不同的竞争策略下对绩效产生影响是不同的。在合作性策略的影响下，动态能力的内部资产位置优势将影响财务相关绩效和管理相关绩效；在竞争性策略影响下，分析数据则表明动态能力的程序优势则会对财务相关绩效产生影响，动态能力的内部位置优势及路径优势会对管理相关绩效产生影响。其次，动态能力在不同的能力更新因素影响下对绩效将产生不同的影响。在科技创新的影响下，各项动态能力并不影响财务相关绩效，然而在经营管理创新因素影响下，分析数据则显示企业在组织结构与管理过程、方式上的创新将增加动态能力对财务绩效和管理绩效的影响力。冯臻等（2008）从动态能力理论的视角出发，考察了和谐社会背景下企业社会责任提升的影响作用机制，认为企业的动态能力能够影响到其社会认知水平和组织价值观的形成，进而对该企业的社会责任行为提升起到积极的影响作用。具体为：（1）环境洞察能力提高企业社会认知水平，变革更新能力帮助组织价值观调整；（2）较高的认知水平可以推动企业社会责任行动，正确的组织价值观引导企业社会责任行为。在动态的环境中，这个过程将是个往复循环的过程，企业只有不断调整自身行为，保持和维护好与外部组织的和谐关系，营造良好的内部工作氛围，表现出更好的社会责任行为，才有助于企业长期目标的完成与实现。资源型企业绿色转型能力在网络中更多地表现为合作性策略，也要更多地依靠资源环境绩效的不断提升而承担社会责任，因此在作为网络动态能力的绿色转型能力不断提升的过程中，资源型企业的绿色转型成长将不断得以改善。

基于以上分析，本书提出假设如下：

H1：战略洞察能力对资源型企业绿色转型成长绩效有显著的正向影响

H2：网络协调能力对资源型企业绿色转型成长绩效有显著的正向影响

H3：管理控制能力对资源型企业绿色转型成长绩效有显著的正向影响

H4：绿色创新能力对资源型企业绿色转型成长绩效有显著的正向影响

二、绿色转型能力与网络协同效应绩效

资源型企业在网络中必须通过不断地向其他行为主体学习并与之尽量保持协同，才能不断提高其技术水平、合作水平和知识积累，因此生态网络中积极能动的行为主体，资源型企业必须积极地利用生态网络带来的学习和互动的有利因素，消除一系列障碍和不利因素，尽量提高企业间协同的效果和效率。资源型企业与其他行为主体之间协同的过程和绩效受到各个行为主体的活动内容以及各方的关系等属性的影响，因此，资源型企业可以调用相关资源和组织拥有的能力来影响这些因素，并使这些属性向着有利于资源型企业获得更多和更有价值的信息和知识方向改变。而资源型企业绿色转型能力则正是其中发挥重要作用的一种动态能力。

1. 战略洞察能力与协同效应绩效

战略洞察能力侧重于使资源型企业对参与生态网络和网络活动规律性的整体思考，对资源型企业的持续发展成长具有导向性和全局性的作用，因此对网络内各个行为主体之间的协同效应绩效有着积极而又重要的影响。Moller和 Halinen（1999）认为，企业网络的战略能力从价值视角评估企业当前运营和未来发展相关的信息，从而指导企业选择网络伙伴，促进企业参与网络活动并与伙伴密切交流，进而获取深层次的隐性知识。"战略管理之父"安索夫（1965）在《公司战略》一书中提出的战略构成四要素中就包含了战略协同，他认为企业中两种或两种以上要素的有机结合就能够取得超出它们单纯相加的效果，即 $1+1>2$，而一旦协同效果使用不适当，则会产生 $1+1<2$ 的效果。伊丹广之把协同概念分解成互补效应和协同效应两部分，他认为实体资源的组合利用会产生互补效应，隐形资源的组合利用则产生协同效应（Andrew Campbell，2000）。如前文所述，资源型企业战略洞察能力包含了三个维度，即战略愿景塑造、发展机会辨析和产业演化预测，战略洞察能力的这三方面对网络内的协同效应都有影响。邢小强和全允桓（2006）认为，网络愿景能力是网络能力在战略层次上的体现，它要求企业从网络演化与企业自身发展的角度进行战略思考与规划，从而把握网络变革的远景与趋势，预测网络结构与网络范围的变动程度与趋势。因此资源型企业战略愿景塑造能力有助于帮助网络提高协调效应。Sexton 和 Bowman－Upton（1991）认为企业在

制定网络发展战略目标及预测网络演化趋势时要充分考虑机会的性质，评估机会开发所需要的资源、分析企业现有资源及资源差距，识别资源的来源与途径，从而保证能够促进网络的协同效应。Opdam 等（2006）认为，在产业演化过程中，一体化程度的加深能够吸引新的成员加入和新的产业生态网络关系的生成，而且在诸多产业网络关系中强化几个具有战略意义的产业链条也必然推动网络中一体化的发展，因此资源型企业加强产业演化的预测能力必然能够在战略加强与具有战略意义的企业合作，从而能够推动网络内协同效应绩效。事实上，对于资源型企业而言，由于面临政府的资源环境规制和社会大众的舆论压力，实施绿色转型是其必然趋势，因此在战略上会要求与上下游企业以及辅助机构进行有效的联结和协调发展，否则成本将极大上升，造成资源浪费和环境污染时又要面临众多矛盾和罚款。

基于以上分析，本书提出假设如下：

H5：战略洞察能力对资源型企业生态网络内协同效应绩效有显著的正向影响

2. 网络协调能力与协同效应绩效

网络中的资源型企业协调能力主要是对伙伴间关系的协调、网络资源的整合利用以及伙伴间冲突的管理和适应。由于合作伙伴间存在差异化的思维，因此对建设性的伙伴间冲突进行因势利导的协调和处理，更有利于发现深层次的合作问题和深化交流的层次，所以对建设性冲突的有效利用可以诱发企业间隐性知识的交流、吸收和创新。而对破坏性冲突的协调、沟通和管理则有利于维护网络运行的稳定性，并能巩固组织间的学习机制。

网络协调的过程也是网络中资源型企业与其他行为主体之间深化、组合、改善关系的过程，也是对网络内各种资源进行互换、共享、整合和再配置的过程。Tsai 和 Ghoshal（1998）认为，网络关系越密切，越能促使网络中成员企业之间拥有共同的愿景，越能够促进网络中企业成员之间资源的整合与有效流动，企业不仅能够获得所需的资源，也还能合理地充分利用从其他网络成员那里获得的资源，同时也提高了资源获取的能力和效率，加强企业转型所需的资源需求。Ahuja（2000）认为网络成员联系越紧密，无形的资源就能够以最快的速度在成员之间实现共享，企业也就能够获取必要的无形资源，提高资源获取的能力和效率，有利于降低企业的成本。Jenssen 和 Koenig

（2002）认为，网络联系越紧密，就越能促进企业成员间的信任，从而减少成员之间的各种非道德行为，这样就能够促使网络内的多种资源在成员之间进行互换，企业就能够获得所需的资源并进行有效配置。Croom 和 Watt（2000）认为，网络中各成员企业频繁的交流和联系，繁多的交互行为和互惠活动，传递的主要是影响力和信任感，并提供了网络伙伴之间彼此信任的基础，有利于各个行为主体之间信任关系的加强及影响力的增大，并相应地促进各成员企业之间的协作和资源共享。由以上分析可以看出，资源型企业网络关系的组合能力在给企业带来合作伙伴的同时，也对网络内的成员企业之间的协同效应绩效产生了较大的影响。

在资源型企业生态网络中，资源型企业通过网络协调能力整合网络内各种资源的时候，一个非常重要的任务是对知识进行整合，共享、转移、承接网络内的各种有效知识。有不少文献强调了网络组态本身对成员企业之间知识转移的影响，如 Reagans 和 McEvily（2003）认为，网络成员的多样性和足够的联结范围保证了知识源的丰富，因此伙伴之间的直接联结有助于缄默知识的转移，也提供了更多发现市场机会的可能性。Levin 和 Cross（2004）认为网络内企业成员之间的强联结有助于提高知识转移的数量，尤其是能够促进缄默知识的传递。Dhanaraj 和 Parkhe（2006）认为网络中企业伙伴间持久稳定的关系能够增进相互间的信任和知识共享。由此可见，企业网络协调能力在形成和运用过程中，对企业的协同效应绩效存在着较为显著的影响。

基于以上分析，本书提出假设如下：

H6：网络协调能力对资源型企业生态网络内协同效应绩效有显著的正向影响

3. 管理控制能力与协同效应绩效

生态网络中的资源型企业管理控制能力体现为资源型企业为适应绿色转型成长的需要有意识地输出或重构新的管理模式，用以维持网络运营并保持自身的竞争优势。在资源型企业形成的生态型网络中，资源型企业有效的管理控制能力为资源型企业实现"干中学"、"学中干"以及"交互学"，加速企业知识积累、效率提升和促进创新奠定了基础。

在与网络内其他企业成员进行互动的过程中，资源型企业的管理控制职能通过确保资源的投入和配置，而且需要从网络中寻找资源，因此能够与合作伙伴共建一种制度化的学习、知识共享的惯例，从而帮助资源型企业从生态网络中获取、吸收以及创新知识。徐金发等（2001）认为企业的内部资源支持看作影响企业网络能力的重要因素。Ritter（1999，2003）的研究也指出，企业与外部伙伴的互动需要一定的内部资源支持，这些资源主要包括为了获取信息、出行到伙伴公司、满足伙伴特定的需求和条件的金融资源，计算机、通信设施等物质资源，一定数量的专业人员资源，以及提供给相关人员的信息资源。张复明（2007）认为，资源型企业网络在形成与发展过程中，存在着两种效应：一是吸纳效应，即网络的繁荣引导经济要素流入网络，二是黏滞效应，即网络对要素的流动具有天然的阻滞作用。而网络中资源型企业的管理控制能力具有形成网络中组织惯例的作用，加强管理控制能力的建设，具有改善组织惯例、优化组织惯例的功能。在网络中，由于知识具有黏性、难于编码和制度化，也更难于传递的特征，因此企业是知识的蓄水池，这些知识嵌入企业的商业惯例和过程之中。Nelson 和 Winter（1982）最先主张组织惯例是企业和组织学习的基础，尤其是当企业基于新知识形成适应型惯例并修改现有惯例的时候。根据 Grant（1996）的研究，学习惯例是个人间的频繁互动模式，促进专有知识的转移、整合和创造。Moller 和 Halinen（1999）则认为企业通过构建面向网络管理可以形成伙伴间的信息共享机制，从而提高企业从网络伙伴处获得知识。资源型企业的管理控制能力能够发现企业所需的知识和资源，鼓励企业间定期互动合作，促进企业间成员正式或非正式的交流等。通过管理控制能力的强化，网络内原有的惯例可能得到改善和优化，将有助于企业的知识获取、吸收以及创新。

资源型企业的管理控制能力能够通过组织激励制度措施的完善对企业文化产生极大的影响，并有可能影响整个网络的组织文化。Dyer 等（2001）认为组织文化是网络关系协调成功的关键原因之一。Ritter（1999，2003）更是指出，网络关系呈现出动态变化的特征，因此企业强调柔性、自发性、个性的开放性文化，将有助于鼓励企业更加全面地分析环境变化，也有助于激发员工的工作精神并增强责任感。一个开放的组织文化强调竞争和差异化，具有较强的包容性，可以促进企业之间的全方位互动。徐金发等（2001）从企业的组织特性视角出发，认为企业文化的开放性是影响企业网络能力的三大因素之一。谢洪明等（2003）也认为，文化是影响战略网络嵌入性关系的主要因素。因此，随着管理控制能力的加强，资源型企业的企业文化将得到不断的完善，将直接对资源型企业与网络内其他行为主体的协同效应绩效产生影响。

资源型企业管理控制能力强化战略执行能力的逐步完善，而执行能力的建设的载体是资源型企业中的各类人才。选择、开发和评估人员是不可缺少的主要内容。为了提高企业的网络协同和获得外部资源以强化执行能力并寻求与绿色成长战略相匹配，企业内工作人员的选择应该也必须是网络导向的（network-oriented），Lambert，Sharma 和 Levy（1997）认为这些人员需要具备一定的网络能力和网络经验，此后还需要进行相关的技术培训、交流培训和冲突管理培训等，对人员的评估则需要参照关系管理的成功程度和伙伴的评价情况。Ritter（1999）指出，企业构建网络关系过程中要求相关人员具备一定的网络管理资格，需要拥有许多诸如交流、应变、合作、技能、冲突管理等方面的特定能力。因此，资源型企业管理控制能力的提高有助于网络中的协同效应绩效的提升。

基于以上分析，本书提出假设如下：

H7：管理控制能力对资源型企业生态网络内协同效应绩效有显著的正向影响

4. 绿色创新能力与协同效应绩效

资源环境绩效的提升是资源型企业绿色转型成长的核心内容之一，而提高资源环境绩效必然有赖于资源型企业的绿色创新。如前文所述，资源型企业绿色创新能力主要包括绿色技术创新、制度创新和结构创新三个方面。对于资源型企业而言，贾伟强和黄有方（2011）认为，在资源繁荣的条件下，资源型企业利润的获得容易过度依赖于自然资源，造成企业技术创新的需求动力不足，技术创新不足则制约企业进行技术改造，不主动采用使资源最大限度地转化为产品或污染物排放少的新工艺。这种情况就严重制约了资源型企业绿色转型成长的速度和力度。如果任由此种情况发展下去，在资源型产业集群发展过程中，常存在自然资源丰裕地区并没有因为自然禀赋的有利条件而实现快速发展，却出现有悖于传统经济增长理论的"资源的诅咒"（Resource Curse）现象（王发明、刘传庚，2008；张绪清，2010）。因此，政府应对此进行规制，制定措施鼓励资源型企业进行技术创新和制度创新，降低资源型企业成长过程中的负外部性。而由于绿色技术的双外部性特征，因此政府应对绿色技术给予激励和保护措施，从而激发资源型企业与科研机构的广泛合作，使得拥有更多的技术能力，在此基础上完善制度能力。

赵晓庆（2002）认为技术能力是企业在技术资源和技术活动方面的知识和技能的总和，它体现为包括硬件设施、知识产权、信息和员工知识技能的技术资产；反映企业内部配置与协调生产资源的组织整合能力；反映企业外部资源的利用和内外部知识整合的外部知识网络能力以及技术的战略管理能力。陈耀和汤学俊（2006）认为技术力和制度力是指企业按照资源配置方向合理高效地组合使用其资源的能力，技术力反映了企业生产要素配置的技术效率的高低，而制度力则反映了企业为提高技术效率而设计的各种规制保证能力。事实上，企业的新产品、新工艺、新方法都源于技术创新，提高产品功效、实施差异化经价、降低成本等也离不开技术创新，企业的技术能力、创新能力等直接反映了企业技术水平和技术发展更新能力，体现了企业相对于竞争对手的技术优势，并决定了企业在竞争的地位和获利情况。

然而，针对资源型企业的绿色创新而言，中国科学院可持续发展战略研究组（2010）认为，绿色创新是一种非线性的系统创新，有四个方面的特征：一是系统创新以协同演化的方式发展，涉及供应方和需求方的变化；二是系统创新是建构性的创新；三是系统创新是多主体的相互作用过程；四是系统创新在时间尺度上是很长的。因此，资源型企业绿色创新能力的提升对整个生态网络中的协同效应绩效有推动作用。

基于以上分析，本书提出如下假设：

H8：绿色创新能力对资源型企业生态网络内协同效应绩效有显著的正向影响

三、网络协同效应绩效与资源型企业绿色转型成长绩效

协同学属于系统理论的学说，其理论体系是物理学家哈肯于1975年建立的，其后在此基础上逐渐发展并完善起来的。主要研究一个系统中各个子系统之间协调一致的作用是如何产生的，系统从无序走向有序或从低级有序走向高级有序的规律是什么，有序结构形成之后如何变化等。

对于企业而言，Pfeffer 和 Salancik（1978）认为，环境变化的加速导致了企业间的相互依赖性质及其行为的交互特征，经过相互结合，能产生一种协同效应。在资源型企业形成的生态网络中，互相协作是进行更大的创新、解决更大的问题甚至获得更大业绩的前提条件。资源型企业在面临着绿色转型成长的任务时，更多的资源型企业组织正在从传统的竞争思维模式转变为合作模式。因为资源型企业不协作，即使拥有很强的技术能力和竞争优势，也很难降低其在成长过程中对生态环境的破坏。由竞争模式转变为合作模式的基础是信任和双方公平及具有建设性的处理难题以避免冲突的能力。企业网络内各成员企业努力为双方谋取利益，拥有大量共享的信息和知识，这样才能产生协同效应。

Burt（1992）认为，在经济活动的运作过程中，会形成一个产品交易以外的社会市场结构，成员在此网络结构中发展相互关系，并且交换或分享与组织有关的信息。Granovetter（1992）在论述企业时认为，企业的行为根植于网络之中，网络会影响企业行动的目的或方针，从而决定什么是最合适的、合理的战略行为。可能某些行为从传统的观点来看是非理性的，但如果将其放到网络中进行考虑，则可能是具有一定道理的。Gulati（1995）认为企业之间的紧密联系具有优势，因为网络中行为主体之间交往次数增加时，会变得更加熟悉，进而有利于形成双方的相互信任，容易产生更有力度的相互支持。Krackhardt（1998）认为当一个组织具有跨组织界限的长期友谊时，这种友谊能够帮助组织应对环境变化和各种不确定性的冲击，因此紧密联系有利于组织处理遇到的一些危机。因此，企业之间紧密联系的优势在于能够促进信任与合作，进而有利于组织或个人获取更多高质量的信息和默会知识。

资源型企业在生态网络中与其他行为主体发生互动，形成紧密的关系，会为避免政府的环境规制和社会公众舆论的压力而互相在成长过程中提供支持并共享信息和知识，在整个生态网络中形成协同效应，对资源型企业绿色转型成长提供支持。

基于以上分析，本书提出如下假设：

H9：生态网络中的协同效应绩效对资源型企业绿色转型成长绩效具有显著的正向影响

根据对典型资源型企业高层管理者的访谈及上文建立的概念模型，生态网络内的协同效应绩效是一个具有中介作用的变量，因此本书提出下列假设：

H10：生态网络中的协同效应绩效在资源型企业绿色转型能力与其绿色转型成长的关系中起中介作用

H10a：生态网络中的协同效应绩效在资源型企业战略洞察能力与其绿色转型成长的关系中起中介作用

H10b：生态网络中的协同效应绩效在资源型企业网络协调能力与其绿色转型成长的关系中起中介作用

H10c：生态网络中的协同效应绩效在资源型企业管理控制能力与其绿色转型成长的关系中起中介作用

H10d：生态网络中的协同效应绩效在资源型企业绿色创新能力与其绿色转型成长的关系中起中介作用

四、网络类型与资源型企业绿色转型成长绩效

系统科学认为，系统的性质取决于其要素的结构，在一个具有动态结构的系统中，结构的好坏直接是由要素之间的协调作用来体现的，系统的要素之间如果协调得不好，形成的结构就可能不是最优的，然而质量差一些的要素，如果能够协调得好，则很有可能形成一个优异的结构，从而形成质量较优的系统。在资源型企业所处的生态网络系统中，参与成员企业是该系统的构成要素，这些要素的数目的多寡以及要素之间的协调程度决定了生态网络系统质量的高低，也决定了生态网络的类型。

苏敬勤和刁晓纯（2009）在对产业生态网络模式及其适用性分析的研究中，通过聚类分析，把产业生态网络的模式分成四类，分类的依据是一体化和多元化的程度，其中多元化程度高且一体化程度低的为松散型，一体化和多元化都高的称为协同型，多元化程度低但一体化程度高的称为互动型，一体化和多元化双低的称为自主型（如表6-1所示）。

表 6 - 1　产业生态网络模式及其特征

模式	信息共享	合作时间	交易方式	投入资源	合作内容数量	合作内容差异	成员数量	成员差异
协同型	较高	略短	稳定	专用性强	较多	较大	较多	略小
互动型	较高	略短	稳定	专用性强	较少	较小	较少	略大
自主型	较低	略长	动态	专用性弱	较少	较小	较少	略大
松散型	较低	略长	动态	专用性弱	较多	较大	较多	略小

注：引自苏敬勤和刁晓纯的研究资料。

在资源型产业生态网络中，网络的建立大都是围绕着区域内最大的资源型企业的产业链的延伸，因此在建立的初期，一直都是在一体化上下功夫，其后会慢慢在多元化上下功夫，因此上述分类方法为本书的研究提供了思想启迪，但本书不按照这个方法进行分类。本书从网络的开放性和封闭性的视角进行分类，把具有开放性的资源型企业生态网络称为柔性生态网络，把具有封闭性的资源型企业生态网络称为刚性生态网络。

王缉慈（2003）认为集群企业网络结构过于封闭可能会导致网络结构的僵化从而失去活力，这种效应称为锁定效应，它会阻碍集群网络与外来资源和信息的交流，使得关系密集的网络内存在大量的信息冗余，缺少新信息的获取。张青等（2010）认为，资源型企业群落中成员企业通过长期稳定的供求关系，逐步形成健全的供应链网络和良好的合作关系，从而使得彼此都不愿更换合作伙伴，久而久之，形成基于"资源"纽带的封闭性很强的群落，而且还有可能不断自我强化，体现出一定的网络刚性。Grabher（1993）将企业网络锁定效应分为三类，一是功能性锁定，即锁定本地企业间的关系；二是认知锁定，即认为将会有周期性低迷的长期倾向；三是政治锁定，即保留原有传统产业结构的很强的制度组织，影响到本地的内生潜力和创造力的发挥。在资源型企业网络中，过度的资源依赖使成员企业即使技术来源多样化，也会容易出现技术同构，相互锁定，技术学习基本上基于"资源"类技术，从而限制了技术多样化的发展，技术保持、传播及共享也是基于"资源"范畴，难以有较大突破，进而使得网络体现出较强的"资源"刚性。一旦网络刚性现象出现，从绿色转型能力的操作层面的维度来看，将对资源型企业的网络协调能力和管理控制能力产生影响，进而影响协同绩效和成长绩效。因此，生态网络的刚性和柔性两种不同类型将对资源型企业生态网络中的协同效应绩效和资源型企业绿色转型成长绩效产生不同的影响。

基于以上分析，本书提出假设如下：

H11：资源型企业生态网络的不同类型（刚性或柔性）在网络协调能力与网络内的资源型企业绿色转型成长绩效的关系中具有显著的调节作用

H12：资源型企业生态网络的不同类型（刚性或柔性）在网络协调能力与网络内的协同效应绩效的关系中具有显著的调节作用

H13：资源型企业生态网络的不同类型（刚性或柔性）在管理控制能力与网络内的资源型企业绿色转型成长绩效的关系中具有显著的调节作用

H14：资源型企业生态网络的不同类型（刚性或柔性）在管理控制能力与网络内的协同效应绩效的关系中具有显著的调节作用

通过前述研究的分析，本章得到了 5 组共 14 个假设，汇总如表 6 – 2 所示。

表 6 – 2　本章研究假设汇总

第一组假设：绿色转型能力与资源型企业绿色转型成长绩效的关系 　H1：战略洞察能力对资源型企业绿色转型成长绩效有显著的正向影响 　H2：网络协调能力对资源型企业绿色转型成长绩效有显著的正向影响 　H3：管理控制能力对资源型企业绿色转型成长绩效有显著的正向影响 　H4：绿色创新能力对资源型企业绿色转型成长绩效有显著的正向影响
第二组假设：绿色转型能力与网络协同效应绩效的关系 　H5：战略洞察能力对资源型企业生态网络内协同效应绩效有显著的正向影响 　H6：网络协调能力对资源型企业生态网络内协同效应绩效有显著的正向影响 　H7：管理控制能力对资源型企业生态网络内协同效应绩效有显著的正向影响 　H8：绿色创新能力对资源型企业生态网络内协同效应绩效有显著的正向影响
第三组假设：网络协同效应绩效与资源型企业绿色转型成长绩效的关系 　H9：生态网络中的协同效应绩效对资源型企业绿色转型成长绩效具有显著的正向影响
第四组假设：网络协同效应绩效的中介作用 　H10：生态网络中的协同效应绩效在资源型企业绿色转型能力与其绿色转型成长的关系中起中介作用

续表

第五组假设：网络类型的调节作用
H11：资源型企业生态网络的不同类型（刚性或柔性）在网络协调能力与网络内的资源型企业绿色转型成长绩效的关系中具有显著的调节作用
H12：资源型企业生态网络的不同类型（刚性或柔性）在网络协调能力与网络内的协同效应绩效的关系中具有显著的调节作用
H13：资源型企业生态网络的不同类型（刚性或柔性）在管理控制能力与网络内的绿色转型成长绩效的关系中具有显著的调节作用
H14：资源型企业生态网络的不同类型（刚性或柔性）在管理控制能力与网络内的协同效应绩效的关系中具有显著的调节作用

表6-2的相关假设表明，资源型企业拥有越高的绿色转型能力，则越能获得与合作伙伴的协同效应绩效，同时也享有更高的绿色转型成长绩效，即资源型企业绿色转型能力对绿色转型成长绩效的影响机制是通过影响网络协同效应绩效来实现的。事实上，相关学者的研究也论述网络能力与企业竞争优势的关系，如Collins和Hitt（2006）就直接地论述了企业良好的关系能力将创造相对于其他企业的竞争优势，支持了本研究的理论逻辑。

第四节　实证检验

根据上文所提出的研究模型，本节将进行数理实证分析和检验。本研究的研究对象是西北地区黄河上游经济带三省区的资源型企业，具体的样本选取方法和数据获取途径与第五章一致，不再赘述。

首先进行模型涉及的变量设置和问卷设计，然后构建概念模型的结构方程模型，收集数据，运用AMOS17.0软件对模型进行辨识、评价和修正，最后对结果进行分析与讨论。

一、研究方法

1. 变量设置

本章涉及的主要变量包括被解释变量——资源型企业绿色转型成长绩效，

解释变量——资源型企业绿色转型能力，中介变量——网络协同效应绩效，调节变量——资源型企业生态网络类型。这些变量都较难量化测定，因此，在研究过程中对这些变量均采用 7 级李克特量表打分法处理，其中数字 1—5 依次表示从完全不同意向完全同意过渡，其中 3 为中间态度。

（1）被解释变量

资源型企业绿色成长绩效是对资源型企业在绿色转型中活动效率和效果的总体评价。在以往的文献中，专门针对资源型企业的研究并不多见，那么在对资源型企业绿色转型成长绩效的评价研究中，由于涉及因素的复杂性和多样性，目前学术界尚没有公认的关于资源型企业绿色转型成长的指标体系。但是，对企业成长概念的操作化研究有不少文献，可以从中找到一些启示。

张玉利和任学锋（2001）认为企业成长是一个动态过程，是通过创新、变革和强化管理等手段积累、整合并促进资源增值进而追求企业持续发展的过程。因此，企业成长包括"质"和"量"两个方面，由于"质"的方面不容易识别并加以衡量，很多的研究都倾向于使用定量的、客观的财务工具作为衡量企业的成长性的指标，并不包括那些定性的反映"质"的指标。在评价指标的选择中，不少学者都认为使用多个指标来测量不利于模型的构建和理论的发展，因此都主张使用统一的指标来衡量企业的成长情况，于是一些单一指标经常被研究者所采用，其中比较常用的以销售额的增长或一定年限内的销售额的增长作为指标来衡量。其中，使用销售额增长衡量企业成长绩效最为常见。然而这种被极度简化的衡量方法具有极大的缺陷，因为单一指标不可能全面准确地反映企业成长情况，更不能反映企业成长的影响因素，如果企业的长期目标不一样，那么这种简化的测量工具就显得有失偏颇。因而，越来越多的学者认识到，衡量企业的成长应该兼顾"质"和"量"，即主观和客观相结合的标准，因此更多的研究者倾向于用多种指标来测量企业的成长，因此评价企业的成长应该用包括财务指标和非财务指标。

Kaplan 和 Norton 于 1996 年提出了平衡计分卡的概念，这是一种将企业战略目标与企业绩效驱动因素相结合、动态实施企业战略的多维度评价的指标体系。充分考虑到了企业可持续发展的需求，有效弥补了传统观点中重视短期财务绩效的不足，从而将单一财务指标与非财务指标有机地进行结合，通过财务、顾客、内部业务流程、学习与成长四个维度更加全面、客观地对企业成长进行综合评价。

同时，也有研究者用企业的竞争优势反映企业的成长，Schulte（1999）在其博士论文中对企业竞争优势进行了详尽的研究。他以竞争优势发展序列的视角将竞争优势分为三个维度：效率、功能和持续性。效率主要是从成本角度来考虑企业的行为；功能则主要从企业获得资源的角度来研究资源对竞争优势的影响；持续性是主要从客户、供应商以及企业专有知识角度来研究企业竞争优势的持续问题。通过竞争优势的获取帮助企业实现成长。

然而，多因素测量的好处是能够做到比较全面、客观，但这样做的缺点也是比较明显的，即重点不突出，很多因素在操作中起到了一定的干扰作用。因此，并不存在公认的和最好的测量企业成长的测量方法，尤其在我们国家，由于受到经济处于转型发展时期背景的复杂性和社会发展水平的不平衡等诸多因素的影响，衡量标准的选择就应该更加慎重。由此可见，想找到一套对于所有行业和各类规模的企业都行之有效的、通用的衡量标准，在实证研究中是非常困难的，对特定类型的企业尤其是资源型企业成长绩效更是如此。

在本书中，借鉴了上述文献的思路以及前文的相关内容。在参考 Desrochers（2000，2002）对工业共生现象的历史演化研究，Ehrenfeld 和 Gertler（1997），Korhonen 等（1999），Boons 等（1999）以及 Schwarz 等（1997）对产业生态网络的研究，苏敬勤和刁晓纯（2009）的相关研究后，本书认为资源型企业的绿色转型成长绩效可以用四个自评得到的指标来衡量：①资源环境绩效，即资源的使用效率的提高及污染物排放的降低；②经济绩效，即成本的降低和附加值的提升；③商业绩效，即树立资源型企业绿色形象及开发新的产品和市场；④社会层面的绩效，在资源型企业周边不再是堆积如山的废弃物，而是形成了景观环境，改善了工作质量，能够吸引更多的人前来就业。这四个维度不仅仅相对于主要竞争对手，还有企业承担的社会责任。结合对典型资源型企业高层管理者的访谈结果，根据本研究的目的，我们把资源型企业绿色转型成长绩效的衡量通过以上四个方面来进行设置问卷（如表6－3所示）。

表6-3　资源型企业绿色转型成长绩效的测度

资源型企业绿色转型成长绩效衡量指标	题　项	来源及依据
资源环境绩效	1. 企业对资源的利用效率有明显提高 2. 企业环境污染物的排放有明显降低	Desrochers（2000，2002），Ehrenfeld J. 和 Gertler N.（1997），Korhonen 等（1999），Boons 等（1999），Schwarz 等（1997），苏敬勤和刁晓纯（2009）
经济绩效	1. 企业降低了生产环节的资源投入成本 2. 企业降低了废弃物产生后的处理及管理成本 3. 企业获得了由副产品及废弃物流动所产生的附加值	
商业绩效	1. 企业的绿色形象得到了认可 2. 企业对资源及伴生资源进行了精深开发并有了市场	
社会绩效	1. 企业提供了更多就业机会 2. 企业周边环境得到改善，逐步形成了景观环境	

（2）解释变量

本书的解释变量是资源型企业绿色转型能力，沿用第五章构建并经过检验的量表来进行测度，此处不再赘述。

（3）中介变量

在概念模型中已经阐述过，本书的中介变量是资源型企业生态网络中协同效应绩效。生态网络内的协同效应绩效首先受到外部环境的影响，包括资源的约束情况，市场的变动，政府的支持程度等。伴生资源种类越多，品位越好，越能决定产业链上的分工与协作，第三章曾经论述，中国矿产资源的一个典型特征就是伴生资源种类较多；市场变化对企业的商业格局将发生影响，市场越稳定，越不利于企业的合作；政府的积极支持则有助于企业的合作。对网络的协同效应，有不少学者已经论述得比较充分。对于生态型的企业网络，不少学者从复杂网络系统的研究视角进行了探索。Cohen-Rosenthal（1996）认为，企业之间的副产品交换和能量的梯级利用只是产业生态网络的一个组成部分，而更加广泛的合作存在于材料、交通、人力资源、信息沟通、社区生活质量、能源、营销、环境健康和生产安全8个领域和48个子项的相互作用。因此，资源型企业生态网络内有较为充分的合作机会，也会发挥无可限量的协同效应。Wallner 和 Narodoslawsky（1980）认为产业生态网络关联联系之间，网络与外部环境进行着物质、商品、能量、信息、文化、人口和资金的交换，在资源稀缺的情况下，生态网络内的不同行为主体之间进行着不同程度的竞争与合作，形成和发展了产业生态网络的关联关系。事实上，产业生态网络中的这些关联关系的不断演化即能够产生协同效应。而 Wallner（1999）通过模仿自然生态系统认为，产业生态网络的结构应该具备一定的多样化和紧密合作的交互特性，从而保障产业生态网络能够吸引更多的投资，创造更多的就业机会并适应环境的动态变化。苏敬勤和刁晓纯（2009）认为，产业生态网络的结构决定了产业生态网络功能的发挥。系统论认为，系统越复杂，则系统越稳定，在网络中，单一的结构将造成激烈的竞争，Staber（2001）认为，当同行业出现激烈竞争时，该产业集群衰退是必然的。因此，资源型企业生态网络的协同效应的取得，与生态网络的结构、相互行为作用、面临的外部环境、副产品交换及能量梯级利用的情况等有直接的关系。根据以上分析，本研究拟构建主观评价性的指标题项对其进行测度（如表6-4所示）。

表6-4 资源型企业生态网络协同效应绩效测度

资源型企业生态网络中的协同效应绩效衡量指标	题项	来源及依据
网络的外部环境	1. 企业面临的市场是动态变化的 2. 政府对企业的支持力度较大	Cohen - Rosenthal（1999），Wallner 和 Narodoslawsky（1980），Wallner（1999），Staber（2001），张青等（2010）
网络的结构	1. 网络内企业呈现多元化的格局 2. 网络内企业的互补性较强	
网络内企业的行为	1. 企业对外界的信息敏感性强 2. 企业能够在网络中吸收新知识	

（4）调节变量

本研究的调节变量是资源型企业生态网络的类型。从现有的文献来看，对企业网络类型的判别还没有成熟的办法。其中，对企业创新网络的分类方面，Gilsing 和 Nooteboom（2005）的做法是利用名义测度，也就是通过专家和研究者对此进行简单的判定，其依据的是"一个网络更多地关注探索性学习还是利用性学习"。而对产业生态网络，苏敬勤和刁晓纯（2009）曾以网络内企业的多元化和一体化为依据，把产业生态网络分为松散型、协同型、互动型和自主型。然而，对于资源型企业生态网络，一旦资源型企业面对的环境是静态稳定的，那么资源型企业能够通过对自然资源的获取而获得较高的利润，则没有动力去参与网络中的互动，而且，在网络中，资源型企业将可能根据以往的惯例将关系固定化，如此一来，Visser 和 Boschma（2004）认为，资源型企业将引起本地锁定效应，从而使得资源型企业陷入旧知识高度冗余和新知识严重匮乏的境地。另外，资源型企业是以资源地点固定为基本特征，张青等（2010）认为，以资源型企业为中心集聚了相关生产要素，区域的相对封闭性造成资源与机会的有限，外来人口少，资源型企业生态网络内的成员会形成一种相互纠缠的亲情网络，于是很少更换上下游企业及其他合作伙伴，从而导致关系的锁定。Mayer（2008）认为，先前的关系会导致企业在目前的合同中使用以前合同中使用过的相同的应急计划，从而缺乏对环境变化作出适应调整，影响资源型企业对外部冲击的抵抗力。因此本研究根据二分法，把资源型企业生态网络分为刚性和柔性两种类型，把具有开放性的资源型企业生态网络称为柔性的，把具有封闭性的资源型企业生态网络称为刚性的。

本研究根据探相关研究结论，并结合调研访谈的结果，从企业面临的环境的不确定性、学习的方式及企业惯例三个方面来对资源型企业所处的生态网络进行判别。具体测度题项如表6-5所示。

表6-5　资源型企业生态网络类型的测度

资源型企业生态网络类型的衡量指标	题项	来源及依据
环境因素 企业惯例	1. 企业面临环境是动态变化的 2. 企业能够对合作伙伴做动态评估和重新选择 3. 企业的组织学习有广泛性和探索性	苏敬勤、刁晓纯（2009） Visser、Boschma（2004） 张青等（2010） Mayer（2008）

判别研究对象的类别归属通常使用哑元变量，因此在本研究中，也将采用哑元变量来对资源型企业生态网络类型进行判别。具体的做法是这样的，对上述的所有合格的判别题项的得分进行简单的算术平均，如果该平均数值大于或等于3，则将该资源型企业所处的生态网络判定为柔性生态网络，此时将哑元变量赋值为1；否则，如果该数值小于3，则判定为柔性创新网络，并将哑元变量赋值为0。

（5）控制变量

由于资源型企业具有以资源地点固定的特征，规模越大，年龄越大，在本地的关系越多，因此本研究选择资源型企业规模和企业年龄作为控制变量，在研究剔除这些因素对资源型企业绿色转型绩效的影响。

Wernerfelt 和 Montgomerg（1988）认为企业规模对企业的绩效具有重要的影响，同样会对资源型企业的绿色转型绩效具有影响。因此，在对资源型企业生态网络中的资源型企业的绿色转型绩效进行研究的时候，应该将企业规模作为控制变量。同样企业的年龄对创新水平也具有影响，也应该进行控制。

在本研究中，参考其他研究的做法，以资源型企业的员工总数和近两年的平均销售额作为企业规模的测度，同时以资源型企业从成立至 2011 年间的时间作为企业年龄的测度。

2. 问卷设计

本研究变量的设置与最终调查问卷的形成，与第五章验证性因子分析研究中使用的方法是完全一致的，并使用同一张问卷，不同的是本章的研究中将增加样本数量，此处不再赘述。

3. 方法描述

本研究主要通过结构方程模型的方法来检验根据图 6 - 3 提出的研究概念模型中提出的假设 H1，H2，H3，H4，H5，H6，H7，H8，H9 以及 H10。具体分析工具将选用软件 AMOS17.0，模型拟合的评价指标将选用卡方（χ^2）对自由度（df）的比值、Tucker - Lewis 指数（TLI）、比较拟合指数（CFI）、估计误差均方根（RMSEA）等。具体的方法描述在本书第五章已经提及，此处不再赘述。

同时，本研究将运用多元回归分析的方法来分析生态网络类型的调节作用，具体分析工具将选用软件 SPSS17.0。

二、基于结构方程的模型检验

1. 数据分析

（1）样本描述

在对假设进行检验的研究中，仍然使用与第五章的资源型企业绿色转型能力验证性因子分析相同的一张问卷，并进一步进行问卷调查，把获得问卷样本扩充至 210 份。邱皓政（2005）认为，样本容量低于 100 时，几乎所有的 SEM 分析都是不稳定的。本研究样本容量符合适用结构模型进行估计的最低样本容量的要求。

关于样本分布详细描述见第五章。数据的正态分布是应用极大似然法对构建的结构方程模型进行估计的基本要求，可以通过检验相关变量的偏度和峰度值进行确认。一般认为，样本数据满足中值与中位数相近，偏度小于 2，峰度小于 5，即可认为是正态分布。利用 SPSS17.0 软件对样本数据的分析结果表明，各变量的偏度和峰度均达到上述要求，整体符合正态分布。

（2）相关分析

在构建结构方程模型前，首先对结构方程涉及的所有变量进行简单相关分析。结果显示（如表 6 - 6 所示），战略洞察能力、网络协调能力、管理控制能力、绿色创新能力与网络协同效应绩效和资源型企业绿色转型成长绩效之间有显著的正向相关关系。

表 6 - 6　模型中变量之间的相关关系

	企业年龄	企业规模	战略洞察能力	网络协调能力	管理控制能力	绿色创新能力	协同效应绩效	绿色转型成长绩效
企业年龄			**		*		**	**
企业规模	0.565 **							
	0.000							
战略洞察能力	0.542 **	0.395 **						
	0.000	0.000						
网络协调能力	0.258 **	0.319 **	0.290 **					
	0.000	0.000	0.000					
管理控制能力	0.355 **	0.392 **	0.220 **	0.596 **				
	0.000	0.000	0.000	0.000				
绿色创新能力	0.326 **	0.335 **	0.252 **	0.558 **	0.652 **			
	0.000	0.000	0.000	0.000	0.000			
协同效应绩效	0.193 **	0.257 **	0.156 **	0.374 **	0.419 **	0.409 **		
	0.001	0.000	0.006	0.000	0.000	0.000		
绿色转型成长绩效	0.260 **	0.270 **	0.104	0.367 **	0.384 **	0.347 **	0.546 **	
	0.000	0.000	0.066	0.000	0.000	0.000	0.000	

注：** ——Correlation is significant at the 0.01 level （2 - tailed）.

（3）效度检验

与上一章的研究思路一样，通过因子分析来检验资源型企业网络协同效应绩效和资源型企业绿色转型成长绩效的构思效度。首先，对作为被解释变量的资源型企业绿色转型成长绩效的9个题项和作为中介变量的资源型企业生态网络协同效应绩效的6个题项进行合并按照主成分法抽取因子，并使用方差最大方法进行旋转，进行因子提取，然后进行分析。其次，为了后面的结构方程模型分析更为简练并提高分析的准确度，对资源型企业绿色转型成长绩效的9个题项和资源型企业生态网络协同效应绩效的6个题项分别进行因子分析，分别按照主成分法抽取因子，并使用方差最大方法进行旋转，提取它们的因子。

同样地，在因子分析之前，需要对样本进行KMO测度和Bartlett球体检验，结果如表6-7所示。

表6-7　资源型企业绿色转型成长绩效和网络协同效应绩效

样本的KMO和Bartlett球体检验

KMO and Bartlett's Test		
Kaiser – Meyer – Olkin Measure of Sampling Adequacy.		0.808
Bartlett's Test of Sphericity	Approx. Chi – Square	7205.058
	df	105
	Sig.	.000

从表中数据可以看出，样本的KMO值为0.808，超过了0.8，且Bartlett统计值显著异于0，适合进一步做因子分析。把210份问卷的样本进行因子分析，共提取了两个因子，方差贡献率为80.896%，也超过了80%。结果如表6-7所示，在表中，因子载荷低于0.2的给予了省略，另外，为与第五章的表述一致，此处题项部分仍使用简写。

表6-8　绿色转型成长绩效和网络协同效应绩效的因子分析结果（N=210）

题项	描述性统计		因子载荷	
	均值	标准差	1	2
绿色转型成长绩效1	3.4429	1.14460	0.839	
绿色转型成长绩效2	3.4714	1.17047	0.846	
绿色转型成长绩效3	3.4905	1.19104	0.892	
绿色转型成长绩效4	3.4810	1.19493	0.886	
绿色转型成长绩效5	3.4714	1.17455	0.890	
绿色转型成长绩效6	3.3810	1.12714	0.835	
绿色转型成长绩效7	3.4143	1.15944	0.834	
绿色转型成长绩效8	3.4619	1.16199	0.853	
绿色转型成长绩效9	3.4619	1.17428	0.850	
网络协同效应绩效1	3.3619	1.22669		0.958
网络协同效应绩效2	3.3667	1.22722		0.954
网络协同效应绩效3	3.4095	1.19565		0.940
网络协同效应绩效4	3.4286	1.20093		0.942
网络协同效应绩效5	3.3238	1.18196		0.947
网络协同效应绩效6	3.3286	1.18267		0.945

从表6-8的结果来看，所有题项的标准差都大于1，而且各个题项的因子的载荷都大于0.5（最大值为0.958，最小值为0.834），符合统计要求，因此本次数据通过效度检验。

为简化分析，下面分别对资源型企业绿色转型成长绩效和网络协同效应绩效进行效度检验。表6-9和表6-10分别表示了两个变量的KMO测度和Bartlett球体检验结果。

表6-9　资源型企业绿色转型成长绩效样本的KMO和Bartlett球体检验

KMO and Bartlett's Test		
Kaiser - Meyer - Olkin Measure of Sampling Adequacy.		0.816
Bartlett's Test of Sphericity	Approx. Chi - Square	3630.600
	df	36
	Sig.	0.000

表6-10　网络协同效应绩效样本的 KMO 和 Bartlett 球体检验

KMO and Bartlett's Test		
Kaiser – Meyer – Olkin Measure of Sampling Adequacy.		0.806
Bartlett's Test of Sphericity	Approx. Chi – Square	3572.999
	df	15
	Sig.	0.000

从以上两个表中数据可以看出，样本的 KMO 值均超过了 0.8，且 Bartlett 统计值显著异于 0，适合进一步做因子分析。

按照变量设置中的分析，资源型企业绿色转型成长绩效从四个方面设置了 9 个题项，网络协同效应绩效从三个方面设置了 6 个问题，因此对上述两个变量分别按照 4 个因子和 3 个因子固定提取因子。分析结果如表6-11 和6-12 所示。

表6-11　绿色转型成长绩效的因子分析结果（N＝210）

题项	因子载荷1	因子载荷2	因子载荷3	因子载荷4
绿色转型成长绩效1	0.261	0.304	0.835	0.343
绿色转型成长绩效2	0.298	0.267	0.834	0.347
绿色转型成长绩效3	0.882	0.288	0.248	0.257
绿色转型成长绩效4	0.883	0.288	0.237	0.257
绿色转型成长绩效5	0.876	0.292	0.228	0.274
绿色转型成长绩效6	0.344	0.865	0.283	0.217
绿色转型成长绩效7	0.339	0.866	0.259	0.249
绿色转型成长绩效8	0.332	0.259	0.341	0.826
绿色转型成长绩效9	0.321	0.236	0.371	0.824

表6-12　网络协同效应绩效的因子分析结果（N＝210）

题项	因子载荷1	因子载荷2	因子载荷3	
网络协同效应绩效1	0.457	0.462	0.759	
网络协同效应绩效2	0.452	0.449	0.769	
网络协同效应绩效3	0.408	0.812	0.412	
网络协同效应绩效4	0.418	0.808	0.410	
网络协同效应绩效5	0.810	0.413	0.415	
网络协同效应绩效6	0.815	0.413	0.406	

根据因子分析的结果，资源型企业绿色转型能力绩效中的四个因子的方差累积贡献率达到了98%，网络协同效应绩效的三个因子的方差累积贡献率达到了97%，在因子载荷中，每个因子都有超过 0.5 的载荷，且没有出现载荷平均的情况。分析结果与题项设置的维度划分完全一致，因此，上述数据通过了效度检验，也为下一步的分析奠定了基础。

（4）信度检验

本书第五章已经对资源型企业绿色转型能力的信度和效度进行了检验，因此下一步仅对资源型企业生态网络协同效应绩效和资源型企业绿色转型成长绩效进行信度检验和效度检验。

首先，通过计算知识转移绩效和创新绩效的题项与总体相关系数（CITC），并计算每个变量的一致性系数即 Cronbach's α 的值，以评价上述两个变量测度出来的信度。与此同时，通过观测删除每一个题项后一致性系数的变化方向，以确定是否可以删除某些题项以提高整体信度。

对资源型企业生态网络协同效应绩效和资源型企业绿色转型成长绩效做信度检验，其结果如表 6 – 13 所示。

表 6 – 13　资源型企业绿色转型成长绩效和网络协同效应绩效的信度检验

变量名称	题项	CITC	删除该项后的 Cronbach's α	Cronbach's α
资源型企业绿色转型成长绩效	绿色转型成长绩效 1	0.803	0.953	0.957
	绿色转型成长绩效 2	0.809	0.952	
	绿色转型成长绩效 3	0.857	0.950	
	绿色转型成长绩效 4	0.850	0.950	
	绿色转型成长绩效 5	0.853	0.950	
	绿色转型成长绩效 6	0.799	0.953	
	绿色转型成长绩效 7	0.799	0.953	
	绿色转型成长绩效 8	0.819	0.952	
	绿色转型成长绩效 9	0.814	0.952	
网络协同效应绩效	网络协同效应绩效 1	0.838	0.922	0.937
	网络协同效应绩效 2	0.830	0.923	
	网络协同效应绩效 3	0.822	0.925	
	网络协同效应绩效 4	0.812	0.926	
	网络协同效应绩效 5	0.789	0.929	
	网络协同效应绩效 6	0.786	0.929	

观察表 6 - 13 可以看出，所有的题项与总体相关系数（CITC）都大于 0.35，而且所有变量的一致性系数都是大于 0.7 的。然后进一步观测每个变量的一致性系数变化方向，发现删除任何一个题项都不会显著提高一致性系数。综上所述，上述数据通过了信度检验。

2. 初始模型结构

根据研究假设和概念模型，可以在 AMOS17.0 中构建结构方程模型如图 6 - 4 所示。在该图中，为简化模型，按照上一章对资源型企业绿色转型能力的划分的 4 个维度以及 11 个子维度，并把资源型企业绿色转型成长绩效按照上文效度检验时换分的 4 个维度，网络协同效应绩效划分为 3 个维度，进行绘制模型。

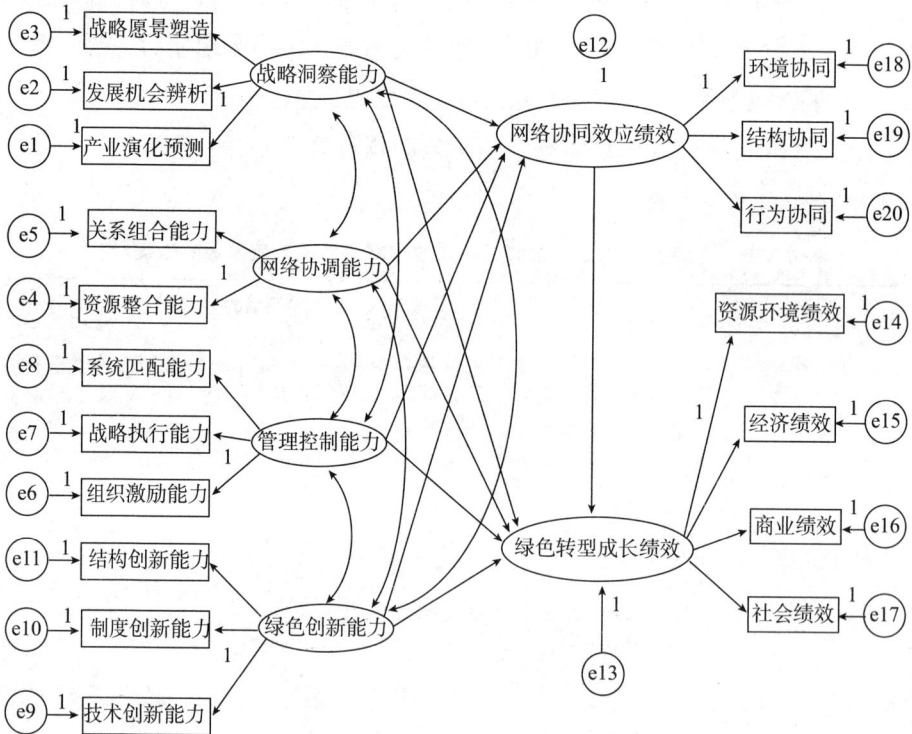

图 6 - 4　初始结构方程模型

3. 模型拟合分析

利用 AMOS 软件 17.0 对已构建的初始结构方程模型进行分析，可以得到拟合结果如表 6 - 14 所示。

从表中可以看出，本章的结构模型的卡方值为229，自由度112，χ^2/df 值大于2而小于3，RMSEA 的值为0.071，小于0.08，但大于0.05。同时，CFI 为0.984，TLI 为0.978，均大于0.9。对比第五章提到的对结构方程模型评价的拟合指数，绝对拟合指标中的才可在可接受范围内，RMSEA 可以接受；而两个相对拟合指标（CFI 和 TLI）均在拟合接受范围内。综合以上的拟合指标结果，说明初始的结构模型能够通过检验。

然而，根据测量方程中与路径系数对应的 C. R. 值均大于1.96 的参考值的要求，在模型中，路径"绿色创新能力→网络协同效应绩效"不具有统计显著性。另外，控制变量企业年龄和企业规模都在模型中不显著，原因可能是资源型企业的进入门槛较高，一般的资源型企业规模都不小，即使是在某地新成立的企业，也基本上都是某个大型集团的子公司。

因此，从拟合结果来看，虽然从指标上模型是可以接受的，但通过修正还可以得到更好的拟合结果。

表6-14　绿色转型能力对资源型企业绿色转型成长绩效的拟合结果

路径	标准化路径系数	C. R.	P
网络协同效应绩效←战略洞察能力	0.379	3.603	* * *
网络协同效应绩效←网络协调能力	0.506	7.412	* * *
网络协同效应绩效←管理控制能力	0.173	3.086	* * *
网络协同效应绩效←绿色创新能力	-0.028	1.280	0.201
绿色转型成长绩效←战略洞察能力	0.272	3.677	* * *
绿色转型成长绩效←绿色创新能力	0.169	4.168	* * *
绿色转型成长绩效←网络协同效应绩效	0.264	3.878	* * *
绿色转型成长绩效←管理控制能力	0.307	4.280	* * *
绿色转型成长绩效←网络协调能力	0.154	4.261	* * *
$\chi^2 = 229$	$df = 112$	$\chi^2/df = 2.04$	
$TFI = 0.978$	$CFI = 0.984$	$RMSEA = 0.071$	

4. 模型调整与修正

在修正结构方程模型时，AMOS 软件内给出了修正指数 MI，事实上，在本模型内能够直接看出路径"绿色创新能力→网络协同效应绩效"不具有统计显著性，因此，在修正模型时给予直接删除，而后进行拟合。拟合结果如表6-15 所示，修正后的模型如图6-5 所示。

表 6 – 15 修正后的结构方程拟合结果

路径	标准化路径系数	C. R.	P
网络协同效应绩效←战略洞察能力	0.253	3.603	***
网络协同效应绩效←网络协调能力	0.597	7.412	***
网络协同效应绩效←管理控制能力	0.133	3.086	0.002
绿色转型成长绩效←战略洞察能力	0.278	3.944	***
绿色转型成长绩效←绿色创新能力	0.116	3.477	***
绿色转型成长绩效←网络协同效应绩效	0.335	3.168	0.002
绿色转型成长绩效←管理控制能力	0.133	3.478	***
绿色转型成长绩效←网络协调能力	0.146	3.280	0.002
$\chi^2 = 296.4$	$df = 112$	$\chi^2/df = 2.646$	
$TFI = 0.968$	$CFI = 0.976$	$RMSEA = 0.089$	

把表 6 – 13 与表 6 – 14 相对比可以看出，修正后的模型比初始模型的精度要低，拟合效果较弱，此时可以通过 AMOS17.0 软件中 MI 指数进行继续修正，由于上述结果属于可接受范围，本书不再继续修正。

另外，在测量方程中，与路径系数相对应的 C. R. 值均大于参考值 1.96，代表本研究的全部路径在 $p < 0.05$ 的水平上具有统计显著性，根据表中数据，绝大部分路径都在 $p < 0.001$ 的水平上具有统计显著性，只有三条路径在 $p < 0.002$ 的水平上具有统计显著性。

根据上述研究通过检验的确定模型，可以判断前面提出的假设成立情况：

（1）战略洞察能力对资源型企业绿色转型成长绩效的影响是本研究的第五个假设。战略洞察能力到绿色转型成长绩效的标准化路径系数为 0.278，由于该路径系数对应的 C. R. 值为 3.944，显然具有统计显著性，说明了战略洞察能力对资源型企业绿色转型成长绩效具有显著的正向影响，据此可判断本研究的假设 H1 成立。

（2）网络协调能力对资源型企业绿色转型成长绩效的影响是本研究的第六个假设。网络协调能力到绿色转型成长绩效的标准化路径系数为 0.146，该路径系数对应的 C. R. 值为 3.280，表明在 0.002 的水平上具有统计显著性，可认为网络协调能力对绿色转型成长绩效具有显著的正向影响，因此本研究的假设 H2 成立。

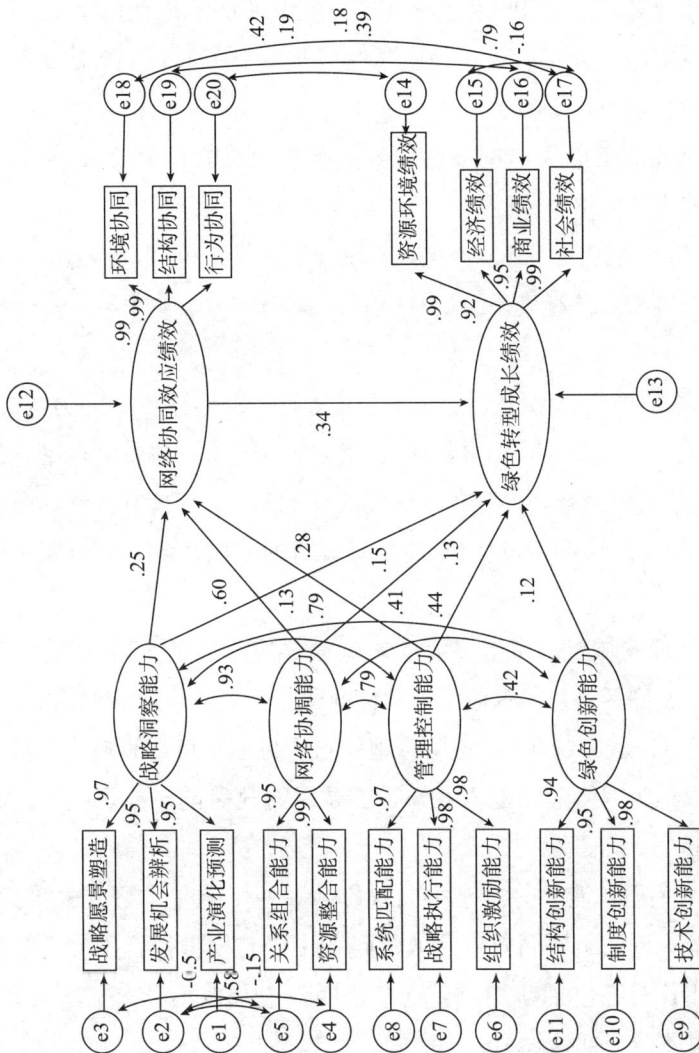

图 6-5　修正后的绿色转型能力对资源型企业绿色转型成长作用绩效模型

（3）管理控制能力对资源型企业绿色转型成长绩效的影响是本研究的第七个假设。管理控制能力到绿色转型成长绩效的标准化路径系数为 0.133，由于该路径系数对应的 C. R. 值为 3.478，显然具有统计显著性，说明管理控制能力对资源型企业绿色转型成长绩效具有显著的正向影响，因此可判断本研究的假设 H3 成立。

（4）绿色创新能力对资源型企业绿色转型成长绩效的影响是本研究的第八个假设。绿色创新能力到绿色转型成长绩效的标准化路径系数为 0.116，由于该路径系数对应的 C. R. 值为 3.477，在 0.001 的水平上具有统计显著性，说明了绿色创新能力对绿色转型成长绩效具有显著的正向影响，因此，可判断本研究的假设 H4 成立。

（5）战略洞察能力对网络协同效应绩效的影响是本研究的第一个假设。战略洞察能力到网络协同效应绩效的标准化路径系数为 0.253，由于该路径系数对应的 C. R. 值为 3.603，因此具有统计显著性，可以认为战略洞察能力对网络协同效应绩效具有显著的正向影响，基于此，可以判定本研究的假设 H5 成立。

（6）网络协调能力对网络协同效应绩效的影响是本研究的第二个假设。由拟合结果可以看出，网络协调能力到网络协同效应绩效的标准化路径系数为 0.597，该路径系数对应的 C. R. 值为 7.412，显然具有统计显著性，说明网络协调能力对网络协同效应绩效具有显著的正向影响，可判断本研究的假设 H6 成立。

（7）管理控制能力对网络协同效应绩效的影响是本研究的第三个假设。管理控制能力到网络协同效应绩效的标准化路径系数为 0.133，由于该路径系数对应的 C. R. 值为 3.086，说明管理控制能力在 0.002 的水平上具有统计显著性，可以认为网络运作能力对知识转移具有显著的正向影响，因此可判断本研究的假设 H7 成立。

（8）绿色创新能力对网络协同效应绩效的影响是本研究的第四个假设。绿色创新能力到网络协同效应绩效的路径由于与模型拟合不够而被删除，因此在研究中认为绿色创新能力对网络协同效应绩效不具有显著的正向影响，据此可判断本研究的假设 H8 不成立。

（9）网络协同效应绩效的中介作用是本研究的第九个假设，并包含了四个子假设。综合以上的结论，根据对中介效应的检验方法的有关研究结论，网络协同效应绩效在战略洞察能力、网络协调能力和管理控制能力与资源型企业绿色转型成长绩效的关系中起到显著的中介作用（部分中介作用），因此可判断本研究的假设 H9 成立，H10a、H10b 和 H10c 成立。而由于绿色创新能力对网络协同效应绩效不存在显著的正向影响，因此网络协同效应绩效在绿色创新能力与绿色转型成长绩效的关系中不存在中介作用，由此可判断本研究的假设 H10d 不成立。

三、对调节作用的检验

在对生态网络类型的调节作用的检验中，本研究运用多元回归的分析方法进行检验，以确定生态网络类型对绿色转型能力与网络协同效应绩效和绿色转型成长绩效之间关系的调节作用，分析工具使用 SPSS17.0，使用哑元变量来判断资源型企业生态网络类型的归属。

作为研究的第一步，将检验本研究设置的三个判别题项的信度和效度。表 6-16 给出了信度检验的结果。

表 6-16 资源型企业生态网络类型的信度检验

题 项	CITC	删除该项后的一致性系数	Cronbach's α
1. 企业面临环境是动态变化的	0.741	0.830	0.866
2. 企业能够对合作伙伴做动态评估和重新选择	0.771	0.815	
3. 企业的组织学习有广泛性和探索性	0.774	0.789	

从表中数据可知，三个题项的 CITC 值都超过了 0.35，一致性系数超过了 0.8，并且删除任何一个题项都不能使整体一致性系数增加，因此三个题项的一致性较好。继续对上述判别题项作效度分析，发现三个题项的因子载荷都超过了 0.8，累积方差贡献率也大于 80%，KMO 测度值为 0.813，超过了 0.8，显著性水平为 0.000，因此，三个题项都通过了信度和效度检验。

研究的第二步是对资源型企业生态网络进行分类，本研究用三个题项的算术平均值作为判断资源型企业所处的生态网络的类型，若该题项的数值大于 3，则将该资源型企业所处的生态网络认为是柔性生态网络，并将哑元变量赋为 1；若该数值小于等于 3，则将该资源型企业所处的生态网络认为是刚性网络，并将哑元变量赋为 0。

根据上述分类原则，在本研究获取的 210 个样本中有 119 个资源型企业属于刚性生态网络，占比为 56.7%；有 91 个资源型企业属于柔性生态网络，占比为 43.3%。两类生态网络的资源型企业数量相差不大。

研究的第三步是判别两组样本之间的差异性，在本书使用单因素方差分析进行检验两组样本是否存在显著的差异，根据前述内容，分别检验两组样本的资源型企业的年龄、近两年的平均销售额以及员工数量进行方差齐次性和样本均值有无显著差异。分析结果分别如表6-17和表6-18所示。

表6-17　两种类型生态网络内资源型企业的方差齐次性检验

检查项	Levene 统计值	自由度1	自由度2	显著性概率
员工数量	0.450	4	204	0.772
近两年销售额	0.911	4	204	0.458
资源型企业年龄	1.776	4	204	0.137

表6-18　两种生态网络类型内资源型企业的方差分析

项目	自由度	F 值	显著性概率
员工数量	208	1.213	0.299
近两年销售额	208	0.174	0.677
资源型企业年龄	208	1.899	0.170

在表6-17、表6-18中可以看出，各个指标的统计显著性概率都大于0.05，表明两组样本具有方差齐次性，且均值没有显著性差异，可以进行进一步的分析。

1. 资源型企业生态网络类型在绿色转型能力与网络协同效应绩效中的调节作用

根据研究模型，首先对属于刚性生态网络的样本进行分析，以网络协同效应绩效为被解释变量，以战略洞察能力、网络协调能力、管理控制能力和绿色创新能力为解释变量，建立回归模型。回归模型分析结果如表6-19所示。

表6-19　刚性生态网络对网络协同效应绩效的调节作用的回归分析

自变量及常数项及拟合指标	非标准化系数		标准化系数	T 值	显著性水平	VIF 值
	B	标准差	β			
常数项	-0.132	0.128		-1.032	0.303	
战略洞察能力	0.272	0.063	0.256	4.348	0.000	5.685
网络协调能力	0.198	0.062	0.538	8.974	0.000	5.884
管理控制能力	0.357	0.043	0.189	4.609	0.000	2.752
绿色创新能力	0.005	0.032	0.004	0.159	0.874	1.275
模型统计量：						
D-W 统计量：1.905, $R^2 = 0.785$, 调整后 $R^2 = 0.872$, F = 358.404						

从表 6-19 的分析结果可以看出，战略洞察能力、网络协调能力和管理控制能力的回归系数均为正并且都显著异于 0，而绿色创新能力没有能够经过检验，从而没有进入回归方程，这表明在刚性生态网络中战略洞察能力、网络协调能力和管理控制能力的水平对生态网络协同效应绩效具有显著的正向影响，而绿色创新能力在刚性生态网络中对网络协同效应绩效没有显著的正向影响。根据前文的分析，刚性生态网络内关系固定性强，旧知识冗余而新知识不足，新知识进入网络的过程复杂而艰难，而且，绿色创新尤其是绿色技术的创新具有典型的双外部性，有了绿色技术创新的资源型企业在刚性网络中是很不愿意共享的，因此这个结论恰好证明了前述理论的正确性。

检查各个回归系数的大小，可以发现管理控制能力的系数值最大，战略洞察能力次之，网络协调能力最小，这说明了在刚性生态网络中，管理控制能力对网络协同效应绩效的影响最大，而网络协调能力对网络协同效应绩效的影响最小。

在回归方程的三个有效自变量的 VIF 值均大于 0 而小于 10，隐藏模型不存在多重共线性问题；DW 值大于 1.5 且小于 2.5，隐藏回归模型不存在序列相关的问题；通过对模型进行深入分析，可检验得知模型不存在异方差问题。同时，模型在统计上是显著的，说明以上结论具有一定的稳定性。

然后对属于柔性生态网络的样本进行分析，同样以网络协同效应绩效为被解释变量，以战略洞察能力、网络协调能力、管理控制能力和绿色创新能力为解释变量，建立回归模型。回归模型分析结果如表 6-20 所示。

表 6-20　柔性生态网络对网络协同效应绩效的调节作用的回归分析

自变量及常数项及拟合指标	非标准化系数		标准化系数	T 值	显著性水平	VIF 值
	B	标准差	β			
常数项	-0.095	0.116		-0.820	0.413	
战略洞察能力	0.318	0.054	0.307	5.942	0.000	3.532
网络协调能力	0.381	0.058	0.369	6.581	0.000	4.157
管理控制能力	0.177	0.064	0.169	2.772	0.006	4.941
绿色创新能力	0.156	0.067	0.153	2.332	0.021	5.696
模型统计量：						
D-W 统计量：1.803，$R^2 = 0.845$，调整后 $R^2 = 0.842$，F = 279.573						

根据表 6-19 的分析结果，战略洞察能力、网络协调能力、管理控制能力和绿色创新能力的回归系数都为正且显著异于 0，表明在柔性生态网络中战略洞察能力、网络协调能力、管理控制能力和绿色创新能力的水平对网络协同效应绩效具有显著的正向影响。检查各个回归系数的大小，同样可以发现网络协调能力的系数值最大，战略洞察能力次之，管理控制能力较小，绿色创新能力最小，这说明了在柔性生态网络中，网络协调能力对网络协同效应绩效的影响最大，而绿色创新能力对网络协同效应绩效的影响最小。值得注意的是，管理控制能力在 P=0.006 的显著性水平上成立，而绿色创新能力在 P=0.021 的显著性水平上成立，满足了显著性 P=0.05 的要求。

通过运用同样的方法来检查回归分析结果，发现回归模型也不存在多重共线性、序列相关和异方差问题，而且回归模型在统计上是显著的，从而说明了结论具有一定的稳定性。

综合以上两次回归分析的结论，可以看出资源型企业生态网络的类型在绿色转型能力与网络协同效应绩效之间的关系中具有调节作用。在刚性生态网络中，管理控制能力对网络协同效应绩效的影响大于网络协调能力对协同效应绩效的影响，而在柔性生态网络中，网络协调能力对网络协同效应绩效的影响大于管理控制能力对协同效应绩效的影响。这说明生态网络类型在网络协调能力与资源型企业网络协同效应绩效间有调节作用，在管理控制能力与资源型企业生态网络协同效应绩效间有调节作用。因此，本书的假设 H12 和 H14 得到了验证。

2. 资源型企业生态网络类型在绿色转型能力与绿色转型成长绩效中的调节作用

对属于刚性生态网络的样本进行分析，以资源型企业绿色转型成长绩效为被解释变量，以战略洞察能力、网络协调能力、管理控制能力和绿色创新能力为解释变量，建立回归模型。回归模型分析结果如表 6-21 所示。

表 6 - 21　刚性生态网络对绿色转型成长绩效的调节作用的回归分析

自变量及常数项及拟合指标	非标准化系数		标准化系数	T 值	显著性水平	VIF 值
	B	标准差	β			
常数项	− 0. 251	0. 163		− 1. 536	0. 126	
战略洞察能力	0. 383	0. 066	0. 270	4. 300	0. 000	3. 987
网络协调能力	0. 199	0. 072	0. 429	6. 244	0. 000	2. 673
管理控制能力	0. 348	0. 054	0. 188	3. 658	0. 000	4. 750
绿色创新能力	0. 147	0. 040	0. 129	3. 712	0. 000	1. 218
模型统计量：						
D - W 统计量: 2. 021, $R^2 = 0.797$, 调整后 $R^2 = 0.793$, F = 200. 702						

根据表 6 - 21 的分析结果，战略洞察能力、网络协调能力、管理控制能力和绿色创新能力的回归系数都为正且显著异于 0，表明在刚性生态网络中战略洞察能力、网络协调能力、管理控制能力和绿色创新能力的水平对资源型企业绿色转型绩效具有显著的正向影响。由检查模型中回归系数的大小可知，战略洞察能力和管理控制能力的影响要大于其他两个能力。

通过检查回归分析结果，发现回归模型也不存在多重共线性、序列相关和异方差问题，而且回归模型在统计上是显著的，从而说明了结论具有一定的稳定性。

分析属于柔性生态网络的样本，同样以资源型企业绿色转型成长绩效为被解释变量，以战略洞察能力、网络协调能力、管理控制能力和绿色创新能力为解释变量，建立回归模型。回归模型分析结果如表 6 - 22 所示。

表 6 - 22　柔性生态网络对绿色转型成长绩效的调节作用的回归分析

自变量及常数项及拟合指标	非标准化系数		标准化系数	T 值	显著性水平	VIF 值
	B	标准差	β			
常数项	− 0. 315	0. 172		− 1. 835	0. 068	
战略洞察能力	0. 375	0. 064	0. 359	5. 834	0. 000	3. 533
网络协调能力	0. 308	0. 065	0. 296	4. 715	0. 000	3. 674
管理控制能力	0. 238	0. 056	0. 225	4. 278	0. 000	2. 586
绿色创新能力	0. 173	0. 041	0. 151	4. 226	0. 000	1. 198
模型统计量：						
D - W 统计量: 1. 939, $R^2 = 0.781$, 调整后 $R^2 = 0.776$, F = 182. 402						

根据表6－21的分析结果，战略洞察能力、网络协调能力、管理控制能力和绿色创新能力的回归系数都为正且显著异于0，表明在柔性生态网络中战略洞察能力、网络协调能力、管理控制能力和绿色创新能力的水平对资源型企业绿色转型绩效具有显著的正向影响。由检查模型中回归系数的大小可知，战略洞察能力和网络协调能力的影响要大于其他两个能力。

检查回归分析结果，回归模型也不存在多重共线性、序列相关和异方差问题，而且回归模型在统计上是显著的，从而说明了结论具有一定的稳定性。综合以上分析，可知研究的假设H11和H13也是成立的。

第五节　结果与讨论

一、实证研究结果

由以上研究可以得出本书的假设验证情况，汇总如表6－23所示。

表6－23　绿色转型能力对资源型企业绿色成长绩效的影响机制的假设验证情况汇总

假设序号	假设内容	验证情况
H1	战略洞察能力对资源型企业绿色转型成长绩效有显著的正向影响	支持
H2	网络协调能力对资源型企业绿色转型成长绩效有显著的正向影响	支持
H3	管理控制能力对资源型企业绿色转型成长绩效有显著的正向影响	支持
H4	绿色创新能力对资源型企业绿色转型成长绩效有显著的正向影响	支持
H5	战略洞察能力对资源型企业生态网络内协同效应绩效有显著的正向影响	支持
H6	网络协调能力对资源型企业生态网络内协同效应绩效有显著的正向影响	支持
H7	管理控制能力对资源型企业生态网络内协同效应绩效有显著的正向影响	支持
H8	绿色创新能力对资源型企业生态网络内协同效应绩效有显著的正向影响	不支持
H9	生态网络中的协同效应绩效对资源型企业绿色转型成长绩效具有显著的正向影响	支持
H10a	生态网络中的协同效应绩效在资源型企业战略洞察能力与其绿色转型成长的关系中起中介作用	支持
H10b	生态网络中的协同效应绩效在资源型企业网络协调能力与其绿色转型成长的关系中起中介作用	支持
H10c	生态网络中的协同效应绩效在资源型企业管理控制能力与其绿色转型成长的关系中起中介作用	支持
H10d	生态网络中的协同效应绩效在资源型企业绿色创新能力与其绿色转型成长的关系中起中介作用	不支持

续表

假设序号	假设内容	验证情况
H11	资源型企业生态网络的不同类型（刚性或柔性）在网络协调能力与网络内的资源型企业绿色转型成长绩效的关系中具有显著的调节作用	支持
H12	资源型企业生态网络的不同类型（刚性或柔性）在网络协调能力与网络内的协同效应绩效的关系中具有显著的调节作用	支持
H13	资源型企业生态网络的不同类型（刚性或柔性）在管理控制能力与网络内的绿色成长绩效的关系中具有显著的调节作用	支持
H14	资源型企业生态网络的不同类型（刚性或柔性）在管理控制能力与网络内的协同效应绩效的关系中具有显著的调节作用	支持

根据假设的验证情况，可以对研究模型进行修正，如图 6-6 所示。

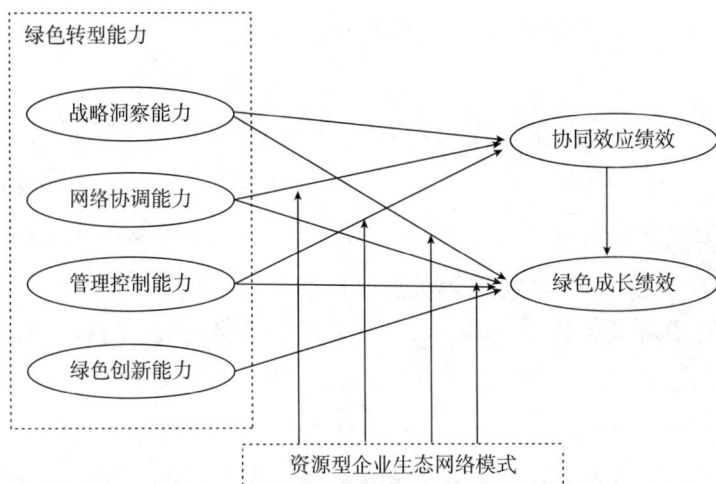

图 6-6　绿色转型能力对资源型企业绿色转型成长作用的修正模型

二、对研究结果的讨论

本章实证部分研究了资源型企业绿色转型能力对资源型企业绿色转型成长绩效的作用机理，结果表明，绝大多数假设得到了验证，但也有 2 个假设没有得到验证。本节对上述研究进行讨论。

在资源型企业形成的生态网络中，由于整个产业集群是基于自然资源的基础发展起来的，一般情况下，网络内产业结构较为单一，这种现实往往会造成网络成员之间的活动关系较差，不能突出反映网络所应该具有的互补性和网络性的特点，而过分凸显了专业性，网络内主导的基于供应—需求的关系形式缺乏与网络内其他行为主体的相互合作和协调。在资源压力越来越大，生态环境破坏越来越严重的今天，资源型企业实现绿色转型成长的呼声也就越来越高，在绿色转型成长的过程中，成就资源型企业的绿色转型能力，强化合作与协调就显得异常重要。在本次研究中，结合对典型资源型企业高层管理者的访谈结果和当前青海、甘肃和宁夏地区的资源型企业发展实际，本研究的结论是具有一定合理性的。

在研究中，绿色转型能力对资源型企业的绿色转型成长是有显著影响的。事实上，很多关于网络能力对企业绩效的实证分析都表明，企业的网络能力对企业获取好的绩效有显著的正向影响。例如 Ritter（1999），Ritter 等（2002），Moller 和 Halinen（1999），Hagedoorn 等（2006）等学者的研究都有同样的结论。在企业网络中，企业可以通过改善创新网络的网络范围（Cummings，2004）、联结密度（Ahuja，2000），企业与合作伙伴的联结强度（Levin 和 Cross，2004）、联结久度（Dhanaraj 和 Parkhe，2006）等措施来提高企业的绩效。这些措施正是企业与网络内其他行为主体进行合作和协调的途径和手段，对这些措施的不断完善和加强，才能使得企业与网络内其他行为主体之间产生协调效应。对于资源型企业而言，由于其生产过程中排放的废弃物具有破坏生态环境的特点，因此需要在与诸如科研机构、金融机构、培训机构和行业协会等主体强化合作的同时，还要与产业链纵深方向的其他资源型企业强化协调和合作，因此，资源型企业与网络内其他行为主体之间的协同程度如何，对资源型企业绿色转型成长影响巨大，因此本研究认为网络协同效应绩效起到了资源型企业绿色转型能力和资源型企业获得绿色转型成长绩效之间的中介作用。

结构方程实证研究表明，路径"绿色转型成长绩效←网络协同效应绩效"的标准化系数为 0.335，说明了在资源型企业绿色转型成长过程中，资源型企业在网络内协同效应对其实现绿色转型成长具有极大的作用。在资源型企业绿色转型能力各个维度中，每个能力维度对资源型企业的网络协同效应绩效的获取影响是不一样的。路径"网络协同效应绩效←网络协调能力"的标准化系数最大，达到了 0.597，说明了资源型企业的网络协调能力对资源型企业在生态网络内获取协同效应绩效的影响最大，资源型企业网络协调能力包括关系组合能力和资源整合能力，这两种能力的组合对协同效应的影响，从直观感觉上也应该是比较大的。路径"网络协同效应绩效←战略洞察能力"的标准化系数为0.253，仅次于网络协调能力，说明战略洞察能力对资源型企业网络协同效应绩效的获取有较大的影响。战略洞察能力包含着战略愿景塑造、发展机会辨析和产业演化预测，起着对资源型企业未来成长的规划和指导作用，因此研究结论具有较好的逻辑解释力。路径"网络协同效应绩效←管理控制能力"的标准化系数为0.133，且在P=0.002的显著性水平上成立，这说明资源型企业管理控制能力对资源型企业在生态网络获取协同效应绩效中有正向影响，但影响较小。管理控制能力包括系统匹配能力、战略执行能力和组织激励能力，在直观上，这些能力应该对资源型企业取得网络协同效应影响很大，但实证结果却较小，一个可能的原因是，资源型企业在成长过程中，其最依赖的是自然资源，一旦资源较为充足，而市场也不疲软，此时如果政府方面在对资源型企业实施协同上并没有诱人的措施进行激励，这时资源型企业的很多管理目标一般是以短期利润为主的，因此在管理控制上就缺少了推动资源型企业获得更多协同效应绩效的动力。一个令人略感诧异的结论是，绿色创新能力对资源型企业协同效应绩效的获取没有影响，在初始模型中分析时甚至是负值。可能的原因有，一是前文已经述及，绿色创新尤其是绿色技术创新具有双外部性，一个资源型企业的创新很快就能在网络内共享，加之很多资源型企业技术稳定，工艺成形，在资源尚充裕时（本书研究的青甘宁地区的资源型企业所依赖的自然资源基本上是较为充裕的），因此，这些资源型企业在面对创新是相对保守的；二是资源型企业在长期的发展过程中，容易出现关系锁定的现象。Burt（1992）认为，关系锁定制约企业对创新机会的察觉能力，导致企业很难从其他渠道获取更多的信息，网络内虽然信息流动较大，但这种信息的冗余程度较高。符正平和曾素英（2008）也认为，在关系锁定时，企业可能面临获得新的创新的知识与信息的困难。邬爱其（2004）认为，本地化网络对企业的长期成长可能不利。因此，资源型企业实施绿色创新比较困难。

　　资源型企业绿色转型能力的四个维度对资源型企业绿色转型成长绩效都有正向影响。从实证的结果来看，战略洞察能力对资源型企业绿色转型成长绩效的影响最大，路径"绿色转型成长绩效←战略洞察能力"的标准化系数为 0.278，这说明对资源型企业绿色转型成长进行较好的且有前瞻性的规划、认真识别发展机会、预测产业演化并做好相应的应对计划是非常重要的；网络协调能力对资源型企业绿色转型成长绩效的影响仅次于战略洞察能力，路径"绿色转型成长绩效←网络协调能力"的标准化系数为 0.146。前面已经分析，网络协调能力对资源型企业获取网络内协同效应绩效的影响很大，而网络协同效应绩效是绿色转型能力与资源型企业绿色转型成长绩效之间的中介变量，因此，网络协调能力对资源型企业绿色转型成长绩效的获取有较大的影响。管理控制能力对资源型企业绿色转型成长绩效也有一定的正向影响，路径"绿色转型成长绩效←管理控制能力"的标准化系数为 0.133，尽管有影响，但这个影响不算大，上文已经分析过，资源型企业在监管不严、网络运行不规范时，其管理会更多地倾向于短期利益，而不一定是长远的绿色转型成长。绿色创新能力对资源型企业绿色转型成长绩效也有正向的影响，路径"绿色转型成长绩效←绿色创新能力"的标准化系数为 0.116。前文已经论述，绿色创新是绿色发展的核心，而在实证中却出现了在绿色转型能力的四个能力维度中，绿色创新能力对资源型企业绿色转型成长绩效的影响最低的结论。事实上，根据对资源型企业的实地调研，资源型企业追求绿色转型成长是一个较为缓慢的过程，当前，国家刚提出绿色发展的概念不久，就想在资源型企业身上立即得到体现是不可能也不现实的。当前，很多资源型企业刚刚接受资源型企业要走绿色发展的道路的理念，但资源型企业成长的路径依赖决定了企业管理者还不会对资源型企业绿色转型成长的理念立即付诸实施。而且，在现实中，当前的资源型企业成长最主要靠的还是自然资源，多年的发展已经形成较为固定的技术工艺，对创新的需求并不像高技术企业那样迫切。因此，在实证中，绿色创新能力对资源型企业绿色转型成长绩效的影响较低。

网络协同效应绩效作为中介变量得到了证实。但由于绿色创新能力对资源型企业网络协同效应绩效没有正向影响，因此网络协同效应绩效对绿色创新能力与资源型企业绿色转型成长绩效之间没有中介作用。这里的原因，前面已有解释，就是因为绿色技术的双外部性，而使得资源型企业不愿将绿色创新进行分享。

资源型企业生态网络类型的调节作用也得到了证实。从回归分析的结果来看，战略洞察能力对协同效应绩效和资源型企业绿色转型成长绩效都有较高的影响，但战略是对资源型企业整个绿色转型成长过程的总体规划，肯定会有较大的影响，这是很明显的符合逻辑的结论，因此本研究没有将网络类型对战略洞察能力与网络协同效应绩效和绿色转型成长绩效的调节作用作为假设，而将操作性的能力维度列为假设。

刚性生态网络中，相比柔性生态网络，其中的关系更加固定化，整个网络也有略显僵化的状况，因此各个企业对现有关系的管理，以及加强自身管理控制以强化现有关系就成为协调网络内活动的一条主线，因此，在刚性网络内管理控制能力对网络协同效应绩效和绿色转型成长绩效的影响就显得较大一些。而对于柔性生态网络而言，由于资源型企业面临着较多的关系可以选择（在本研究调研的柔性生态网络，大多是园区正在规划和建设，政府在大力引导，外来企业入园的情况较多，还不是成熟的柔性网络），因此资源型企业的关系组合能力以及对网络资源的整合能力就显得非常重要，因此，网络协调能力是此种情况下资源型企业对关系管理、信息分享和知识学习的重要途径，对网络协同效应绩效和绿色转型成长绩效的影响也就较大了。

在操作性能力中，绿色创新能力显得比较特殊，对网络协同甚至具有负的影响，对资源型企业的绿色转型成长绩效影响也不如其他能力维度更大。在资源型企业生态网络中，存在着大量的专用性资产。Williamson（1991）认为资产专用性是指一种资产被其他使用者用于其他用途而不牺牲其生产价值的程度，而刚性的资源型企业生态网络则强化了资源型企业的资产专用性。Lundvall（1988）认为，产业链上的知识共享是企业创新的重要来源，但在资源型企业网络中类似的技术共享与创新受制于上下游企业间的技术迎合，则不利于技术的跃迁，创新能力将会受到限制，因此，现阶段在资源型企业生态网络内，高水平的创新不足，低层次的模仿和吸收利用较多。另外，Arrow（1962）曾指出，大量的竞争性企业在空间上的集聚，会导致技术和信息的泄露，从而削弱集群企业的创新动机。因此，在当前，绿色创新能力对资源型企业网络协同效应绩效没有影响，对资源型企业绿色转型成长绩效的影响程度也很弱，这个结论符合现实情况，同时是留给我们一个值得深思的问题。

通过本章的实证研究，证实了相关研究假设，对不支持的部分研究假设则留下了更多思考和启发。

第七章　资源型企业绿色转型成长
的生态管理模式研究

前文对资源型企业绿色转型能力与绿色转型成长绩效进行了实证研究，阐明了其中的作用机理，对相关研究假设进行了验证。然而，在资源型企业发展中，什么因素能够为资源型企业的绿色转型能力提升提供保障作用呢？本研究认为，资源型企业的管理模式相当重要，因为如果资源型企业在绿色转型过程中仍然沿袭以往的传统管理模式，则必然使得绿色转型成长成为一句空话，而且也不可能形成其绿色转型能力，所以必须要找到与绿色转型成长相匹配的管理模式，即生态管理模式。管理理念的更新能够对企业产生很大的影响，资源型企业实施生态管理模式将对绿色转型成长起到促进作用。

本章的结构安排是，首先探讨资源型企业绿色转型成长生态管理的必要性，其次论述资源型企业生态管理的内涵及理论框架，最后论述资源型企业生态管理的模式及研究启示。

第一节　资源型企业绿色转型成长生态管理的必要性

资源型工业发展进程近年来大大加快，在为人类积聚了大量财富的同时，资源型企业从自然生态系统中无偿或低偿地索取资源，并将生产和消费过程中未被有效利用的大量副产品以污染物或废弃物的形式排放给了自然系统，形成了大量的环境问题。这种粗放型发展方式，一方面导致了自然资源的严重浪费，致使自然资源的内在价值降低，同时给地方经济发展带来了较大的影响；另一方面也导致环境污染加剧，这与当前发展潮流及可持续发展理念是背道而驰的。王如松（2003）认为造成这种现象的实质是资源代谢在时间、空间尺度上的滞留或耗竭，系统耦合在结构、功能关系上的破碎和板结，社会行为在经济和生态管理上的冲突和失调。此种情况下，引起了人们对资源型企业能否真正实现可持续发展的反思。当前，有较多的研究成果认为资源型企业应当进行转型发展。然而，刘纯彬（2009）指出简单转型的观点强调资源型企业退出，而强调新兴企业的培育替代作用，强调资源型工业为转型先导和突破口，并更加注重转型后的经济效益。显然，这样的企业转型发展既忽视了资源型企业发展的连续性，也忽视了在经济落后而自然资源富集的地区充分利用当地的自然资源优势发展经济的本能选择。因此，理论思考和科学研究需要进一步向前推进。

近年来，探讨资源型城市绿色转型的研究逐渐增多。太原市在制定实施绿色转型草案时指出，绿色转型是指以生态文明建设为主导，以循环经济为基础，以绿色管理为保障，发展模式向可持续发展转变，实现资源节约、环境友好、生态平衡，人、自然、社会和谐发展。这为探索资源型企业的可持续发展提供了启示。在研究资源型城市绿色转型的文献中，有学者认为，绿色转型的核心内容是从传统发展模式向科学发展模式转变，就是由人与自然相背离以及经济、社会、生态相分割的发展形态，向人与自然和谐共生以及经济、社会、生态协调发展形态的转变。并且在企业层面，与一般的转型相比，绿色转型更强调对资源型企业绿色改造，强调新兴企业绿色升级，强调配合三大产业同步绿色化构建，并进一步要求转型后的生态环境及自然资源效益。这为资源型企业的可持续发展描绘了一个美好蓝图，然而王如松（2003）的研究指出中国环境污染与生态环境破坏问题的症结在于管理问题。

因此资源型企业绿色转型成长战略如何实施，生态工业的发展何去何从等深层次问题仍然困扰着资源型企业的可持续发展。理论界提倡的解决之道是建设生态工业园区，构建生态企业网络，实施企业生态管理。但实践中的资源型企业关系复杂多样，参与成员各具特色，互动的方式更是涉及工业代谢、市场交换、战略联盟等不同形式。针对这些纷繁复杂的表现形式，如何将资源型企业生态管理落实到资源型企业绿色转型成长的实处，切实提高资源型企业的绿色转型能力成为企业管理者的现实困惑。为此，认真分析和研究资源型企业生态管理的内涵和理论框架，探讨资源型企业绿色转型的生态管理模式，将有助于资源型企业的经营管理者厘清思路，从而有力促进资源型企业顺利实现绿色转型成长。

第二节　企业生态管理的概念

在经济学和管理学的教科书中，一直传授着"追求股东回报，实现企业利润最大化"的企业管理思想，然而，这种管理思想体现在企业具体实践中，极其容易加速企业的生态环境的破坏。对于资源型企业而言，还将造成企业弃贫矿而采富矿的行为，直接导致自然资源的浪费和生态的污染。企业生态管理的思想正是学者们对生态环境遭到企业生产严重破坏现象的反思。在20世纪六七十年代，企业生态管理思想刚刚萌芽之时，生态管理的具体表现是一种应急式的环境管理，即末端治理。80年代兴起了清洁生产的企业管理理念，直接促进了从应急环境管理向工艺流程管理转变，通过控制污染物排放量的环境管理，从而减轻环境的源头压力。90年代兴起的产业生态管理将不同部门及地区之间的资源开发加工、流通消费和废弃物再生进行系统组合，优化了系统结构，从而提高了资源利用的生态效率。90年代末兴起的系统生态管理则通过动员全社会的力量来优化系统功能以实现资源的高效利用。之后，生态管理一直都是研究的热点问题。

目前，生态管理主要从两个方面进行研究：生态系统管理和生态化管理，国内学者大都着眼于管理的生态化研究。生态化管理并没有一个统一的概念，一般认为是将系统中的管理对象类比于生物界中的元素，管理主体则借鉴自然生态系统运行的方式进行管理整个系统，最终实现资源高效利用，废弃物循环再生，经济实现可持续发展。一直以来，专门针对资源型企业的生态管理的成果都不多见。因此本书根据资源型企业面临的任务和未来的发展方向，提出资源型企业生态管理的概念。

资源型企业生态管理是指资源型企业在发展成长的过程中，以系统观为指导，通过树立和坚持绿色转型成长的战略，以资源型企业生态网络为基本载体，整合网络内的资源，与网络内的其他行为主体做好协调与合作，充分吸收和利用网络内的各种有益知识，不断提高绿色转型能力，增强企业与网络的协同效应，使资源型企业在保持竞争优势和经济绩效的同时，不断优化资源环境绩效的一种管理。

第三节　资源型企业生态管理的内涵及其理论框架

对生态管理的理论探讨目前仍然处于一个发展期，但它已经引起了众多管理学家、经济学家、生态学家和社会学家的重视，从而能够促进生态管理理论在更深的层次上实现多学科的融合。目前，大部分学者认为生态管理理论是一门用生态学的观点来探讨组织与生态环境关系的新兴交叉边缘学科。生态管理不仅包括用借鉴生态学的方法来对组织进行管理，而且还应该包括对人与自然生态环境的关系进行管理，同时还包括对社会和文化生态的管理。专门针对资源型企业生态管理进行讨论的还不多见，因此有必要结合资源型企业的发展现实，对生态管理的理论基础、内涵和理论框架进行阐述。

一、资源型企业生态管理的理论基础

产业生态学是资源型企业生态管理的理论基础。产业生态学是在经济、文化和技术不断发展进步的前提下，从生物生态学的视角出发，充分借鉴生物生态学的有关概念、原理和方法等通过类比研究企业，从而有目的、合理地去探索和维护企业可持续发展的方法。尽管当前产业生态学仍处于进一步发展和完善当中，但产业生态学最基础的原理是物质循环使用、能源梯级利用，这个原理与资源型企业绿色转型成长的目标导向是完全一致的。通过对有关文献的梳理，可以发现产业生态学具有以下特性。

其一，产业生态学强调耦合共生。一是产品共生，根据既定资源和预期可能的中间产物或产品，构成多产品共生的反应路径，以使经济目标最优和废物排放最小，从而提高资源利用率，优化资源内在价值，其基本思想是通过改变经济活动的关联而减少环境影响；二是构建企业生态网络，在工业共生原理的指导下，各个企业不断链接，形成网状结构，其基本思想是区域企业成员以合作共生的方式减少环境问题。

其二，产业生态学强调资源的循环利用。这种理念的根本出发点是认为

在当今社会可持续发展中，主要的障碍是资源、能源和环境的有限性和人类社会需求增长的持续性。其基本思想是鼓励人们探索通过功能修复和局部更新、物理加工、化学反应、低物耗和低能耗的工艺等使资源在生产的输入端实现减量化，在生产过程中实现再利用，产物的归宿实现再循环。

其三，产业生态学强调系统整体性。从宏观上看，其研究的核心是企业系统与自然系统、经济社会系统之间的相互关系；从微观上看，它不仅考虑生产过程中某一个环节对环境的影响，而是综合考虑产品、工艺以及服务的整个生命周期对环境的影响。

其四，产业生态学强调着眼于未来，致力于发展的可持续。其基本思想是关注人类与生态系统的长远利益，追求经济效益、社会效益和资源环境效益的有机统一。

产业生态学的基本原理及特性决定了其能够作为资源型企业生态管理的理论基础。

二、资源型企业生态管理的内涵及原则

传统的资源型企业管理模式一直偏重于自然资源给企业带来的经济效益和片面社会效益而大干快上，忽视了资源的生态效益，只注重资源的经济成本而忽视了资源的生态成本，重点强调生产过程末端的环境管理而忽视整个系统的生态管理，致使资源型企业的负外部性大大增加，导致资源开发、生产、利用和排放等各关联企业因自身利益而推诿扯皮进而产生低效，不仅浪费了大量的宝贵资源而且还造成了严重的生态环境破坏。

资源型企业生态管理的思想是在反思传统资源型企业管理方式的基础上形成的。通过对产业生态学基本思想的借鉴，资源型企业生态管理的内涵就是在整体系统观的指导下，倡导将决策方式从线性思维转向系统思维，运用系统工程理论和企业生态学原理重组和设计企业生态系统资源流，将单一的生物环节、物理环节、经济环节和社会环节组装成一个强生命力的生态系统，从技术革新、制度创新和行为诱导入手，调节系统的主导性与多样性，开放性与自主性，灵活性与稳定性，为形成以生态企业循环链为基础的企业资源共生网络机制提供管理方法和政策保障，使生态学的竞争、共生、再生和自生原理得到充分体现，实现企业资源开发的经济效益、社会效益和生态效益

协调统一。

通过对资源型企业生态管理内涵的剖析，可以总结出实施生态管理要把握的以下原则：

一是系统整体性原则。由于传统的管理方式是以经济效益为主要目标，资源型企业对外排放废弃物是一种常见的行为，造成污染也不会承担责任，因此对环境的破坏越来越大。故而，资源型企业生态管理应注重把企业与环境看作一个系统整体，上下游企业之间形成一个系统，并协调其发展。

二是共生协同原则。系统结构决定系统行为，生态管理不再把资源物质流的全过程割裂开来，因此在整个系统内能够借鉴生物生态学的共生思想。资源型企业中的共生就是不同企业间的合作，通过这种合作，提高企业的生存能力和获利能力，同时通过这种共生实现资源节约和环境优化。并进一步使系统从原来的无序结构发展成为有序结构，或从一种有序结构转变为更好的另一种有序结构，实现系统的整体协同。

三是循环反馈原则。不管多么复杂的系统，都是由正反馈和负反馈组成的网络构成，所有的动态变化都是由这些反馈回路相互间的作用所引起的。其中，正反馈会使系统自我增强，负反馈会使系统自我调整。在自然生态系统中，正负反馈的均衡状态形成了高效稳定的循环体系，保障了系统的健康发展。需要注意的是，自然生态系统的循环体系是长期演化、被动选择的结果，而在生态管理中，不可能要经历很久的自然选择再去形成高效的循环体系，因此资源型企业生态管理更加注重在反馈过程中的主动学习，使知识弥漫于企业系统，进而构建资源型企业整个系统中的资源流良性循环机制。

四是绿色和谐原则。发展是一种渐近的、有序的系统发育和功能完善的过程。资源型企业生态管理充分认识到系统演替的目标在于功能的完善，而非结构或组分的增长。因此，不断探索生态管理的优化途径，通过节约资源、逐步提高资源的利用效率、改善环境质量，建设资源节约型、环境友好型和低碳导向型社会，进而保持经济效益、社会效益和资源环境效益的协调统一，促进资源型企业与自然的高度和谐。

三、资源型企业生态管理的理论框架

任何一种管理理论，都是特定的管理理念的外化和具体化，而任何一种

管理理念又都是建立在一定的人性假设基础上的。管理学的人性假设经历了"雇用人"、"经济人"和"社会人"假设之后，目前有不少研究从生态的视角提出了"生态人"假设。在此基础上，有学者指出，生态管理学的理论框架主要包括生态人类学、生态的管理和管理的生态化三方面的内容。生态人类学恰恰就是出于对"生态人"假设的重视，而生态管理中的"生态"不仅包括自然生态，而且还包括社会和文化的生态，围绕着人的整个生态系统的各个层面及其相互关系，管理的生态化则是将生态学的方法应用到具体的管理实践中去。显然，这是整个宏观生态管理的理论框架，具体到资源型企业，它只具有理论指导和思想启迪的作用，还不能运用到实践当中。本书针对资源型企业的生态管理实践，在"生态人"假设的前提下，以产业生态学理论为基础，提出其实施生态管理的理论框架（如图7-1所示）。

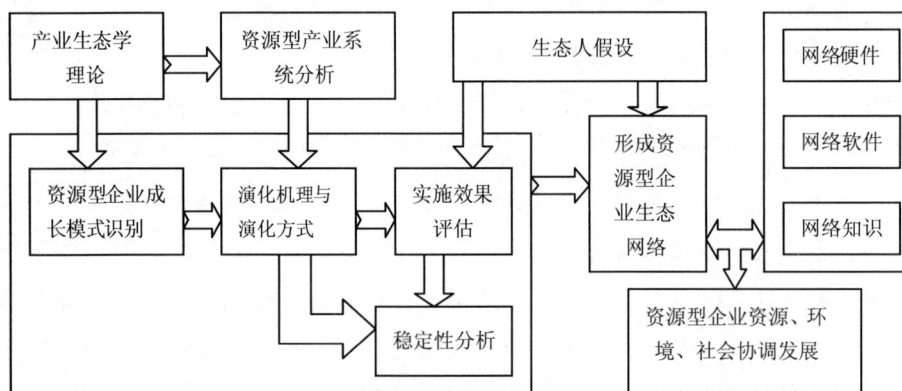

图7-1　资源型企业生态管理理论框架

在此理论框架中，资源型企业生态管理的运作载体是企业生态网络。前文已经述及，资源型企业生态网络是促进区域经济和环境协调发展的网络关联系统，具有规模经济的特征以及强大的凝聚力、辐射力和竞争力，其子系统包括副产品交换网络、环境资源外包网络和工业共生网络等。它的"源于企业，但不限于企业；依于园区，但不囿于园区"的组织特征，有利于生态网络拓扑结构的形成，从而具有突出的优势能肩负起资源型企业生态管理运作载体的重任。我们把资源型企业生态网络分成三个组成部分，即网络硬件、网络软件和网络知识，它们与资源型企业生态网络互相促进。其中网络硬件主要包括支持网络资源流动的各种设备和设施，网络软件包括管理者、调控网络运行的管理机制、方法和系统，以及支持网络运行的计算机软件，网络知识主要是系统循环反馈中形成的显在的和潜在的各种能促进整个生态网络良性发展的知识集合。由于企业发展比自然生态系统具有更多的主动选择，因此网络知识的有效运用在企业生态网络的发展中起着关键作用，对知识进行管理是实现资源型企业生态管理的有效途径。资源、环境、社会协调发展是资源型企业生态管理的核心所在，也是实施资源型企业生态管理的目的。

第四节　资源型企业绿色转型的生态管理模式

一、资源型企业绿色转型的概念模型

前文研究已经指出，资源型企业绿色转型本质上是其可持续发展的战略选择，该命题的提出具有强烈的时代背景。一方面，随着经济全球化和科学技术的迅猛发展，资源型企业赖以生存的市场环境发生了急剧的变化。市场环境的复杂性、动态性与不确定性，使资源型企业的原有优势变得短暂且不具有持久性。同时，我国经济体制正在发生改变，并致力于经济发展方式转变，产生了企业升级、企业转轨与跨国竞争等问题，这些现象说明资源型企业战略转型已迫在眉睫；另一方面，资源型企业传统的发展模式具有极大的负外部性，带来了较大的资源、环境压力，不具有可持续性。有研究表明，同 20 年前相比，我国的生态和环境问题已经发生了深刻变化，面临越来越复杂多样的污染格局和生态退化压力（中国科学院可持续发展战略研究组，2010）。因此资源型企业在探索可持续发展的道路上，不仅要实现发展的战略转型，而且这个转型应该是绿色的。

尽管资源型企业要实现可持续发展的理念早已深入人心，但对资源型企业绿色转型的研究成果却非常少见，其内涵也一直没有一个明确的、广为大家接受的界定。借鉴有关学者对资源型城市绿色转型的研究，我们认为资源型企业绿色转型的内涵是资源型企业在发展过程中为应对复杂多变的各类动态环境，通过重塑或重新关注生态环境、关联企业及其他社会机构的关系，尽可能减少其原有的负外部性，在谋求资源型企业自身未来可持续生存与发

展的同时，结合自身的资源和能力，使资源型企业发展战略内容或形态发生状态上的根本性变革的过程。因此，资源型企业绿色转型的内涵是动态的，在实施绿色转型期间，无论资源型企业所处的外部环境，还是企业内部资源与能力都在发生着变化，为应对内外环境的变化和实现发展与环境、社会等多赢局面而需要不断作出决策。事实上，资源型企业绿色转型是企业与系统内外变化着的各种环境不断对话的过程，在这一过程中各个企业基于长远发展的需要会对其战略内容进行重大调整，改变原来的资源投向，形成新的经营模式。资源型企业绿色转型具有什么样的特征，学术界还没有深入的研究，袁纯清（2010）对山西省资源型企业的新型工业化提出过六个方面的内容，笔者认为其适合作为资源型企业绿色转型的六大特征，即一是以信息化与工业化融合、从粗放能耗型增长到集约节能型为发展趋势；二是以科技进步、劳动者素质提高、管理创新为发展驱动；三是以全循环、抓高端为发展模式；四是资源消耗低、环境污染少、可持续的发展形态；五是投入产出比高、经济效益好、增长速度快的发展效益；六是落后生产力得到淘汰，先进生产力得到全面利用的发展目标。

分析以上六个特征，有四个是对资源型企业绿色转型的期望，可以看作是资源型企业绿色转型的理想化结果，用 I 表示。有一个特征描述了资源型企业绿色转型的发展模式，用 P 表示。另外一个特征描述了资源型企业绿色转型的三个驱动力，其中科技进步反映资源型企业绿色转型的广义技术水平，用 T 表示，之所以称为广义技术水平是因为资源型企业绿色转型还要受到结构、技术、政策等多种因素的综合影响，而非仅仅狭义上的单纯技术水平；劳动者素质提高代表资源型企业绿色转型中内部知识的提升，用 K 表示；管理创新代表资源型企业绿色转型中管理水平的持续改进，用 M 表示。这些字母所代表的变量都是时间 t 的函数，于是构建资源型企业绿色转型的概念模型如下：

$$I(t) = P(t) \times T(t) \times K(t) \times M(t) \tag{1}$$

对（1）式两边取对数，并对时间 t 求导：

$$\frac{\dot{I}(t)}{I(t)} = \frac{\dot{P}(t)}{P(t)} + \frac{\dot{T}(t)}{T(t)} + \frac{\dot{K}(t)}{K(t)} + \frac{\dot{M}(t)}{M(t)} \tag{2}$$

由（2）式可知，在资源型企业绿色转型实施期间，转型的效果受到发展模式、科技进步、企业内的知识提升及运用和管理水平的综合作用。理论上，资源型企业绿色转型可以从控制上述四个因素入手。但一般而言，资源型企业发展模式选择是战略管理的重要组成部分，企业内知识的提升和运用是资源型企业知识管理的重要组成部分，因此资源型企业绿色转型应该寄希望于管理和技术进步这两个活跃而又能动的因素上。这也暗合了许多专家学者在论述资源型企业的可持续发展时一再强调技术创新的观点。然而，正如 Norgaard（1994）所确认的："不可持续发展是技术超越社会组织变化的结果"，"激励与管制必须随着技术而演变"。因此在资源型企业绿色转型中，若一味追求技术创新而忽视管理，同样将造成资源型企业成长的不可持续性。

二、资源型企业实施绿色转型的生态管理模式

资源型企业绿色转型的生态管理模式是一个新的研究领域，当前这方面的研究成果还不多见。笔者认为，随着可持续发展理念逐渐普及，人们对资源环境压力逐步感同身受，社会公众对生态环境保护的意识越来越强。因此在实施生态管理过程中，把人作为"生态人"进行假定是符合现实的。而且传统的只注重企业的物理过程而忽视其生态过程，只重视产品的社会服务功能而忽视其生态服务功能，只注意企业的经济成本而无视生态成本，只强调过程末端的环境管理而忽视系统整体生态的分割式管理模式在现实中越来越行不通，因此有必要在相关理论的指导下构建一个新的生态管理模式，如图7-2所示。

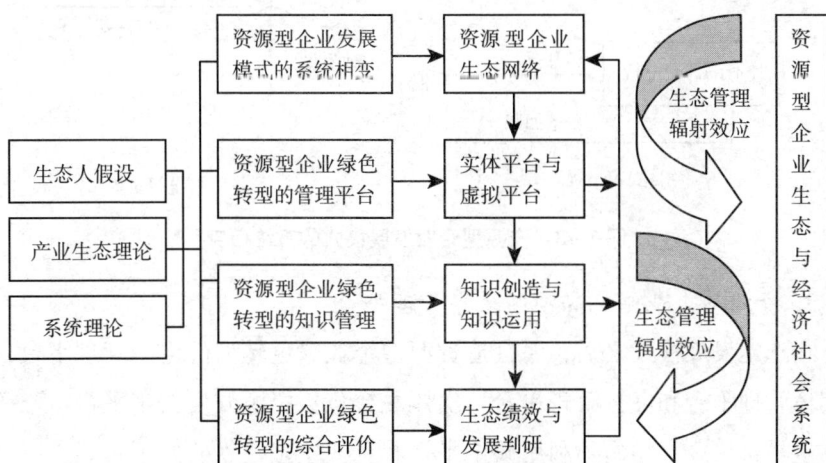

图7-2　资源型企业绿色转型生态管理模式

1. 资源型企业的发展模式的系统相变

资源型企业绿色转型生态管理的理论基础仍然是产业生态学，值得注意的是，在资源型企业实施绿色转型的过程中，正如 Ausubel（1997）所指出的，产业生态学已经超出原来仅限于工业园区内企业资源配置的界限，正向"区域副产品交换网络"的方向发展，这被描述为"虚拟"生态工业园或区域网络。这就意味着资源型企业绿色转型要求资源型企业在新的形势下从一种有序结构转变为另外一种有序结构，这是由自稳定状态向自重组状态跃迁的一种系统相变。在后一种结构里，资源型企业形成了一个资源型企业可持续发展生态网络，这种网络以工业园区循环网络体系为起点，是一个由政府、社区、科研机构、企业等多方利益相关者参与，进行有组织合作的注重经济、社会和环境平衡发展的系统。资源型企业的这种系统相变，更能体现企业生态学理论的基本原理及其特性，也更能体现资源型企业生态原理的基本原则，因此，从战略的角度来看，资源型企业可持续发展生态网络是资源型企业发展模式的必然选择。同时，资源型企业的系统相变也是系统思想和理论在资源型企业发展中的一个具体体现，图7-3给出了资源型企业发生系统相变的理论模型。

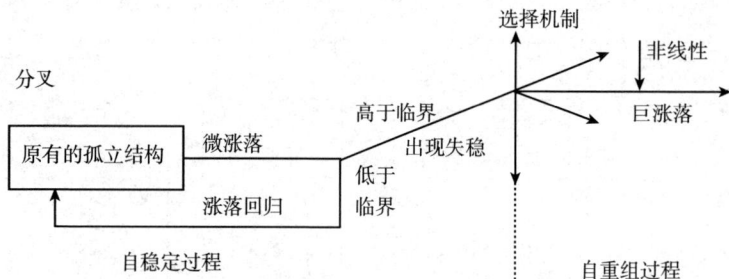

图7-3　资源型企业发展模式的系统相变

2. 资源型企业绿色转型的生态管理平台

在选定发展模式之后，要打造资源型企业绿色转型的生态管理平台，包括实体管理平台和虚拟管理平台。实体平台包括资源开发共生平台、资源利用共生平台、废弃物循环利用共生平台和企业生态技术研发平台。资源开发共生平台主要提供对资源开发利用的强度、速度和广度进行信息化生态管理服务，使资源开发符合资源可持续利用的要求；资源利用共生平台主要提供促进企业向资源循环共生模式转型的生态管理服务；废弃物循环利用交易平台主要提供废弃物资源化和无害化生态管理服务；企业生态技术研发平台负责提供逐步淘汰原有的末端治理技术并提供具有节约资源能源、环境友好且劳动保护等特性的企业生态技术。虚拟平台主要包括资源型企业社会资本平台、企业间合作协商平台、企业内知识管理平台和信息集成系统平台。资源型企业社会资本平台提供企业内外决定每一个个体互动关系的社会网络、规范和制度；企业间合作协商平台为企业内每一个企业实现较好的合作提供保障；企业内知识管理平台使得知识的产生更为迅速，知识的运用更为顺畅；信息集成系统平台是使用能够支持系统网络顺利运行的计算机软件，提高管理效率。虚拟平台为实体平台提供服务，使得生态管理更有效率、更为系统化。实体平台与虚拟平台共同形成资源型企业绿色转型的管理机制，并在此基础上不断优化管理方法。

3. 资源型企业绿色转型的知识管理

对单个企业而言，知识是能够为其创造价值，服务于企业目标，是企业特有的而不是社会通用的一种稀缺的资源。资源型企业生态网络的出现导致了企业边界的强性拓展，使得资源型企业的扩展以网络化的方式来实现。资源型企业生态网络作为一种学习性区域，是各行为主体在能动响应各种挑战与机遇过程中，形成的具有柔性化网络组织的区域，它强调区域是否具有对外界环境变化进行快速整体性与柔性反应的能力，以及区域内现代企业、市场、政府及其他相关主体之间是否具有互动协同关系，更强调区域要通过知识管理来获得上述能力与关系。资源型企业绿色转型的知识流及知识管理框架，如图7-4所示。

4. 资源型企业绿色转型的管理评价

资源型企业绿色转型的目标是协调企业发展与资源环境的可持续性，因此对资源型企业绿色转型的综合评价非常重要。综合评价主要是通过对企业生态网络中的各种信息反馈进行综合分析，利用物质流分析、生命周期评价及投入产出分析等手段对运行中的生态企业网络进行时时动态评价，及时找出不足并提出相应的调整策略。与传统的企业发展评价不同，资源型企业绿色转型的实施效果不但追求经济绩效，同时还追求资源环境绩效与社会声誉，因此建立科学评价指标体系是关键环节，然而目前这方面的研究还不多，本书拟将其作为后续研究加以探讨。

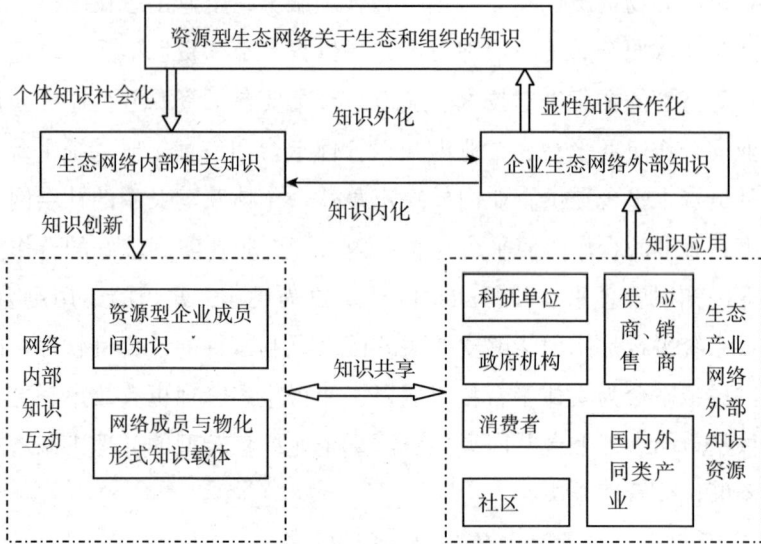

图7-4　资源型企业知识管理示意图

第五节　研究结论与启示

　　促进资源型企业绿色转型，实现区域绿色发展是近年来理论界和地方政府都比较关注的热点问题。然而，作为研究而言，尽管也有不少研究对企业生态管理进行了理论探讨，但大多数学者仍把精力集中在了技术创新方面。在某种程度上，中国资源型企业发展过程中出现的问题大多都与对管理的认识不足有关。本书首先探讨了资源型企业生态管理的理论基础、内涵及原则，构建了资源型企业生态管理的理论框架；然后论述了资源型企业绿色转型内涵及特征，建立了资源型企业绿色转型的概念模型；在此基础上，提出了资源型企业绿色转型的生态管理模式，即选择资源型企业的发展模式、构建资源型企业绿色转型的管理平台、实施资源型企业绿色转型的知识管理、完善资源型企业绿色转型的管理评价。本书的探索性研究为缓解当前资源型发展过程中资源利用与生态环境保护之间的矛盾，促进资源型企业绿色转型顺利进行提供了一种科学的宏观管理思路。

第八章　案例分析——以柴达木
地区资源型企业为例

为了更好地对前文理论研究进行佐证和说明，本书选取青海省柴达木循环经济试验区的资源型企业作为案例进行分析。在 2005 年 10 月 27 日国家正式批准柴达木为全国第一批开展循环经济试点的产业园区和"十一五"国家重点支持发展的循环经济试验园区以后，2010 年 3 月，国务院又批准了《青海省柴达木循环经济试验区总体规划》。并且本研究在样本选择时也选取了青甘宁三省区的资源型企业，因此选择柴达木循环经济试验园区的资源型企业作为案例来验证本书的相关结论，是合适的。

本章的内容安排如下：首先介绍案例的研究方法和柴达木循环经济试验园区的基本情况，而后阐明青海省的生态环境状况已经对资源型企业的传统发展模式形成了极大约束，资源型企业必须要进行绿色转型，最后选择刚性和柔性两种资源型企业生态网络中的企业进行详细分析，验证理论研究中的相关结论。

第一节　案例研究方法及柴达木循环经济试验园区概况

一、案例研究方法

案例研究是社会科学研究中一种重要的研究方法，Eisenhardt（1989）认为与试验、问卷调查等其他社会科学中的研究方法相比，案例研究更有利于摆脱现有文献和过去经验的束缚，从而更适于应用于全新的社会研究领域以及构建新的理论框架。

根据研究的目的不同，案例研究可以用来描述研究现象、检验现有理论和构建新的理论。在本研究中，案例研究主要是检验上文研究的结论。因此，本章案例研究将文献分析法和实地访谈法相结合，以期能从深度和广度两个方面来把握案例。

1. 文献分析法。由于很多企业及网络的资料并没有公开，因此，在调研期间，详细查阅了资源型企业生态网络所在的市、县政府、发改委和经委等相关职能部门的资料，有关行业协会等中介组织的资料，海西州人民银行的资料，以及相关资源型企业的资料。通过对这些资料的阅览，使得本研究从总体上把握住了所研究的网络和资源型企业的发展现状。图文并茂的资料和丰富的数据与深入访谈形成了较好的互补关系，为全面考察案例提供了保证。

2. 实地访谈法。由于资源型企业绿色转型的成功模式较少，而且不同地方的资源型企业绿色转型面对着不同的复杂形势，因此必须接触大量的资源型企业进行了解情况。本研究从确定选题之后，先后两次专程前往青海省海西藏族蒙古族自治州，历时两周多，深入资源型企业一线，并与当地政府相关部门举行座谈，获得了一手资料，对访谈进行记录和整理，也得到了一些问卷数据。

二、柴达木试验区概况

柴达木地区矿产资源丰富，是西部矿产资源富集区，矿产资源品种齐全，组合优势明显，不少矿产资源储量在全国名列前茅，拥有一批国内外市场紧缺的矿产资源。全区已发现的矿产 86 种，占青海省矿产品总数的 64%，占全国的 50%；上储量表的矿产 44 种，占青海省的 42%，占全国的 28%。共有 281 处矿产地，其中大型矿床 72 处（内含特大型矿床 22 处），中型矿床 61 处，其中有石油、天然气、煤 3 种能源矿产，铁、铬、铜、铅、锌等 13 种金属矿产，钾盐、镁盐、锂矿、钠盐、硼矿、锶矿等 12 种盐湖矿产，石灰岩、白云岩、硫铁矿、重晶石、蛇纹岩、硅灰石等 16 种非金属矿产等。

在已探明的各类矿产中，盐湖矿产资源具有突出地位，其中钾盐、镁盐、锂矿、锶矿、芒硝、化肥用蛇纹岩、石棉 7 种矿产资源居全国首位，石油天然气、铅锌、钠盐、天然碱、溴矿、碘矿、铷矿、铟矿、硼矿、制碱灰岩、硅灰石等矿产在全国也有一定地位。在已探明的矿产资源中石油、天然气、煤、钾盐、镁盐、芒硝、石棉、石灰岩、硼、锂、铅、锌、金、银、铜、铁、硅灰石等潜在经济价值17万亿元以上（见表8-1）。这为柴达木地区矿产资源的综合开发和发展相关加工工业提供了重要保障。

表8-1　柴达木盆地主要矿产保有储量及潜在价值

矿种	储量对象	保有储量				矿区数	备注
		保有储量（万吨）	潜在价值（亿元）	占全省比率（%）	国内排位		
铅矿	铅	112.3	4.7	69	10	9	
锌矿	锌	160.1	10.9	70	11	7	
锂矿	氯化锂	1388.6	3611.7	100	1	10	7个为伴生矿
锶矿	天青石	1589.5	79.6	100	1	3	
盐矿	氯化钠	3262.6	122349.7	100	1	24	20个为共生矿
镁盐	氯化镁	311866.3	9000.5	100	1	20	均为共生矿
	硫酸镁	167339.7	2175.4				
钾盐	氯化钾	44299.5	2215.0	100	1	22	6个为共生矿
芒硝	硫酸钠	668516.4	19219.9	77	1	8	7个为共生矿
硼矿	氧化硼	1152.5	38.4	100	2	12	6个为共生矿
天然碱	碳酸钠、碳酸氢钠	19.7	1.5	100	3	2	
石棉	石棉	4298.6	262.2	74	1	2	
制碱用石灰石	矿石	17940.3	35.9	100	5	1	
硅灰石	矿石	1314.9	10.1	100	4	1	
合计		保有储量潜在价值达159015.5亿元				115	

第二节 青海省生态环境状况对资源型企业成长的约束

青海作为生态资源大省，一直以来都享有"三江之源、中华水塔、山水之宗"之美誉，其可持续发展对中国乃至亚洲都有重要意义。但是，由于近年来青海经济的快速增长造成了一定的环境污染，人们生活对生态环境压力逐年加大，工业增长速度较快，对生态资源消耗也越来越大。另一方面，从自然角度来看，青海省地处青藏高原，其生态系统较为脆弱，生态的自我调节和恢复能力较差，如果生态环境一旦遭到破坏将很难恢复。因此，青海省生态保护及其可持续发展受到了严重挑战。由于2008年左右，全国很多地方提出了绿色发展战略，客观上也要求资源型企业绿色转型，因此本书计算至2007年。

一、生态足迹模型介绍

生态足迹模型主要通过对研究区域生态足迹、生态承载力、生态赤字的测算，来测评区域可持续发展状况。任何已知人口的国家或地区的生态足迹表述为生产这些人口所消费的所有资源和吸纳这些人口产生的所有废物所需要的生物生产面积。生物生产面积分为耕地、草地、林地、水域、建筑用地和化石燃料用地六大类。生态承载力是指一个区域实际提供给人类的所有生物生产土地面积（包括水域）的总和。如果区域的生态足迹超过了区域所能提供的生态承载力，就出现生态赤字；如果小于区域的生态承载力，则表现为生态盈余。

1. 计算各种消费项目的人均生态足迹分量

计算公式为：$A_i = \dfrac{C_i}{Y_i} = \dfrac{P_i + I_i - E_i}{N \times Y_i}$

其中：i 为消费项目的类型，那么，$i = 1, 2, \cdots, n$；A_i 为第 i 种消费项目折算的人均生态足迹分量（$hm^2/$人）；Y_i 为生产第 i 种消费项目的年平均产量（kg/hm^2）；C_i 为 i 种消费项目的人均消费量；P_i 为第 i 种消费项目的年生产量；I_i 为第 i 种消费项目年进口量；E_i 为第 i 种消费项目的年出口量；N 为总人口数。

2. 计算生态足迹

$$ef = \sum R_j \times A_i = \sum R_j \times \frac{P_i + I_i - E_i}{N \times Y_i}$$

其中：$i=1$，2，$\cdots$，n；$j=1$，2，$\cdots$，6；ef 为人均生态足迹（hm^2/人）；R_j 为第 j 类土地的均衡因子，即某类生物生产面积的世界平均潜在生产力与全球各类生物生产面积的平均潜在生产力的比值。于是，区域总的生态足迹的计算式就是：$EF = ef \times N$。

3. 生态承载能力计算

在生态承载力的计算中，由于不同国家或地区的资源禀赋不同，不仅单位面积耕地、草地、林地、建筑用地、海洋（水域）等的生态生产能力差异很大，而且单位面积同类型生物生产面积的生态生产力差别也很大。因此，不同国家和地区同类生物生产性土地的面积是不能直接进行对比的，需要对不同类型的面积进行调整。不同国家或地区的某类生物生产性面积所代表的区域产量与世界平均产量的差异可用"产量因子"来校正。同时，根据世界环境与发展委员会（WCED）的报告，出于谨慎性考虑，在生态承载力计算时还应扣除12%的生物多样性保护面积。

根据以上前提，人均生态承载力的计算公式为：$ec = A_j \times R_j \times Y_j$

其中：$j=1$，2，$\cdots$，6；ec 为人均生态承载力（hm^2/人）；A_j 为人均生物生产面积（hm^2）；R_j 为均衡因子；Y_j 为产量因子；区域总生态承载力就是：$EC = ec \times N$。

4. 生态盈余/赤字计算

如果计算的生态足迹超过了区域所能提供的生态承载力，就会出现生态赤字；如果小于区域的生态承载力，则表现为生态盈余。即计算式是：$ED = EC - EF$；$ER = EF - EC$。ED 表示生态赤字，ER 表示生态盈余。

二、青海省近年来的生态足迹计算与分析

1. 数据来源及因子确定

（1）数据来源

本书对青海省的生态足迹的计算中所采用的基础数据，如无特别说明，

均来源于以下三个方面：（1）直接来源于《青海统计年鉴》、对有关职能部门进行调研所得的公开的统计资料；（2）来源于青海统计信息网和一些其他网络上的资料；（3）来源于根据有关数据进行的合理计算、汇总资料。

（2）均衡因子和产量因子的确定

本书在计算青海生态足迹的过程中，均衡因子采用 2004 年世界自然基金会（WWF）生态足迹均衡因子的估计值；而由于青藏高原土地净初级生产力平均为 150 吨/公顷/年、生物量平均为 10 吨/公顷，约为大陆水平的 1/6 和 1/21，所以本书所采用的青海生物生产均衡面积产出因子定为 Wackemage 计算中国生态足迹时采用值的 1/6，如表 8 - 2 所示。

表 8 - 2　各生物生产性土地对应的均衡因子和产量因子

生物生产性土地类型	均衡因子	产量因子	备注
耕地	2.19	0.2	
草地	0.48	0.15	
林地	1.38	0.06	1. 全球平均生物生产力水平取值1
水域	0.36	0.17	2. 全球各类土地的产量因子取1
化石能源用地	1.38	0.00	
建设用地	2.19	1.64	

2. 青海省生态足迹的具体计算

（1）生物资源的生态足迹的计算

根据《2008 年青海统计年鉴》的统计数据，整理出青海省 2007 年所需的生物资源账户（见表 8 - 3）。利用全球相对应的生物资源的平均产量，计算出总的生态足迹，再计算出人均生态足迹，并对同一类型的生态生产性土地类型的人均生态足迹进行汇总。

（2）能源资源的生态足迹计算

根据《2008 年青海统计年鉴》的统计数据，整理获得 2007 年青海省的能源消费量（见表 8 - 4），利用全球平均能源足迹和折算系数，计算出总的生态足迹，再计算出人均生态足迹，并对同一类型的生态生产性土地类型的人均生态足迹进行汇总。

表 8 - 3 青海省生物资源部分的生态足迹（2007）

生物资源	全球平均产量（kg/ha）	总消费量（kg）	总生态足迹（ha）	青海省人口（cap）	人均生态足迹（ha/cap）	生物生产性土地类型
粮食	2744	1062000000	387026.239067	5516000	0.070163	耕地
蔬菜	18000	982700000	54594.444444		0.009898	耕地
油料作物	1856	280200000	150969.82759		0.027369	耕地
猪肉	457	76000000	166301.969365		0.030149	耕地
牛羊肉	66	160000000	2424242.424242		0.439493	草地
禽蛋	433	13865000	32020.78522		0.005805	草地
水产品	29	1780000	61379.310344		0.0111275	水域
水果	3500	13846000	3956		0.0007172	林地
牛奶	502	250000000	498007.96813		0.09028	草地
羊毛	15	15378000	1025200		0.185859	草地

注：本书在计算中忽略了进出口额，并且以统计年鉴提供的生物生产量代替消费量。

表 8 - 4 青海省能源资源部分的生态足迹（2007）

能源类型	总消费量（吨标准煤）	折算系数（GJ/t）	人均消费量	全球平均能源足迹	人均生态足迹	生物生产性土地类型
煤炭	7912399.53	29.3	42.02924	55	0.764168	化石能源土地
石油	1424525.20	29.3	7.56682	93	0.081364	化石能源土地
天然气	2694028.54	29.3	14.31020	93	0.153873	化石能源土地
电力	8917946.73	29.3	47.37053	1000	0.047371	建设用地

注：表中能源消费量全部为吨标准煤，能量折算系数全部为29.3GJ/t。

（3）人均生态足迹、人均生态承载力计算

根据不同生态生产性土地类型的均衡因子，对人均生态足迹进行调整，得到各类生态生产性土地的人均生态足迹。通过对青海省2007年各种生物资源、能源的消费进行了计算，得出各种类型的生物生产面积，并进行汇总，计算得出人均生态生产性土地面积。然后，对人均拥有的各类生态生产性土地面积乘以均衡因子和产量因子，就得到按国际平均生态标杆计算的青海省人均生态承载力。然后根据公式 ed = ec - ef 进行计算人均生态赤字。汇总如表 8 - 5 所示。

表 8 – 5 青海省人均生态赤字（2007）

	耕地	林地	草地	水域	建筑用地	化石燃料用地	小计
人均生态足迹	0.30129801	0.00098974	0.3462576	0.0040059	0.1042375	1.379179	2.1359677
人均生态承载力	0.0378875	0.0419012	0.3632402	0.040285	0.1860003	0.00	0.669314
全省人均生态赤字	ed = ec – ef						1.466654

3. 2002 年到 2006 年间青海省人均生态足迹计算

按照上述方法，可以计算出 2002—2006 年五年间的人均生态足迹和人均生态承载力，如表 8 – 6 所示。

表 8 – 6 2002—2006 年青海省人均生态足迹计算结果

年份	人均生态足迹	人均生态承载力	人均生态赤字
2002	1.2996	0.7900	0.5096
2003	1.3975	0.7799	0.6176
2004	1.5647	0.7734	0.7913
2005	1.8028	0.7721	1.0307
2006	2.0412	0.7670	1.2742

根据上表数据制作图 8 – 1，可以清楚地看出近年来青海省的人均生态足迹、人均生态承载力和人均生态赤字的变化趋势。

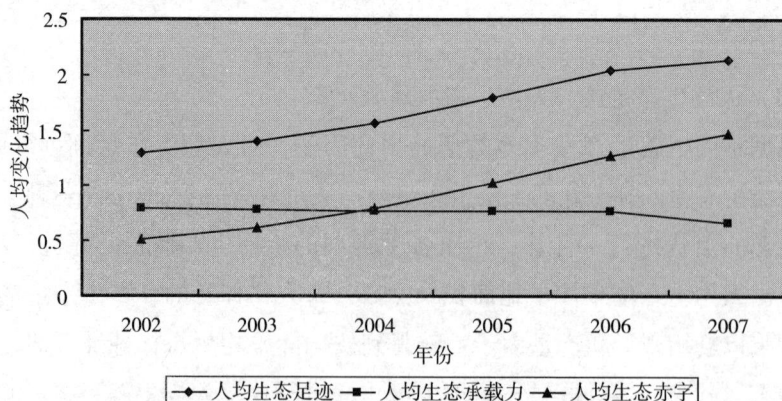

图 8 – 1 青海省 2002—2007 年人均生态足迹、人均生态承载力和人均生态赤字变化趋势图

4. 计算结果分析

（1）对青海省近年来的生态足迹分析

根据以上计算，可以清楚地看出，2007 年青海省的人均生态足迹大于人均生态承载力，存在着严重的生态赤字。并且，人均生态承载力与人均生态足迹相差悬殊，青海省的人均生态承载力只能满足 31.34% 的人均生态足迹。这表明青海省的供需失衡问题十分突出，对自然环境的索取已经超过当地生态的承载力。

若以 2003 年中国人均生物生产面积的生态阈值为 0.8ha/cap 和 2003 年全球人均生物生产面积的生态阈值为 1.8ha/cap 为参考值，青海省 2007 年人均生态足迹为 2.0412ha/cap，超过了全国人均生态阈值，在国家尺度上均处于不可持续状态；也超过了全球人均生态阈值，在全球尺度上也同样处于不可持续状态。

结合以上数据，绘制青海省 2002—2007 年 6 年来人均生态足迹、人均生态承载力和人均生态赤字变化趋势图。从图中可以清楚地看到，首先青海省近年来人均生态足迹呈不断上升的趋势，从 2002 年的 1.2996 上升到 2007 年的 2.1359，这一方面说明了随着生活水平的提高，人们的消费需求越来越高；另一方面，在全省经济社会快速发展的情况下，人们对各种资源的索取也越来越多，在一定程度上对资源的依赖越来越强。其次，人均生态承载力逐年下降。也就是说，青海省能够提供消费的有效生物生产性土地在逐渐减少。这也可以从两个方面进行解释，一方面，从自然角度来看，青海省地处青藏高原，其生态系统较为脆弱，生态的自我调节和恢复能力较差，如果生态环境一旦遭到破坏将很难恢复。生态系统的脆弱性是青海省生态环境的最大弱点；另一方面，近期青海经济的快速增长造成环境污染加重，人们生活对生态环境压力逐年加大，工业增长速度较快，对生态资源消耗越来越大，从而导致青海省生态足迹明显放大。最后，根据人均生态足迹和人均生态承载力的变化，人均生态赤字的变化就是非常明确的了。如图 8-1 所示，人均生态赤字明显增加，且其增加的速度大于人均生态足迹的增加。

（2）青海省近年来的生态协调度分析

考虑到生态赤字只是一个绝对的数值，没有很好地反映其与区域资源禀赋条件的关系，在区域间进行横向比较时，缺乏说服力；同时在实践中会出现地区越不发达，人们消费水平越低，而出现生态盈余，得出可持续性越强的错误结论，因此，有必要提出人均生态协调系数的概念，以弥补生态赤字的不足。计算公式为：$DS = \dfrac{ef + gf}{\sqrt{ef^2 + gf^2}}$，其中，$DS$ 为区域人均生态协调系数，ef 为区域人均生态足迹，gf 为区域人均生态承载力。在此式中，显然有 $1 \leq DS \leq \sqrt{2}$。当 $DS = \sqrt{2}$ 时，区域生态供需平衡，处于最佳协调状态；当 $DS = 1$ 时，即人均生态足迹或人均承载力有一项取值为 0，区域生态供需严重失衡，处于最不协调状态。当 DS 处于这两个极端值中间时，有两种情况，如果 $ef > gf$ 时，区域生态需求大于供给，此时存在人均生态赤字，区域发展是通过消耗自然资本存量来弥补生态承载力的不足的，处于一种生态不协调状态。如果 $ef < gf$ 时，区域生态需求小于供给，此时存在人均生态盈余，自然资本未能得到最有效的利用，区域尚待开发，这也是一种不协调。根据计算，图 8 - 2 显示了青海省从 2002—2007 年的人均生态协调系数变化趋势。

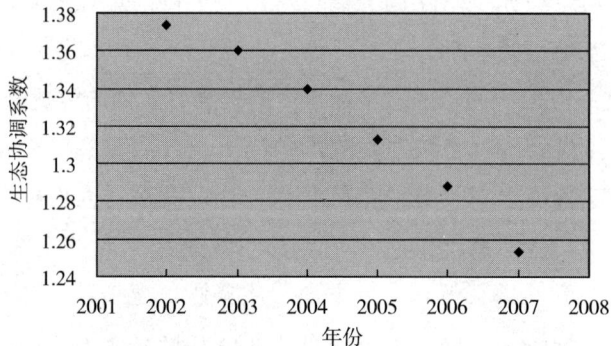

图 8 - 2　2002—2007 年青海省人均生态协调系数变化趋势图

从图 8 - 2 可以看出，青海省 2002 年时的人均生态协调系数在 1.36 以上，而 2007 时则处于 1.26 以下，且存在着生态赤字。这说明了青海省的人均生态是很不协调的。

第三节　案例分析：德令哈纯碱化工工业园

一、资源型企业生态网络的形成

德令哈循环经济工业园是在柴达木循环经济试验区被列入首批 13 个国家级循环经济试点产业园区之后，按照"工业园区化、园区工业化"和"一区多园"的发展模式，重点规划建设的四个工业园之一。近年来，德令哈工业园区在全力打造"中国碱都"的同时，大力培育资源型企业生态网络，工业经济连续 4 年实现了两位数增长，发展步入快车道。根据德令哈循环经济工业园的发展定位，按照循环经济发展模式，通过高起点规划、高水平建设，在抢抓机遇中放大机遇、创造优势，迅速打开了发展空间，基础设施建设的力度不断加大，一批重点工业项目建成投产，初步彰显了循环经济发展活力，并取得了阶段性成效，正在成为试验区资源综合利用和可持续开发的重要基地。德令哈资源型企业生态网络建设具有以下几个特点：

1. 政府主导，注重规划和基础设施建设

为避免走"先污染、后治理"，"先分散、后集聚"，"低水平、粗放型"的发展弯路，园区建设强化规划的先导地位，注重产业定位的科学性、平台规划的高品位。编制完成了《德令哈市工业园区总体规划》、《德令哈市工业园区产业发展规划》、《德令哈市工业园区环评大纲》，初步形成了一整套较为系统的规划体系。目前重点建设的盐碱化工区，位于市区东南部，规划面积为 56 平方公里，按照产业链分为南北两个功能分区，北部功能区为纯碱、建材及装备产业区，南部功能区为氯碱、氧化镁及煤焦化产业区。

近年来，通过加大财政项目资金争取力度、按照"政府主导、地企共建"、"谁投资、谁受益"原则启动市场化运作机制和搭建中小企业融资平台建设等途径，不断拓宽投融资渠道，保证了高标准的基础设施建设顺利推进。道路方面，公路建设已能满足产业发展需求，南区铁路专用线建设规划正在编制。供水方面，城市供水管网已覆盖盐碱化工区北区，工业用水网络已形成；城市供水管网已延伸至工业园区南区，工业用水第二水源地建设正在积极开展前期工作。电力方面，龙羊峡——湟源——德令哈 330 千伏和 110 千伏输电线路横穿盐碱化工区南区，110 千伏和 35 千伏输电线路已覆盖盐碱化工区北区，南区电网建设正在规划之中。供气方面，涩宁兰天然气输气管线通过盐碱化工区，并设有天然气输配站。

2. 注重循环型产业链建设，招商力度加大

为实现资源优势向经济优势转化，提升资源转化的经济效益，在其起步之始，就根据循环经济产业链形成的特殊性，着眼于试验区层面的资源配套、深度高效开发，精心构建了循环产业的经济链，最大限度地实现资源的优化配置和合理开发。区内已入驻有青海碱业、昆仑碱业、金瑞矿业、海西化建、金锋实业、南方包装塑业等大中小型企业。其中，青海碱业已形成 120 万吨纯碱生产能力，又建设了 120 万吨纯碱产能二期工程；海西化建已形成 45 万吨水泥产能，100 万吨干法水泥生产线已建成试产；青海昆仑碱业已形成 10 万吨纯碱产能，正在建设 100 万吨纯碱产能扩建项目；青海金锋实业已形成 4 万吨产能，6 万吨氯化钙产能扩建项目已建成试产。目前，"盐、石灰石——纯碱——氯化钙——试剂级、食用级、医药氯化钙"；"石灰石尾矿、电石渣、化工企业粉煤灰——水泥——水泥制品、免烧砖、新型材料"等为代表的循环经济产业链已具雏形。

五年来，按照园区定位，通过不断完善招商引资办法，改进招商引资方式，突出产业招商，采取"园区招商"、"对接招商"、"以商招商"等方式，加大项目对接和承接力度等，不仅实现了由"招商引资"向"择商选资"的转变，而且提升了项目质量。截至 2009 年年底，招商引资累计签约项目 56 个，签约资金达 471.49 亿元，招商项目实施率达 89.3%，完成招商引资到位资金 37.43 亿元。2010 年上半年通过"西洽会"、"杭推会"、"青洽会"等平台，共签约项目 11 项，签约资金 353.82 亿元，已到位资金 4.1 亿元。中盐公司 40 万吨 PVC 及配套项目、湖北宜化 60 万吨 PVC 及配套项目、湖北振声集团 5 万吨纳米级有机硅及 10 万吨金属硅、大唐新能源等公司 30 兆瓦光伏发电项目等一批大投资、大项目逐步落地建设。

二、资源型企业生态网络刚性特征

在德令哈纯碱资源型企业的生态网络中，企业之间的关系较为固定，形

成了一个链状网络，即"盐、石灰石——纯碱——氯化钙——试剂级、食用级、医药氯化钙"和"石灰石尾矿、电石渣、化工企业粉煤灰——水泥——水泥制品、免烧砖、新型材料"两条产业链，由于园区内的企业数量不是很多，这两条链看上去很符合循环经济的发展模式，但从长期来看，这对资源型企业的绿色转型并不是很有利。以下记录了两条访谈的录音。

首先，政府相关职能部门的说法："我们按照循环经济的要求，深化了产业链的建设，注重产业链的延伸，使得上下游企业能够及时并足量地进行副产品交换，鼓励资源型上下游企业建立联系并形成良好关系，政府鼓励他们之间能够降低生态环境污染的行为和提高资源利用效率的做法。"

政府的做法是根据其对循环经济的理解在进行对企业入园、企业行为作出了约束，然而企业的具体做法则使得网络趋于刚性。

其次，某企业高层的说法是："我们根据政府的相关部署，与上下游企业进行了关系协调和衔接，后来也发现，通过与上游企业搞好关系，我们的生产成本降低了，他们也基本实现了副产品的商品化。下游企业使用我们的副产品，这种模式很好，是一个多赢的结局。我们之间关系比较固定，目前其他关系进不来，在整个园区内，我们和别的企业来往很少。目前我们也不准备改变这种状况。现在我们的原材料获取很方便，生产成本上比全国的同类企业有很大优势，所以我们在企业创新方面没有动力，但我们很重视管理创新，事实上，管理创新给我们带来了很好的效果，提高了执行力，员工也有工作热情，对企业绩效的提升有帮助。在关系协调方面，我们当然要与上下游企业进行协调，这对我们帮助很大。另外，我们的发展战略是根据政府的有关规定来制定的，对产业演化没有预测，现在的发展机会很好，这种势头能持续很长时间。"

可见，该生态网络是一个刚性的网络，其内部的关系固定性较强。对资源型企业而言，其当前在政府的强制约束下，开始向绿色转型成长迈进。

三、纯碱类资源型企业绿色转型能力及成长绩效

首先，根据前文对资源型企业绿色转型能力的剖析，考察德令哈市纯碱类资源型企业的绿色转型能力。

德令哈市立足自身资源实际，致力于打造"中国碱都"，近年来对碱业企

业非常重视，纯碱类资源型企业也及时抓住难得的机会加快成长与发展的步伐，同时在政府环境规制的情况下，也在实施绿色转型成长。

纯碱类资源型企业的战略洞察能力普遍不强。从调研的结果来看，纯碱类企业都有较为美好的战略愿景塑造，但此愿景大多仅限于盈利和产能规模方面，对于如何实现绿色转型成长则显得较为欠缺；此外，纯碱类企业在发展机会辨析方面也显得较为狭隘，仅限于市场机会的辨析，而如何在产业生态网络中实现与其他行为主体之间的协同，则鲜有提及；对产业演化的预测普遍缺失，因为一是缺乏此类专业人才，二是当前德令哈对纯碱类企业支持力度大，且当地的资源丰裕，使得纯碱企业在此方面的考虑不多。

纯碱类资源型企业的网络协调能力较强。在当地的资源型企业生态网络中，由于关系相对固定，上下游企业以及支持系统的企业之间来往较为频繁，加上政府的扶持和优待，使得纯碱类资源型企业在关系组合能力和资源整合能力得到了较为有力的促进。这种协调能力对于纯碱类资源型企业降低成本、减少排污及提高效益都起到了非常关键的作用。

纯碱类资源型企业在发展中逐渐意识到了管理控制能力的重要性。德令哈市的纯碱企业起步较早，但原来一直发展很慢，规模和效益一直都上不去，规模和效益也一直徘徊不前。目前，在国家实施西部大开发战略的背景下，地方政府也出台了较多的支持政策，借此东风，纯碱类企业经历了突飞猛进的发展，迅速得到成长，但在成长的过程中，管理瓶颈效应不断放大，使各个企业对管理的作用由原来的不以为然到当前的高度重视，似乎有着矫枉过正的趋势。因此，纯碱类资源型企业普遍在系统匹配能力、战略执行能力和组织激励能力方面下了功夫，也收到了一定的效果。

纯碱类资源型企业在绿色创新能力方面普遍较弱。当前，纯碱企业的市场销售状况良好，企业的盈利水平在逐步提高，企业对绿色创新的动力不足。而且，德令哈市当地石灰石、氯化钠等用于纯碱生产的原材料资源丰富，上下游企业之间的协调使得纯碱类资源型企业成本显著降低，在市场上的竞争力较好，企业进行绿色创新的压力不够。另外，纯碱企业的工艺稳定，技术成熟，对技术创新的需求不足。而且，纯碱类企业当前的发展规模仍不够大，制度方面的路径依赖性强，进行制度创新的阻力较大，整个企业的创新文化和创新氛围不够，对创新的理解和实施都有不足。这在一定程度上制约了绿色转型绩效的取得。

其次，根据本研究对资源型企业绿色转型成长绩效的内涵界定，从资源环境绩效、经济绩效、商业绩效和社会绩效四个方面来衡量德令哈纯碱类资源型企业的绿色转型成长绩效。

在资源环境绩效方面，从企业生态网络的角度来看，企业环境污染物的排放也明显降低，而纯碱类资源型企业对资源的利用效率并未明显提高，主要表现在：纯碱企业的下游企业是氯化钙企业和水泥制品企业，纯碱企业排放的废弃物是下游企业使用的原材料，在政府环境规制的作用下，及柴达木地区循环经济管理工作委员会的促成下，纯碱企业与下游企业达成了相关协议，使得纯碱企业的废弃物得到了有效利用，较大程度上降低了纯碱企业的废弃物的排放量。然而，由于纯碱类企业的生产工艺稳定，技术成熟且没有取得明显的进步，一直以来纯碱企业的资源利用效率都没有得到提升。根据对企业的实地调研，得知在基础建设扩张的时期，纯碱的市场需求量大，因此纯碱类企业当前处于产能的扩张时期，对于管理的改善也没有得到相当程度的重视，因此资源利用效率就一直处于原有的水平上，没有得到改善。

在经济绩效方面，由于与下游企业的有效链接，降低了废弃物产生后的处理及管理成本，也获得了由副产品及废弃物流动所产生的附加值，同时由于纯碱企业与上游企业的协调和互动，能够以较低成本获得生产原料石灰石及氯化钠，显著降低了资源投入成本，因此纯碱企业的经济绩效比较明显。

在商业绩效方面，纯碱类企业仍然没有能够获得绿色企业的形象。在调研的访谈中可以得知，纯碱企业的工人、中高层管理者也不认为此类企业已经达到了绿色企业的标准，因为尽管纯碱企业已经在上下游企业的链接以及互动协调中有了很大的改观，但还有较多的资源环境问题需要解决和正确面对。同时，德令哈的纯碱企业主要依靠当地丰富的原材料，企业的盈利水平较高，对伴生资源的精深开发方面普遍没有动力，更没有去付诸实施，因此，纯碱类资源型企业的商业绩效几乎没有得到任何提升。

在社会绩效方面，随着纯碱类资源型企业产能的不断扩大，目前能够提供的就业机会越来越多，这一点是有目共睹的，企业承担社会责任的力度也逐渐加大，但其周边的环境并没有明显改善，因为随着纯碱类企业的增产，其排放的废弃物也较多，下游企业并不能对这些废弃物完全加以利用，仍然有污染物排放，因此其周边环境距离形成景观环境还有较长的路要走。

通过总结德令哈市纯碱类企业所取得的绿色转型成长绩效，可以归纳如表8－7所示。

表8－7　德令哈纯碱类企业绿色转型成长绩效

资源型企业绿色转型成长绩效衡量指标	题　项	绩效状况
资源环境绩效	1. 企业对资源的利用效率有明显提高 2. 企业环境污染物的排放有明显降低	没有明显改善 有明显改善
经济绩效	1. 企业降低了生产环节的资源投入成本 2. 企业降低了废弃物产生后的处理及管理成本 3. 企业获得了由副产品及废弃物流动所产生的附加值	有明显改善 有明显改善 有明显改善
商业绩效	1. 企业的绿色形象得到了认可 2. 企业对资源及伴生资源进行了精深开发并有了市场	没有明显改善 没有明显改善
社会绩效	1. 企业提供了更多就业机会 2. 企业周边环境得到改善，逐步形成了景观环境	有明显改善 没有明显改善

从表8－7可以看出，通过构建资源型企业生态网络，德令哈纯碱类资源型企业绿色转型成长绩效有了一定的改观，但效果还不明显，其成长绩效主要来源于其管理控制能力以及与上下游企业关系协调能力的提升，在绿色创新方面还没有起色，符合资源型企业刚性生态网络的基本特点，这直接验证了本书实证研究部分的结论。

四、制约纯碱类资源型企业绿色转型成长的原因

资源利用与可持续发展是一个宏观问题，但从资源利用与可持续发展的主体——企业的角度来探讨这个问题时，不能针对某一个或一类企业，而是要从生态网络的角度来进行阐述，主要探讨园区内一群相互关联的企业、供应商、关联产业、专门化的制度和协会的聚集，他们能否发挥协同效应，对形成提高生产率和资源高效利用的优良环境有重大意义。

1. 企业自身的问题

根据外部性理论，与资源环境配置有关的经济活动有着显著的外部性，由此带来市场机制解决资源环境问题的低效率或无效率。然而，在经济全球化、全球变暖以及企业社会责任逐渐兴起的商业环境下，诸多因素都在冲击着企业的内外部的价值链。对企业来说，资源高效利用问题已不是可以置身事外的外部性问题，已经由环境问题转变为市场问题，从管理环节及早构建绿色经营战略是提高自身竞争力的重要内涵。在德令哈市，资源充裕度高，资源型企业较多，资源依赖性强，在资源综合利用方面尤其是动态效率的提高上还存在一些问题。

（1）由于资源型企业工艺相对稳定，研发力量匮乏，导致技术创新动力不足。根据我们的调研，大多数的资源型企业是从事初级工业原材料的生产，技术含量较低，生产设备固定成套，生产工艺相对稳定，企业内部没有专门的研发机构，也没有专门从事技术研发的专业人才。因此，在资源的开采利用方面，除了在形式上能按照循环经济的要求与其他上下游企业进行对接，在工艺改进及技术进步方面并没有新的思路和具体做法。

（2）由于资源的易获取性，企业的发展战略较为狭隘。由于资源量大质优，企业获取资源相对容易。因此，大多数的企业在市场竞争中都采取了低价竞争的发展战略。事实上，这样的发展战略在本质上是一种贱卖资源、挥霍资源的行为，在企业的发展中是一种短期行为，不利于企业的价值提升。目前，在管理学界及大多数企业家队伍中，大家基本一致认为，低成本的竞争不利于企业的长期发展，甚至不能使企业长期存续下去。因为，这种战略容易造成企业的资源依赖和资源的低效配置，进而对企业的技术创新、制度改革、管理变革、人才培养等造成挤出效应，久而久之，还可能对企业所在地方带来"资源的诅咒"。

（3）由于现实条件的制约，企业的管理相对落后。园区自然条件艰苦，高层次管理人才的引进较难，而且由于基础差，也很难从内部进行培养，因此，本土企业在管理上仍然沿用着较为传统的管理制度、管理结构及管理手段，在调研中没有看到管理上的创新。另一方面，由于园区内的主体企业基本上都属于资源依赖型，在资源充裕时期，企业的低价发展战略能够充分奏效，企业的市场占有率不会下降，企业的利润也有相当程度的保障，因此企业没有动力去追求管理的创新。

2. 企业与企业之间的问题

在工业园区中，集聚着很多大大小小、同类的和不同类的企业，这些之间能否形成良性互动，能否形成战略协同，对资源的高效利用，对企业的整体持续健康成长和整个园区的产业升级及价值提升都有着很大的影响。

（1）企业之间互动性差，缺乏知识流动。在调研中我们发现，每个企业与政府的相关部门联系都较为紧密，但企业之间的联系不够。根据系统论的观点，系统的功能取决于系统的要素和系统的结构，而结构则是要素与要素之间的关系构成，对于同样的要素，不同的结构，会产生不同的效率。如果把整个工业园区看作一个系统，区内的每一个企业都看作是要素，那么这个系统中的要素相对是孤立的、缺少联系的，于是系统的效率就会很低，也就不可能促进同行业之间的正式与非正式交流以使得不同的创意在交流中产生新的火花来促进企业的创新。

（2）同类企业都视对方为竞争对手，缺少必要的合作行为。自20世纪80年代以来，经济全球化趋势不断增强，企业之间的竞争日趋激烈。面对市场和外部环境的急剧变化和挑战，越来越多的大企业为了培育和提升企业的竞争力，在企业之间建立了既竞争又合作、优势互补的战略联盟，并且日益把经营方式的重点转向了战略联盟。从全球来看，产业集群的蓬勃发展正在改变商业竞争的基础。经济全球化使得个体企业间竞争的基础正在发生变化，竞争的基础不仅仅是个体企业的内部能力或是供应链，还包括产业集群。这些情况充分说明了企业之间不应该仅仅是竞争关系，更多的应该是合作。然而，在我们的调研中发现，资源型企业，特别是生产同类产品的企业之间不仅没有战略上的同盟，也没有业务上的交流，同时还没有市场信息的共享。这种情况无疑会使企业之间相关知识不能传播，于是在产品、销售等环节采取竞争方式以占领市场，这肯定会带来资源的浪费。

（3）企业家之间联系不够紧密，其社会资本存在局限性。我们发现，在德令哈工业园区乃至全市范围内，由于浙商的数量较多，并且浙商具有较强的商业敏感性，所以浙商之间的交流在频次和力度上有一定的保证，但其余企业家之间的正式或非正式的交流是比较少的，甚至没有交流。这样一来，企业家之间信息的流动就不是畅通的，或者仅仅是在一个较小范围内流动，于是当地企业家的社会资本就不够完善，形不成一个功能完备、协同良好的本地企业网络，从而也就不可能带动本地企业的整体升级，对整体上实现资源优化带来了较大约束。

3. 企业与政府之间的问题

（1）制度成本仍然偏高。从产业网络来看，企业竞争优势中的许多成分不是由企业内部决定的，而是来自于企业所在的地区和集群。政府在产业集群的发展中扮演着重要的角色，除了提供基础设施，维护竞争规则之外，还要充分营造产业集群发展的良好环境，促进产业集群中企业与大学和科研机构、中介组织等的交流与协作等。在德令哈工业园区的建设过程中，政府具有一定的主导作用，也具有较大的热情和干劲，对企业的发展具有较大的促进，客观上也起到了优化资源配置的作用。然而政府的这种行为只能在产业集群的初期起到良好的作用。随着个体企业规模的扩大和企业数量的增多，基于集群的政策集成更为重要，因为集群政策更注重政策的系统性和协调性。长期而言，政府的产业保护，反而不利于产业竞争能力的培养，导致产业在发展过程中过分依赖政府的协助，如果一旦失去政府的帮助，则产业的发展就会遇到困难。

（2）缺少中间性组织的协调。在传统的企业成长研究中，一般是按照科斯的"企业—市场"二分法的思维进行的，但随着技术进步的突飞猛进和生产成本的进一步降低，经济环境发生了巨大变化，于是介于市场和企业之间的新兴经济组织层出不穷，这种中间性组织是一种以权威机制和价格机制来协调经济活动或交易、组织分工的制度形式，这种制度形式表现为一种具有专用性资产安排的关系契约，并且这种制度深深嵌入社会关系的网络之中，权威机制与价格机制作用的方向与范围将受到社会结构的影响。一般认为，中间性组织兼具了科层组织与市场组织的优点，具有比市场组织稳定、比科层组织灵活的优点，因此中间性组织在竞争中更具有优势。然而我们的调研发现，在德令哈工业园区中还没有实质性的中间性组织。一方面，因为资源依赖型企业在资源充裕时没有任何危机感，他们没有自发形成中间性组织的动力；另一方面，政府在园区规划过程中过于热心，操办了一些本该企业自己去做的事情，使得企业对政府有一定的依赖性，客观上也对中间性组织的形成带来了阻碍。

4. 企业与行业之间的问题

（1）利益有一定的冲突。众所周知，行业与行业、企业与行业之间是有壁垒的，这个壁垒形成的最大推动力就是对利益的占有。我们调研发现，这种壁垒的存在造成了一定的资源浪费。例如，某碱业的副产品——水蒸气很多，如果用来发电，则可以使得自己企业的用电量减少很多，对节约资源能源都有重大意义，但是这个事情涉及企业与行业之间的利益关系，所以久久不能有效协调，造成大量的资源的白白浪费。

（2）企业与行业之间的沟通的交易成本较高。由于企业与企业之间的联系很疏松，企业家之间也很少有正式和非正式的交流，而政府又充满了热情，所以企业与企业之间的沟通、企业与行业之间的沟通往往要由政府有关单位作为中间牵线搭桥的纽带。这种情况的发生，原因是很简单的，主要是政府对经济社会管理的"父爱主义"，从而造成权力过大。首先，政府有动力这样做，因为这样可以强化自身的权力；其次，企业有动力这样做，因为如此一来可以搞好和政府的关系。但最终的结果造成了交易成本的居高不下，对企业的成长不利，对产业集群不利，对资源的优化开发和可持续利用也不利。

5. 企业与培训科研机构之间的问题

企业整体成长和升级转型离不开科研单位的支持，但青海省本身科研单位很少，科研力量较为薄弱，整个柴达木地区更是没有一家大学，大型企业也没有设立类似博士后科研流动站之类的研究机构。为解决这个问题，海西州政府、工业园区甚至企业个体都积极与省内外（主要是省外）的著名大学与实力雄厚的科研单位建立了联系。这是一个积极的举动，但也应该看到，由于距离的遥远，联系还不够紧密，沟通也不够顺畅，由此带来的绩效也不够明显。在与省外科研单位合作时，重点是放在资源的综合开发与利用上面的，然而专家们的实验却是在其实验室内做的，因此在技术转化方面还有一些问题。

第九章　结论与展望

本书通过梳理有关文献，结合对西北地区青甘宁三省区的典型资源型企业进行实地调研，对资源型企业绿色转型成长进行了理论探索，对资源型企业形成生态网络建立了数学模型，提出了绿色转型能力概念，并形成了相关研究假设，最后对研究假设进行了实证研究。本书是关于资源型企业成长实践和理论探讨的结果。

第一节　主要结论

在当前形势下，吴晓波（2006）认为企业处于当前快速变化的环境中，必须与其他企业合作并构建协同合作关系，以赢得竞争优势并在激烈的竞争中取胜。资源型企业与其他类型的企业相比，具有鲜明的特点，随着各地区经济发展的增速，资源型企业产能也以前所未有的速度进行扩张，其带来的资源浪费和环境污染问题也趋于严重。胡鞍钢的研究（2005）表明，人口与资源、经济发展与生态环境之间的矛盾将更加突出，也将成为中国未来发展的最大瓶颈因素。消费者环保意识的加强和政府对生态环境的更加关注促使资源型企业向可持续发展的方向转变，因此现实迫使资源型企业必须实施绿色转型成长。因此资源型企业将以合作与协调的方式减少环境问题，提高资源利用效率。Posch A.（2002）认为，资源型企业可以在"绿色设计、清洁生产、污染预防、能源有效使用"等一系列领域中进行交互与合作，进而形成一种由诸多因素相互影响的复杂网络。这种产业生态网络目前已经引起了较大的关注和研究探索。

相关研究的增加使得对产业生态网络的认识逐步深化，然而目前针对资源型企业生态网络的定量研究依然不多，从管理的视角，动态能力的框架探讨资源型企业绿色转型成长的研究更是少见，缺乏一个尽可能完整的分析框架来分析在生态网络中资源型企业如何形成绿色转型能力，该能力如何促进资源型企业绿色成长绩效的获取等问题。通过对这些问题的思考，本研究从资源型企业在形成网络过程中的博弈互动入手，探讨在生态网络中资源型企业绿色转型能力的构成维度，并详细研究了资源型企业绿色能力对其绿色转型成长绩效的作用机制，得到了以下几点结论。

第一，资源型企业在生态网络中与其他行为主体互动的过程中，是理性的，是以市场为导向的。目前不少地方政府在规划资源型企业生态工业园区时，提出了把资源"吃干榨净"的口号，这是不尊重自然规律，也不尊重市场规律的，只是体现了对资源型企业绿色转型成长的一片良苦用心，如果按照这个口号的提法去规划资源型企业生态网络，可能会在急功近利的心态下使得资源型企业不能顺利实现绿色转型成长。实际上，资源型企业在形成生态网络时，与网络内其他行为主体之间的交互和合作是多方博弈的结果体现，因此，资源型企业生态网络是资源型企业应对绿色化挑战的一项基本制度安排，网络的形成与稳定是资源型企业实现绿色转型成长的基本前提。

第二，由于资源型企业的生产过程会带来严重的负外部性，而我国的自然资源属于国家所有，因此资源型企业实施绿色转型成长是对社会、生态和公众负责的表现。资源型企业最大的社会责任就是优化资源环境绩效，不断提高成长的绿色化程度。因此，对于资源型企业而言，实施绿色转型成长就是承担社会责任的表现。

第三，本研究提出了资源型企业绿色转型能力的概念。通过阅读并梳理有关企业能力理论的管理学文献，认为资源型企业绿色转型能力实质上是一种嵌入生态网络的动态能力。这种网络动态能力是一种能动的因素，能够激活资源型企业生态网络内资源的价值，并使得网络内的资源进行重新配置。资源型企业绿色转型能力的水平决定了资源型企业在成长过程中的租金获取。资源型企业绿色转型能力由四个能力维度构成，分别是战略洞察能力、网络协调能力、管理控制能力和绿色创新能力。其中，根据对研究文献的解读和利用因子分析得到的结果，战略洞察能力又分为战略愿景塑造、发展机会辨析和产业演化预测；网络协调能力包括关系组合能力和资源整合能力；管理控制能力包括系统匹配能力、战略执行能力和组织激励能力；绿色创新能力包括结构创新能力、制度创新能力和绿色技术创新能力。在理论分析之后，结合一些专家的意见，本研究开发了包含 24 个题项的量表并对它们进行了信度和效度检验。结果表明，该量表的信度和效度良好，通过了检验。

第四，对资源型企业绿色转型能力对资源型企业绿色转型成长的作用机理进行了实证研究。在研究过程中，对解释变量——资源型企业绿色转型成长绩效进行了详细界定，区别了资源型企业绿色转型成长绩效与其他类型的企业成长绩效的异同，最终确定资源型企业绿色转型成长绩效由资源环境绩效、经济绩效、商业绩效和社会绩效四个方面共 9 个题项组成；对中介变量——网络协同效应绩效也进行了较为充分的探讨，最后确定网络协同效应绩效从环境协同、结构协同和行为协同三个方面共 6 个题项进行考察；同时研究也确定了调节变量——资源型企业生态网络的类型，不同于企业创新网络（多数研究把创新网络分为利用型和探索型），根据资源型企业生态网络的固有特征，借鉴了其他研究成果之后，本研究把资源型企业生态网络分为刚性网络和柔性网络两种类型。在确定变量之后，提出了研究假设，共五组 14 项，而后利用问卷数据进行了实证研究，结构方程模型拟合结果表明，绿色转型能力对资源型企业绿色转型成长绩效有显著的正向影响，网络协同效应绩效在绿色转型能力与资源型企业绿色转型成长绩效之间具有部分中介作用，生态网络类型在资源型企业绿色转型能力与网络协同效应绩效、资源型企业绿色转型能力与绿色转型成长绩效之间具有较为明显的调节作用。而由于绿色创新的双外部性特征，绿色创新能力对网络协同效应绩效的正向影响假设没有通过检验，同时网络协同效应绩效在绿色创新能力与资源型企业绿色转型成长绩效之间的中介作用没有通过实证检验。

第五，本研究提出了资源型企业绿色转型成长的生态管理模式。资源型企业绿色转型本身具有特殊性，不同于一般企业的成长，其所需的管理模式也与一般企业不同，资源型企业在绿色转型成长过程，与之相匹配的管理模式是生态管理，即基于产业生态学的理念对传统管理进行改造，以适应资源型企业绿色转型成长的具体要求。

第二节　研究的理论贡献

本书针对资源型企业的具体特点，构建了资源型企业绿色转型成长的理论框架，并对绿色转型能力对绿色转型成长绩效的作用以及这种作用的机制机理进行了分析，研究的主要理论贡献包括以下几个方面。

一是在对资源型企业生态网络的形成过程研究中，首先构建了数学模型，对资源型上下游企业的竞争平衡进行了分析，然后又构建了演化博弈和微分博弈的模型，说明了资源型企业生态网络形成不能仅靠政府的一厢情愿，更要考虑客观的自然规律和市场规律，对政府在引导资源型企业更好成长发展的思路上进行了学术上的探索。

二是本研究突破传统产业生态网络的研究思路，在原来的研究中，通常是以整个网络为视角的研究方法来研究网络内的副产品交换以及能量梯级利用。本研究从生态网络中单个企业的视角出发，通过剖析资源型企业生态网络中企业的绿色转型能力对资源型企业绿色转型成长绩效的作用机理，提出了资源型企业绿色转型成长的生态管理模式。因此本研究是产业生态网络研究的进一步延伸和完善。

三是通过理论构建，进一步完善了网络动态能力理论。在以往的研究中，对企业动态能力的研究文献相当多，对企业网络能力的分析也是汗牛充栋，但把两者结合起来进行研究的文献就显得不足了。本书针对资源型企业的成长现实，在把动态能力理论和网络能力理论结合起来，在理论分析的基础上，本研究将网络动态能力理论引入了产业生态网络的研究领域。在前人研究的基础上，本研究提出了资源型企业绿色转型能力的概念，并讨论了资源型企业绿色转型能力与其绿色转型成长绩效的关系。

四是本研究详细剖析了资源型企业绿色转型能力的概念和内涵，并提出了绿色转型能力的测度量表。结合前人的研究成果，本研究获得了包含24个题项的绿色转型能力的测度量表，从而为进一步深入研究绿色转型能力和资源型企业网络动态能力的作用和本质内涵作出了一些探索性的尝试。

五是本研究提出了绿色转型能力对资源型企业绿色转型成长绩效的影响

机制。本研究发现网络协同效应绩效在绿色转型能力与资源型企业绿色转型成长绩效之间起着显著的中介作用，从而为揭示资源型企业从参与生态网络到获得绿色成长的过程提供了新的研究视角。

六是本研究发现了在不同类型的资源型生态网络中绿色转型能力具有的不同作用。通过实证研究发现，在刚性生态网络中，资源型企业的管理控制能力对企业更为重要；而在柔性生态网络中，资源型企业的网络协调能力更为重要。因此，本研究为下一步研究资源型企业网络动态能力提供了基础。

七是本研究提出了资源型企业绿色转型成长的生态管理模式，首先探讨了资源型产业生态管理的理论基础、内涵及原则，构建了资源型产业生态管理的理论框架；然后论述了资源型产业绿色转型内涵及特征，建立了资源型产业绿色转型的概念模型；最后在资源型产业生态管理的理论框架及资源型产业绿色转型的概念模型的基础上，提出了资源型产业绿色转型的生态管理模式，从而为进一步的深入研究奠定了基础。

第三节　管理启示

资源型企业生产过程的负外部性决定了资源型企业不可能通过单个企业的努力来解决绿色转型成长的问题，与其他企业合作构建生态产业网络是资源型企业加快知识积累、信息共享和提高绿色转型成长绩效的有效手段。本研究通过对资源型企业的实地调研和对高层管理者的访谈，结合资源型企业发展成长实际进行了理论研究，对正在进行绿色转型的资源型企业具有实践指导意义，对资源型省区的地方政府在规划引导资源型企业成长发展时有较强的政策参考价值。

一、对政府管理资源型企业的启示

首先，政府在引导资源型企业绿色转型成长时，要尊重资源型企业的成长规律、自然资源的客观规律以及资源型企业所面临的市场规律，实事求是，不能急功近利，也不能贪大求洋，所提出的目标和口号要严谨，不能是一厢情愿的表达。资源型企业在网络中搜寻关系及组合关系和资源时，政府要让企业根据绿色转型的实际需要自我选择，而不能强行拉郎配。

其次，在资源型企业绿色成长过程中，绿色创新是非常重要的环节，然而调研和实证研究均表明，在绿色技术创新具有双外部性的情况下，绿色创新能力对资源型企业成长绩效的影响并不大，这显然不利于资源型企业绿色转型的持续成长。因此，政府要制定相关制度，对绿色创新给予激励，对绿色技术创新进行鼓励，并对生态环境加强管制，以双重力量促进资源型企业进行绿色创新。

最后，政府应尽可能为资源型企业生态网络提供较好的基础设施，并出台能够激励网络内企业进行协调和合作的相关政策。另外，政府需要注意的是，在资源型企业合作的过程中，应加以正确引导，避免资源型企业生态网络内的关系固定化，进而形成刚性网络，走向组织僵化，使新加入的企业无所适从。在落后地区，政府更要更新发展理念，以政府管理的主动性、能动性和灵活性强化资源型企业的绿色转型成长。

二、对资源型企业的管理启示

首先，资源型企业应积极主动参与生态网络的协调与合作。资源型企业要实现绿色转型成长，并不能被动地对其外部的生态网络作出反应，也不能只是在政府的主导下参与生态网络，而应该充分认识到，通过企业的主动规划，能够更好地适应生态网络并创造机会利用生态网络。在生态网络中，企业的主动性可以帮助企业及早谋划，发现更有利于自己成长的机会，也能更有效地发现自己所需要的知识和信息，整合网络中的高效资源，重建或巩固网络内各种关系，更新资源型企业的技术和工艺水平，从而提高自身的绿色转型能力，为企业实现可持续成长奠定基础。

其次，资源型企业应注重绿色转型能力的培育。正如本书所证明的，绿色转型能力对资源型企业实现绿色转型成长具有显著的正向的影响，是资源型企业实施绿色转型成长的充分必要条件，资源型企业绿色转型能力能够保证资源型企业获得和利用生态网络内各类资源所蕴含的价值。因此，处于生态网络中的资源型企业发展和培育有利于改进自身绿色转型成长绩效的能力至关重要。在注重自己绿色转型能力培育的同时，资源型企业应该注意其他同类企业或网络伙伴的绿色转型能力的培育情况，尽可能保持自己的绿色转型能力时刻处于较为领先的地位。

再次，资源型企业应加强与网络伙伴的互动，强化知识吸收，提高协同效应绩效。从本研究的实证结果来看，资源型企业在生态网络中获取的绿色转型成长绩效是以网络协同效应作为中介来传递的。在实践中，企业想要提高成长绩效，向网络伙伴学习和获取信息是一个较为常见且行之有效的途径。因此资源型企业应该在参与生态网络的过程中，加强学习，强化吸收，通过知识以及信息的获取和应用，最终促进绿色转型成长绩效水平的提高。

最后，资源型企业应努力避免由于网络类型的不同带给自身的麻烦。相关研究表明，资源型企业形成的网络容易形成一个封闭系统，从而造成整个系统的僵化，走向脆弱。本书的实证结论表明，在不同的资源型企业生态网络类型中，不同的绿色转型能力维度对资源型企业绿色转型成长绩效的获取是有区别的。然而，资源型企业自己是无法控制整个网络的发展走向的，只能根据自己所在网络的类型选择要重点培育的能力。实证研究已经表明，在刚性生态网络中，资源型企业的管理控制能力对网络协同效应和绿色转型成长绩效影响更大，此时资源型企业要更加注重自身的管理控制能力建设，以求适应网络，并求得更好的发展成长。如果资源型企业身处柔性生态网络中，由于网络协调能力能够对协同效应和绿色转型成长绩效带来更好的结果，则资源型企业此时应强化自身的网络协调能力，以获取更好的协同效应和绿色转型成长绩效。值得注意的是，资源型企业生态网络并非是一成不变的，原本一个刚性生态网络，如果该地区资源蕴藏量尚能够支撑较多的企业进行开发利用，地方政府又加大了招商引资的力度，使得短时期内大量的企业涌入，那么该网络有可能会逐渐变成一个柔性网络；而如果一个网络本来是柔性的，但由于资源的蕴藏量较为充足，同时资源型企业又很少受到市场环境变化的困扰，则网络内的关系可能会慢慢固化，逐渐演变成一个刚性网络。因此资源型企业要时刻保持敏感性，保持较高的战略洞察能力，对可能发生的变化要具有战略预测能力。

第四节　研究局限及展望

一、研究的局限性

虽然本研究在选题、调研和问卷等方面都下了一定的功夫，但不可否认，研究存在一些不足之处，还有待改进和深化。

首先，研究内容的深度有待加强。本书主要针对资源型企业这种特定的企业类型，以资源型企业的绿色转型成长为切入点，在研究中，重点讨论了资源型企业生态网络的构建，资源型企业绿色转型能力的构成维度及验证，并探讨了资源型企业绿色转型能力对绿色转型成长绩效的作用机理。这样，研究起来能够删繁就简，简化了资源型企业实践中绿色转型成长过程中的诸多要素，例如资源型企业面临的市场情况、资源型企业的内部环境情况、资源型企业成长过程中的路径依赖等，这样就显现了本研究在考虑问题时的简单性，对研究内容没有做更深层次的思考。

其次，数据与分析方法有待细化。在研究中，主要数据来源于问卷调查，但据了解，在填写问卷时，并不是每个资源型企业都能够认真对待，而且通过直接走访的问卷，填写者基本都是高层管理者，因此样本的随机性可能受到影响。在实证分析资源型企业生态网络类型的调节作用时，研究中仅将两类样本分组，然后对各自的分析结果进行对比就得出了相关结论，没有将两组样本纳入到同一个模型中进行处理，这也会带来一定的偏差。另外，分析的方法中，数学建模和博弈模型都有相当严格的假设条件，这样就可能会带来不能全方位观察事物的问题，对研究结论有一定的影响。

最后，研究结论的普适性不够。限于时间、财力和精力，本研究只对西北地区青海、甘肃和宁夏三省区进行了调研和问卷调查，这三个省区均为经济欠发达地区，企业的市场主体地位情况并不理想，同时三省区也是资源型区域，资源型产业是三个省区的支柱性产业，而且其资源远没有到耗竭的程度，资源型企业自身对实施绿色转型成长的动力不足，绿色转型成长的思路只是在政府的推动下，资源型企业作出的一个响应。因此，如果放眼全国的资源型企业，本书的研究结论可能并不具有普适性。

二、进一步研究展望

结合本书的研究内容，最少但不限于以下内容需要进一步的研究。

首先，绿色转型能力与资源型企业租金获取的实证分析。本书曾论述：租金的获取是企业成长的内在动力。但由于租金概念的抽象性，加之没有将其列为本书研究的重点，因此没有进行深入探讨。而在学术探讨中，这类问题是不能回避的。因此，下一步的研究可以尝试将资源型企业的租金概念操作化，使之与资源型企业绿色转型能力建立联系，研究资源型企业绿色转型能力对资源型企业租金获取的影响机制，这样可以把经济学和管理学的相关知识联系起来考察资源型企业的绿色转型成长，可能会使研究更加深化。

其次，资源型企业绿色转型能力的影响因素。资源型企业绿色转型能力的形成与强化会受到种种因素的影响，只有充分认识这些影响因素，区分出正向影响作用和负向影响作用，才能使资源型企业有的放矢地加以强化和克服，从而更加高效地培育自己的绿色转型能力。本研究在此方面没有进行探讨，将之列入下一步的研究内容。

再次，从资源型企业内部进行分析，重点研究资源型企业绿色转型的内在动力和外部的资源环境压力，从循环、低碳和绿色的角度分析资源型企业自身对绿色转型能力的构建和绿色转型绩效的获取。而且，本书从理论上探讨了资源型企业的生态管理模式，但还不够清晰和完备，具体的操作模式也没有阐明，进一步的研究将注重对此进行讨论。

最后，政策对资源型企业绿色转型成长绩效的作用。资源型企业不同于其他企业，受到来自政府的产业政策和环境规制的影响较大。因此，政策对资源型企业绿色转型成长的绩效会有较大的影响。而具体何种政策的影响较大，影响是长期的还是短期的，则需要进一步的分析。同时，在政策的影响下，资源型企业如何强化绿色转型能力的培育，也是一个非常具有实践意义和理论价值的研究方向。

参考文献

[1] Aken J. E. , Weggeman M. P. : "Managing Learning in Informal Innovation Networks: O-vercoming the Daphne – Dilemma", *R&D Management*, 2000, 9(30).

[2] Ahuja M. K. , Clarley K. M. : "Network Structure in Virtual Organizations", *Organization Science*, 1999, 10(6).

[3] Ahuja G. : "Collaboration Networks, Structural Holes, and Innovation: A Longitudinal Study", *Administrative Science Quarterly*, 2000, 45.

[4] Ahuja G. : "The Duality of Collaboration: Inducements and Opportunities in the Formation of Interfirm Iinkages", *Strategic Management Journal*, 2000b, 21.

[5] Allenby B. , Richards D. : "The Greening of Industrial Ecosystem", Washington: National Academy Press, 1989.

[6] Ansoff H. I. : "Strategic Management", John Wiley and Sons, New York, 1979.

[7] Antonelli C. : "The Economics of Localized Technological Change and Industrial Dynam-ics", Kluwer Academic Publishers.

[8] Ardishvili A. : Cardozo S. , Harmon S. and Vadakath S. : "Towards A Theory of New Ven-ture Growth", Paper presented at the 1998 Babson Entrepreneurship Research Conference, Ghent, Belgium, 1998, May 21 – 23.

[9] Argyris C. : "Strategy, Changes, and Defensive Routines", Boston: pitman, 1985.

[10] Arrow K. : "Economic Welfare and the Allocation of Resources for Invention", 1962.

[11] Ausubel J. : "The Virtual Ecology of Industry", *Journal of Industrial Ecology*, 1997, 1(1).

[12] Baldwin J. S. , Ridgeway K. : "Modeling Industrial Ecosystem and the 'Problem' of Evo-lution", *Progress in Industrial Ecology*, 2004, 1(1/2/3).

[13] Barney J. : "Firm Resources and Sustained Competitive Advantage", *Journal of Manage-ment*, 1991, 17(1).

[14]Bell G. G.: "Clusters, Networks, and Firm Innovativeness", *Strategic Management Journal*, 2005, 26.

[15]Benchekroun H. A. : "Unifying Differential Game of Advertising and Promotions", International Game Theory Review, 2007, 9(2).

[16]Boons F. A. A. , Baas L. W.: "Types of Industrial Ecology: the Problem of Coordination", *Journal of Cleaner Production*, 1999, 5(1 – 2).

[17]Boons F. , Roome N.: "Industrial Ecology as A Cultural Phenomenon—on Objectivity as A Normative Position", *Journal of Industrial Ecology*, 2001, 4(2).

[18]Burt R. S.: "The Network Structure of Social Capital", *Research in Organizational Behavior*, 2000, 22.

[19]Burt R. S.: "Structural Holes: The Social Structure of Competition", Cambridge, MA: Harvard University Press, 1992.

[20]Chandler A. D.: "Scale and Scope", Cambridge, Massachusetts: Belknap Press, 1990.

[21]Chandler A. D.: "The Visible Hand: The Managerial Revolution in American Business", Cambridge: The Belknap Press, 1977.

[22]Chertow M. R.: "The Eco – industrial Park Model Reconsidered", *Journal of Industrial Ecology*, 1999, 2(3).

[23]Chertow M.: "Developing Industrial Ecosystem: Approaches, Cases and Tools", Bulletin Series 106. New Haven, CT: Yale school of Forestry and environmental Studies, 2002.

[24]Chesbrough Henry: "Open Innovation: The New Imperative for Creating and Profiting from Technology", Harvard Business School Press, 2003.

[25]Churchill C. , Lewis V. L.: "The Five Stages of Small Business Growth", *Harvard Business Review*, 1983, 61(3).

[26]Clayton Anthony, Muirhead John, Reichgelt Han: "Enabling Industrial Symbiosis through A Web – Based Waste Exchange", *Greener Management International*, 2002, (40).

[27]Cohen – Rosenthal E. , Mc Galliard T. N.: "Designing Eco – Industrial Parks: The United States Exprience", *UNEP*, 1996.

[28]Collis D. , Montgomery C.: "Competing on Resources: Strategy in the 1990s", *Knowledge and Strategy*, 1999.

[29]Cooke P.: "Global Bioregions: Knowledge Domains, Capabilities and Innovation System networks", *Industry & Innovation*, 2006(4).

[30]Cooke P.: "Regional Innovation System: An Evolutionary Approach", London: University

of London Press,1996.

[31]Costanza R. , Norton B. , Haskell B.:"Ecosystem Health:New Goals for Environmental Management", Island Press,1992.

[32]Cummings J. N.:"Work Groups,Structural Diversity,and Knowledge Sharing in A Global Organization",*Management Science*, 2004,50(3).

[33]Daniel Friedman:"Evolutionary Games in Economics", *Econometrica*,1991,59(3).

[34]Davidsson,P.:"Entrepreneurship – and after? A Study of Growth Willingness in Small Ffines", *Journal of Business Venturing*,1989,(4).

[35]Delmar F.:"Entrepreneurial Behavior and Business Performance",Stockholm:Stockholm School of Economics,1996.

[36]Desrochers P.:"Cities and Industrial Symbiosis:Some Historical Perspectives and Policy Implications", *Journal of Industrial Ecology*, 2002, 5(4).

[37]Desrochers P.:"Market Process and The Closing of Industrial Loops—A Historical Reappraisal," *Journal of Industrial Ecology*, 2000, 4(1).

[38]Dhanaraj C. , Parkhe A.:"Orchestrating Innovation Networks", *Academy of Management Review*, 2006, 31(3).

[39]Dollinger M.:"Entrepreneurship:Strategies and Resources", Prentice Hall, 2003.

[40]Dosi G.,Nelson R. R.:"An Introduction to Evolutionary Theories in Economics", *Journal of Evolutionary Economics*, 1994, 4.

[41]Dutton J. E.,Duncan R. B.:"The Influence of the Strategic Planning Process on Strategic Change", *Strategic Management Journal*, 1987, 8(2).

[42]Dyer J. H.,Hatch N. W.:"Relation – Specific Capabilities and Barriers Knowledge Transfer: Creating Advantage through Network Relationships ", *Strategic Management Journal*, 2006,27.

[43]Dyer J. H.,Kale P.,Singh H.:"How to Make Strategic Alliances Work",*Sloan Management Review*,Summer,2001.

[44]Ehrenfeld J.,Gertler N.:"Industrial Ecology in Practice:The Evolution of Interdependence at Kalundborg", *Journal of Industrial ecology*, 1997, 1(1).

[45]Eisenhardt K. M,Martin J. A.:"Dynamic Capabilities:What Are They?", *Strategic Management Journal*, 2000, 21(10 – 11).

[46]Elfring T.,Hulsink W.:"Networks in Entrepreneurship:The Case of High – Technology firms",*Small business econnonmics*,2003(4).

[47] Eriksson R., Lindgren U., Malmberg G.: "Agglomeration Mobility: Effects of Localisation, Urbanisation, and Scale on Job Changes", *Environment & Planning A*, 2008(10).

[48] Erkman S., Xu K. X.: "Industrial Ecology", Beijing: Economy Daily Press 1999.

[49] Fernando F. Suarez and Rogelio Oliva: "Learning to Comptete: Transforming Firms in The Face of Radical Environment Change", *Business Review*, 2002, 13(3).

[50] Fombrun C. J., Wally S.: "Structuring Small Firms for Rapid Growth", *Journal of Business Venturing*, 1989, 4(2).

[51] Ford D.: "Understanding Business Markets", London: Dryden Press, 1997.

[52] Foss N. J.: "Higher – Order Industrial Capabilities and Competitive Advantage", *Journal of Industry Studies*, 1996, 3(1).

[53] Freeman C.: "Centrality in Social Networks: Conceptual Clarification", *Social networks*, 1979, 1.

[54] Freeman C.: "The Economics of Technical Change in Cambridge", *Journal of Economics*, 1994, 18.

[55] Freeman C.: "Networks of Innovators: A Synthesis of Research Issues", *Research Policy*, 1991, 20.

[56] Gargiulo M., Benassi M.: "Trapped in Your Own Net? Network Cohesion, Structure Holes, and the Adaptation of Social Capital", *Organization Science*, 2000(2).

[57] Gilsing V., Nooteboom B.: "Density and Strength of Ties in Innovation Networks: An Analysis of Multimedia and Biotechnology", *European Management Review*, 2005, 2.

[58] Grabher G.: "The Embedded Firms: on the Social – Economics of Industrial Networks", Londond and New York: routledge, 1993.

[59] Graedel T. E., Allenby B. R.: "Industrial Ecology", Beijing: Tsinghua University Press, 2003.

[60] Grant R. M.: "Prospering in Dynamically Competitive Environments: Organizational Capability as Knowledge Integration", *Organization Science*, 1996, 7(4).

[61] Grant R. G.: "The Resource – Based Theory of Competitive Advantage: Implications for Strategy Formulation", *California Management Review*, 1991, 33(3).

[62] Green K. W., Whitten D., Inman R. A.: "The Impact of Timely Information on Organizational Performance in A Supply Chain", *Production Planning & Control*, 2007(4).

[63] Greve H. R.: "Interorganizational Learning and Heterogeneous Social Structure", *Organization Studies*, 2005, 26(7).

［64］Griffith D. A.,Harvey M. G. :"A Resource Perspective of Global Dynamic Capabilities", Journal of *International Business Studies*,2001,32(3).

［65］Gulati R. :"Alliances and Networks",*Strategic Management Journal*,19,1998.

［66］Gundry L. K., Welsch H. P. :"The Ambitious Entrepreneur:High Growth Strategies of Women – owned Enterprises",*Journal of Business Venturing*,2001,16.

［67］Hagedoorn J. ,Roijakkers N. , Van Kranenburg H. :"Inter – firm R&D Networks:The Importance of Strategic Network Capabilities for High – Tech Partnership Formation,"*British Journal of Management*,2006,17.

［68］Hagedoorn J. ,CIoodt M. :"Measuring Innovative Performance:Is There An Advantage in Using Multiple Indicators?"*Research Policy*,2003,32.

［69］Hakansson,Johanson:"The Network as A Governance Firm:Fhe Socioeconomics of Industrial Networks",London:Routledge,1993.

［70］Hakansson H. :"Industrial Technological Development:A Network Approach",Law Book Co of Australasia,1987.

［71］Hannan M. T. , Freeman J. H. :"The Population Ecology of Organizations",*American Journal of Sociology*,1977(82).

［72］Harris L. ,Coles A. M. , Dickson K. :"Building Innovation Networks:Issues of Strategy and Expertise,"*Technology Analysis & Strategic Management*,2000,(2).

［73］Harsanyi J. C. ,Seltent R. :"A Generalized Nash Solution for Two – Person Bargaining Games with Incomplete Information,"*Management Science*,1972,18(5).

［74］Hausler J. et al. :"Contingencies of Innovative Networks:A Case Study of Successful Inter Firm R & D Collaboration",*Research Policy*,1994,23.

［75］Hilliard R. M. , D. Jacobson:"Dynamic Capability, the Pharmaceutical Industry and Technical Change Paper Given at the DRUID Summer Conference",*Copenhagen*,June,2003.

［76］Hinkin T. R. :"A Review of Scale Development Practices in the Study of Organizations,"*Journal of Management*,1995,21(5).

［77］Hite J. M. , Hesterly S. :"The Evolution of Firm Networks:from Emergence to Early Growth of the Firm",*Strategic Management Journal*,2001,22(3).

［78］Hitt M. A. , Ireland R. D. , Camp S. M. and Sexton D. L. :"Strategic Entreprenewship:Urial Strategies for Wealth Creation",*Strategic Management Journal*,2001,22.

［79］Hsin – Yu Shih,Pao – Long Chang:"Industrial Innovation Networks in Taiwan and China:A Comparative Analysis",*Technology in Society*,2009,31.

［80］J. P. C. Marques, J. M. G. Caraca, H. Diz: "How Can University – Industry – Government Interactions Change the Innovation Scenario in Portugal? —The Case of the University of Coimbra," *Technovation*, 26(2006).

［81］Jensen R., Szulanski G.: "Stickiness and The Adaptation of Organizational Practices in Cross – Border Knowledge Transfers", *Journal of International Business Studies*, 2004, 35.

［82］Jouni Korhonen: "Four Ecosystem Principles for An Industrial Ecosystem", *Journal of Cleaner Production*, 2001, 9.

［83］Kale P., Singh H.: "Alliance Capability and Success," Chicago: Best Paper Proceedings, Academy of Management Meetings, IL, 1999.

［84］Kamann D. J. F., Strijker D.: "The Network Approach: Concepts and Applications. Innovation Networks. Invotion Networks: Spatial Perspectives", London, New York, 1991.

［85］Kenji Fujiwara: "A Stackelberg Game Model of Dynamic Duopolistic Competition with Sticky Prices," *School of Economics*, Kwansei Gakuin University, 2006, 12.

［86］Knoke D., Kuklinski J.: "Network Analysis", Sage, 1996.

［87］Koch C.: "Innovation Networking between Stability and Political Dynamics", *Technovation*. 2004, 24.

［88］Kogut B.: "The Network as Knowledge: Generative Rules and the Emergence of Structure", *Strategic Management Journal*, 2000, 21(3).

［89］Kolvereid L.: "Growth Aspirations among Norwegian Entrepreneurs", *Journal of Business Venturing*, 1992, 5.

［90］Korhonen J., Wihersaari M., Savolainen I.: "Industrial Ecology of A Regional Energy Supply System: The Case of Jyvaskylaregion", Finland: Greener Management International, 1999, (26).

［91］Korhonen K.: "Industrial Ecosystems—Some Conditions for Success", *The International Journal of Sustainable Development and World Ecology*, 2001, 8(1).

［92］Kraatz M.: "Learning by Association? Interorganizational Networks and Adaption to Environmental Change", *The Academy of Management Journal*, 1998(6).

［93］Larson A.: "Partner Networks: Leveraging External Ties to Improve Entrepreneurial Performance", *Journal of Business Venturing*, 1991, 6.

［94］Larsson R.: "Handshake between Invisible and Visible Hands", *International Studies of Management & Organization*, 1993. 23(1).

［95］Levin D. Z., Cross R.: "The Strength of Weak Ties You Can Trust: The Mediating Role of Trust in Effective Knowledge Rransfer",Management Science,2004,50(11).

[96]Lobke Vanhees:"The Effect of A Biotechnology SMES' Network Position on Its Innova-tive Performance", Working Paper, Hasselt University. Department of Business Administra-tion. 2006.

[97]Lou H. H. , Kulkarnima, Singha:"A Game Theory Based Approach for Energy Analysis Industrial Ecosystem under Uncertainty",*Clear Technologies and Environmental Policy*,2002(3).

[98] Lowe E. : "Creating by – product Resource Exchange:Strategies for Eco – industrial Park",*Cleaner Production*,1997,(5).

[99]Lundvall B. :"Innovation as An Interactive Process:from User – Producer Interaction to The National System of Innovation",*Technical Change and Economic Theory*,1988.

[100] Marris, R. : "The Economic Theory of Managerial Capitalism", New York: Free Press,1964.

[101]Masini,Zollo and Wassenhove:"Understanding Exploration and Exploitation in Chan-ging Operating Routinesahe Influence of Industry and Organizational Traits",Working Paper,2004, OTM 04 – 022.

[102]Mayer K. J. , Bercovitz J. :"The Influence of Inertia on Contract Design:Contingency Planning in Information Technology Service Contracts",*Managerial & Decision Economics*,2008 (2/3).

[103]McCann K. , Hastings A. , Harrison S. , Wilson W. :"Population Outbreaks in A Dis-crete World",*The Oretical Population Biology*,2000(2).

[104]McClelland D. C. :"Characteristics of Successful Entrepreneurs",*Journal of Creative Behavior*,1987,(21).

[105]Miller D. ,Shamsie J. :"The Resource – Based View of The Firm in Two Environments: The Hollywood Film Studios from 1936 to 1965",*Academy of Management Journal*,1996,39(3).

[106]Mirata,Murat,Emtairah,Tareq:"Industrial Symbiosis Networks and The Contribution to Environmental Innovation:The Case of The Landskrona Industrial Symbiosis Programme",*Journal of Cleaner Production*,2005,13(10/11).

[107]Moller K. K. ,Halinen A. :"Business Relationships and Networks:Managerial Challenge of Network Era",*Industrial Marketing Management*,1999,28.

[108] Nelson, Winter: "An Evolutionary Theory of Economic Change", Cambridge, Mass: Belknap Press of Harvard University Press,1982.

[109]Nielson S. N. : "What Has Modern Ecosystem Theory to Offer to Cleaner Production,

Industrial Ecology and Society? The View of an Ecologist", *Journal of Cleaner Production*,2006,14 (2).

[110] Norgaard R. : "Development Betrayed", London and New York: Routledge,1994.

[111] OECD: "Innovation and Clusters, Local Economic and Employment Development Programme,2001.

[112] Opdam P. , Steingrover E. . Rooij S V. : "Ecological Networks: A Spatial Concept for Multi – actor Planning of Sustainable Landscapes", *Landscape and Planning*,2006,75(3 – 4).

[113] Pellenbarg P. H. : "Sustainable Business Sites in The Netherlands: A Survey of Policies and Experiences", *Journal of Environmental Planning and Management* 2002,45.

[114] Penrose E. : "The Theory of The Growth of The Firm", New York: John Wiley,1959

[115] Pfeffer,J. : "Organizations and Organization Theory", Marshfield, MA: Pitman.

[116] Porter M. : "The Adam Smith Address: Location, Clusters, and The "New" Microeconomics of Competition," *The National Association of Business Economists*,1998, (1).

[117] Prahalad C. K. , Hamel G. : "The Core Competence of the Corporation", *Harvard Business Review*,1990,68.

[118] Ritter T. , Wilkinson I. F. , Johnston J. : "Measuring Network Competence: Some International Evidence", *Journal for Business and Industrial Marketing*,2002,17.

[119] Ritter T. A. : "Framework for Analyzing Interconnectedness of Relationships", *Industrial Marketing Management*,2000, (29).

[120] Ritter T. : "The Networking Company: Antecedents for Coping with Relationships and Networks Effectively", *Industrial Marketing Management*,1999,28.

[121] Ritter T. & Gemunden H. G. : "Network Competence: Its Impact on Innovation Success and Its Antecedents", *Journal of Business Research*,2003,56.

[122] Roberto Cellini, Luca Lambertini: "A Differential Oligopoly Game with Differentiated Goods and Sticky Prices", *European Journal of Operational Research*,2007,176.

[123] Rogerio C. Calia, Fabio M. Guerrini, Gilnei L. Moura: "Innovation Networks: From Technological Development to Business Model Reconfiguration", *Technovation*,2007,27.

[124] Rolf Sternberg: "Innovation Networks and Regional Development-Evidence from the European Regional Innovation Survey(ERIS): The Oretical Concepts, Methodological Approach, Empirical Basis and Introduction to the Theme Issue", European Plannine Studies,2000, (8).

[125] Salman N. , Saives A. L. : "Indirect Networks: An Intangible Resource for Biotechnology Innovation", *R&D management*. 2005,35(2).

［126］Sameer Kumar, P. Malegeant："Strategic Alliance in A Closed-loop Supply Chain, A Case of Manufacturer and Eco-non-profit Organization", *Technovation*, 26(2006).

［127］Sanjeev Goyal："Connections：An Introduction to the Economics of Networks", Princeton University Press, 2007.

［128］Schulte W. ："The Effect of International Corporate Strategies and Information and Communication Technologies on Competitive Advantage and Firm Performance：An Exploratory Study of The International Engineering, Procurement and Construction Industry", Doctoral dissertation of George Washington University, 1999.

［129］Schwarz E. J. ,Steininger K. W. ："Implementing Nature's Lesson：The Industrial Recycling Network Enhancing Regional Development", *Journal of Cleaner Production*, 1997, 5 (1 – 2).

［130］Siegle J. ："Governance Strategies to Remedy The Natural Resource Curse", *International Social Science Journal*, 2005.

［131］Sirmon D. , Hitt M. ："Managing Resources：Linking Unique Resources, Management, and Wealth Creation in Family Firms", *Entrepreneurship Theory and Practice*, 2003(4).

［132］Staber U. ："Spatial Proximity and Firm Survival in A Declining Industrial District：The Case of Knitwear Firms in Baden – Wurttemberg", *Regional Studies*, 2001(4).

［133］Stefan Kratke："Network Analysis of Production Clusters：The Potsdam Batesburg Film Industry as An Example", *European Planning Studies*, 2002, 10(1).

［134］Storey D. J. ："Understanding The Small Business Sector", Routledge, London, 1994.

［135］Teece D. J, Pisano G. , Shuen A："Dynamic Capabilities and Strategic Management", *Strategic Management Journal*, 1997, 18(7).

［136］Teece D. J. ："Explicating Dynamic Capabilities：Tthe Nature and Microfoundations of (Sustainable) Enterprise Performance", *Strategic Management Journal*, 2007, 28.

［137］Tsai W. ："Knowledge Rransfer in Intraorganizational Networks：Effects of Network Position and Absorptive Capacity on Business Unit Innovation and Performance", *Academy of Management Journal*, 2001, 44.

［138］Tsai W. Ghoshal S. ："Social Capital and Value Creation：The Role of Intrafirm Networks", *Academy of Management Journal*, 1998, 41(4).

［139］Turner B. et al. ："A Framework for Vulnerability Analysis in Sustainability Science", *Proceedings of the National Academy of Science*, 2003(14).

［140］Tushman M. and Romanelli E. ："Organizational Metamorphosis：A Punctuated Equilibrium Model of Organizational Evolution", *Research in Organisational Behaviour*, 1985(7).

［141］Tushman M. L. , Anderson P. : "Technological Discontinuities and Organizational Environments" , *Administrative Science Quarterly* ,1986, (31).

［142］Visser E. , Boschma R. : "Learning in Districts: Novelty and Loch – in A Regional Context" , *European Planning Studies* ,2004 (6).

［143］Volberda H. : "Building The Tlexible Firm: How to Remain Competitive" , Oxford University Press , USA ,1999.

［144］Wallner H. P. , Narodoslawsky M. , Moser F. : "Time and Complexity in Physical Science" , San Francisco: Freeman ,1980.

［145］Wallner H. P. : "Towards Sustainable Development of Industry: Networking, Complexity and Eco – cluster" , *Journal of Cleaner Production* ,1999 ,7 (1).

［146］Walter A. , Auer M. : "The Impact of Network Capabilities and Entrepreneurial Orientation on University Spin – off Performance" , *Journal of Business Venturing* ,2006 (2).

［147］Weber C. A. , Current J. R. , Benton W. C. : "Vendor selection Criteria and Methods" , *European Journal of Operational Research* ,1991 ,50.

［148］Wernerfelt B. , Montgomerg C. : "Tobin's Q and The Importance of Focus in Firm Performance" , *American Ecomonic Review* ,1988 ,78 (1).

［149］Wiklund J. : "Growth, Entrepreneurship and Performance in Small Firms" , Doctoral Dissertation: Jonkoping International Business School ,1998.

［150］ Williamson O. E. : " Comparative Economic Organization: The Analysis of Discrete Structural Alternatives" , *Administrative Science Quarterly* ,1991 (2).

［151］Winter S. G. : "Understanding Dynamic Capabilities" , *Strategic Management Journal* , 2003 ,24.

［152］Winter S. G. : "Deliberate Learning and The Evolution of Dynamic Capabilities" , *Organization Science* ,2002.

［153］Ying Lowrey. Business Density: "Entrepreneurship and Economic Well-Being" , American Economic Association Meeting in Philadelphia ,2005.

［154］Yiping Fang , Raymond P. Cote , Rong Qin: "Industrial Sustainability in China: Practice and Prospects for Eco-industrial Development" , *Journal of Environmental Management* ,2007 , (83).

［155］Zahra S. A. , George G. : "The Net – enabled Business Innovation Cycle and The Evolution of Dynamic Capabilities" , Information Systems Research ,2002 ,13 (2).

［156］Zahra S. A. , Sapienza H. J. , Davidsson P. : " Entrepreneurship and Agenda. Dynamic Capabilities: A Review, Model and Research" , *Journal of Management Studies* ,2006 ,43 (4).

［157］Zollo M. , Winter S. : "Deliberate Learning and The Evolution of Dynamic Capabilities" ,*Organization Science*,2002,13(3).

［158］Zott C. : "Dynamic Capabilities and The Emergence of Intraindustry Differential Firm Performance:Insights from A Simulation Study" ,*Strategic Management Journal*,2003,24.

［159］［美］拉里·博西迪，拉姆·查兰：《转型——用对策略，做对事》，中信出版社 2005 年版。

［160］［瑞士］苏伦·埃尔克曼：《工业生态学》，经济日报出版社 1999 年版。

［161］卞冉、车宏生、阳辉：《项目组合在结构方程模型中的应用》，《心理科学进展》2007 年第 3 期。

［162］蔡铂、聂鸣：《产业集群的创新机理研究》，《研究与发展管理》2006 年第 1 期。

［163］蔡宁、吴结兵：《产业集群的网络式创新能力及其集体学习机制》，《科研管理》2005 年第 7 期。

［164］蔡小军、李双杰、刘启浩：《生态工业园共生产业链的形成机理及其稳定性研究》，《软科学》2006 年第 3 期。

［165］曹利军：《企业成长的动力、机制与实现方式》，《科技与管理》2008 年第 5 期。

［166］曹兴，陈琦：《异质性、技术核心能力与高技术企业成长》，《科学学与科学技术管理》2009 年第 4 期。

［167］陈士俊、柳洲：《复杂性科学视角下的高技术企业成长机制研究论纲》，《科学学与科学技术管理》2004 年第 3 期。

［168］代君：《信息资源在现代企业可持续成长中的动力机制》，《情报科学》2004 年第 8 期。

［169］董俊武：《企业的本质、性质与企业成长的理论研究》，武汉理工大学博士论文，2004 年。

［170］杜传忠：《市场集中与空间集聚：现代产业组织演进的两条基本路径》，《中国工业经济》2009 年第 7 期。

［171］杜晶：《企业本质理论及其演进逻辑研究》，《经济学家》2006 年第 1 期。

［172］方刚：《基于资源观的企业网络能力与创新绩效关系研究》，浙江大学博士论文，2008 年。

［173］盖文启：《创新网络：区域经济发展新思维》，北京大学出版社 2002 年版。

［174］郭凡生：《中国模式——家族企业成长纲要》，北京大学出版社 2009 年版。

［175］郭莉：《工业共生进化及其技术动因研究》，大连理工大学博士学位论文，2005 年。

［176］贺小刚、李新春、方海鹰：《动态能力的测量与功效：基于中国经验的实证研究》，《管理世界》2006 年第 3 期。

［177］侯杰泰、温忠麟、成子娟：《结构方程模型及其应用》，教育科学出版社 2004 年版。

［178］黄丹、余颖：《战略管理研究注记·案例》，清华大学出版社 2009 年版。

［179］霍云福、陈新跃：《企业创新网络研究》，《科学学与科学技术管理》2002 年第 10 期。

［180］简兆权：《动态竞争环境下的企业战略转换研究》，西安交通大学博士学位论文，2001 年。

［181］江若玫、靳云汇：《企业利益相关者理论与应用研究》，北京大学出版社 2009 年版。

［182］焦豪：《企业动态能力绩效机制及其多层次影响要素的实证研究》，复旦大学博士学位论文，2010 年。

［183］李怀祖：《管理研究方法论》，西安交通大学出版社 2004 年版。

［184］李新春：《民营企业成长研究报告：基于广东省民营企业的调研分析》，经济科学出版社 2008 年版。

［185］李兴旺：《动态能力理论的操作化研究：识别、架构与形成机制》，经济科学出版社 2006 年版。

［186］李烨：《战略创新、业务转型与民营企业持续成长》，《管理世界》2005 年第 6 期。

［187］李占祥：《矛盾管理学》，经济管理出版社 2000 年版。

［188］林积泉、王伯铎、马俊杰、唐晓兰、赵丹：《工业企业循环经济产业链设计与环境效益研究》，《环境保护》2005 年第 4 期。

［189］刘军：《社会网络分析导论》，中国人民大学出版社 1999 年版。

［190］刘磊磊：《基于竞合互动视角的企业动态能力形成及作用机制研究》，浙江大学博士学位论文，2008 年。

［191］刘力钢：《企业持续发展论》，经济管理出版社 2001 年版。

［192］刘友金、郭新：《集群式创新形成与演化机理研究》，《中国软科学》2003 年第 2 期。

［193］马凯：《贯彻科学发展观 推进循环经济发展》，《人民日报》2004 年 10 月 19 日。

［194］迈克尔·波特、加理·哈默：《未来的战略》，四川人民出版社2000年版。

［195］毛蕴诗、欧阳桃花、戴勇：《中国优秀企业成长与能力演进：基于案例的研究》，中国财经出版社2005年版。

［196］孟杨：《现代企业文化：企业健康成长和发展的内在动力》，《探索与争鸣》2006年第3期。

［197］聂辉华：《企业：一种人力资本使用权交易的黏性组织》，《经济研究》2003年第8期。

［198］齐建国：《中国循环经济发展的若干理论与实践探索》，《学习与探索》2005年第2期。

［199］任胜刚：《企业网络能力结构的测评及其对企业创新绩效的影响机制研究》，《南开管理评论》2010年第13期。

［200］荣泰生：《AMOS与研究方法》，重庆大学出版社2009年版。

［201］荣兆梓：《企业性质研究的两个层面——科斯的企业理论与马克思的企业理论》，《经济研究》1995年第5期。

［202］芮明杰、胡金星、张良森：《企业战略转型中组织学习的效用分析》，《研究与发展管理》2005年第4期。

［203］芮明杰、刘明宇、任江波：《论产业链整合》，复旦大学出版社2006年版。

［204］尚涛、冯宗宪：《企业理论主要流派的整合：基于复杂系统的角度》，《经济学家》2007年第5期。

［205］沈必扬、池仁勇：《企业创新网络：企业技术创新研究的一个新范式》，《科研管理》2005年第3期。

［206］汤明：《企业成长的四维理论》，经济科学出版社2007年版。

［207］唐健雄：《企业战略转型能力研究》，中南大学博士学位论文，2008年。

［208］唐晓华、王广凤、马小平：《基于生态效益的生态产业链形成研究》，《中国工业经济》2007年第11期。

［209］王大洲：《论企业创新网络的建构原则》，《科技管理研究》2006年第5期。

［210］王大洲：《企业创新网络的进化与治理：一个文献综述》，《科研管理》2001年第5期。

［211］王核成：《基于动态能力观的企业竞争力及其演化研究》，浙江大学博士学位论文，2005年。

［212］王缉慈：《知识创新和区域创新环境》，《经济地理》1999年第1期。

［213］王缉慈等：《创新的空间：企业集群与区域发展》，北京大学出版社2001年版。

［214］王兆华、尹建华、武春友：《生态工业园中生态产业链结构模型研究》，《中国软科学》2003 年第 10 期。

［215］王兆华：《生态工业园工业共生网络研究》，大连理工大学博士学位论文，2003 年。

［216］魏江：《小企业集群创新网络的知识溢出效应分析》，《科研管理》2003 年第 6 期。

［217］温忠麟、侯杰泰、张雷：《调节效应与中介效应的比较和应用》，《心理学报》2005 年第 37 期。

［218］邬爱其：《集群企业网络化成长研究》，浙江大学博士学位论文，2004 年。

［219］吴贵生、李纪珍、孙议政：《技术创新网络和技术外包》，《科研管理》2000 年第 4 期。

［220］吴国英：《学习：企业可持续成长的动力》，《南京经济学院学报》2003 年第 2 期。

［221］吴晓波：《全球化制造与二次创新战略：赢得后发优势》，机械工业出版社 2006 年版。

［222］项国鹏：《企业战略变革的知识视角研究》，南京大学博士学位论文，2003 年。

［223］肖条军：《博弈论及其应用》，上海三联书店 2004 年版。

［224］邢小强、仝允桓：《网络能力：概念、结构与影响因素分析》，《科学学研究》2006 年第 S2 期。

［225］徐金发、许强、王勇：《企业的网络能力剖析》，《外国经济与管理》2001 年第 23 期。

［226］杨杜：《企业成长论》，中国人民大学出版社 1995 年版。

［227］杨瑞龙、杨其静：《企业理论：现代观点》，中国人民大学出版社 2005 年版。

［228］易将能：《区域创新网络与共性技术研发对产业创新能力的影响研究》，重庆大学博士学位论文，2005 年。

［229］尹义省：《适度多角化——企业成长与业务重组》，上海三联书店 1999 年版。

［230］张聪群：《产业集群互动机理研究》，西北农林科技大学博士论文，2007 年。

［231］张坤民：《可持续发展论》，中国环境科学出版社 1997 年版。

［232］张青、徐之舟、蔡仲秋：《资源型企业群落脆弱性形成机理及其创业机制研究》，上海财经大学出版社 2010 年版。

［233］张荣祥、伍满桂：《网络动态能力、创新网络质量及其创新绩效关系研究》，《兰州大学学报》（社会科学版）2009 年第 37 期。

［234］张维迎：《竞争力与企业成长》，北京大学出版社 2006 年版。

［235］张玉利、任学锋：《小企业成长的管理障碍》，天津人民出版社 2001 年版。

［236］赵晓：《企业成长理论研究》，北京大学博士学位论文，1999 年。

［237］周长城：《经济社会学》，社会科学文献出版社 2003 年版。

［238］周三多、邹统钎：《战略管理思想史》，复旦大学出版社 2003 年版。

［239］诸大建、邱寿丰：《生态效率是循环经济的合适测度》《中国人口·资源与环境》2006 年第 5 期。

［240］钟书华：《工业生态学与生态工业园区》，《科技管理研究》2003 年第 1 期。

附　录

问卷部分

尊敬的先生/女士：

在全国上下提出绿色发展的背景下，资源型企业实施绿色转型成长已经显得刻不容缓，当前很多资源型企业已经开始付诸实施。为了在理论上能有更好的实践指导作用，本研究特制定了此份问卷，希望通过您对以下问题的回答，帮助我们更有效地了解资源型企业绿色转型成长的具体情况。本问卷仅供科研使用，不会在分析报告中出现企业的名称，也不会泄露企业的任何信息。

十分感谢您百忙之中抽出时间来完成此问卷。如果您需要本研究成果作为参考，待本研究完成后，我们将免费奉寄一份综合性研究报告以表谢忱。

本研究的联系单位：中共青海省委党校经济学部

联系人：

Email：lingyus008@126.com

★填答说明：本问卷每题均请作答，画横线的题目请如实填写，其余题目请在题项前的□内画√，或在相应的数字上面画√，全部为单选。

第一部分：基本资料

1. 企业所在地：＿＿＿＿＿＿省（自治区）＿＿＿＿＿＿市

2. 企业成立时间：＿＿＿＿＿＿年。

3. 贵企业的性质：

□国有及国有控股企业　　　□集体所有制企业　　　□民营企业

□外资企业　　　　　　　　□其他类型企业

4. 贵企业所在的行业：

□盐湖化工　　　□石油类企业　　　□冶金类企业　　　□其他行业企业

5. 贵企业在职员工数量：

□200 人以下　　　□201—1000 人　　　□1001—2000 人　　　□2001 人以上

6. 贵企业的近两年销售平均收入：

□1000 万元以下　　□1000 万元—3000 万元　　□3000 万元—5000 万元

□5000 万元—1 亿元　　□1 亿元以上

7. 您是贵企业的：

□高层管理人员　　□中层管理人员　　□基层管理人员　　□普通员工

第二部分：资源型企业绿色转型能力

以下是关于资源型企业绿色转型能力方面的描述，请根据您对企业的了解来判断下列陈述句与贵企业客观情况的符合程度。"1"表示"完全不同意"，"5"表示"完全同意"。在相对应的数字上画"√"。

	完全不同意	基本不同意	不能确定	基本同意	完全同意
战略洞察能力：					
1. 企业对产业的发展趋势有准确的预判	1	2	3	4	5
2. 处于生态网络中，企业具有清晰的发展思路和指导原则	1	2	3	4	5
3. 企业能够识别、开发和利用生态网络带来的机会	1	2	3	4	5
4. 企业对经营环境的变化敏感	1	2	3	4	5
5. 企业具有完善的竞争分析系统	1	2	3	4	5
网络协调能力：					
1. 企业具有很强的同时与更多的伙伴保持密切持续的联系与沟通的能力	1	2	3	4	5
2. 企业能够及时开发潜在伙伴，并以高的成功率使之成为伙伴	1	2	3	4	5
3. 企业能够建设性处理与网络伙伴之间的矛盾	1	2	3	4	5
4. 企业与合作伙伴之间的互信程度高	1	2	3	4	5
5. 企业对所需资源有正确的判断，对内部资源能够有效配置	1	2	3	4	5
6. 企业对网络资源能够合理的配置，效率高	1	2	3	4	5
7. 企业能够经常总结获取网络资源的经验与教训	1	2	3	4	5

续表

	完全不同意	基本不同意	不能确定	基本同意	完全同意
管理控制能力：					
1. 组织结构、制度及流程与企业战略相匹配	1	2	3	4	5
2. 企业具有较完善的内部控制体系	1	2	3	4	5
3. 企业员工具有较高的工作热情和主观能动性，能积极改进工作效率	1	2	3	4	5
4. 企业具有合理的激励约束机制	1	2	3	4	5
5. 企业重视员工的关系能力培训，员工能很好地与网络伙伴打交道	1	2	3	4	5
6. 企业能将各类员工的业绩考核与奖惩制度与战略执行相衔接	1	2	3	4	5
绿色创新能力：					
1. 地方政府对绿色技术创新有支持措施	1	2	3	4	5
2. 对绿色技术创新成果有保护措施	1	2	3	4	5
3. 企业能与实力较强的科研机构保持良好的伙伴关系	1	2	3	4	5
4. 企业能够根据创新的要求调整组织结构及相关制度	1	2	3	4	5
5. 企业建立了学习型组织	1	2	3	4	5
6. 企业具有开发协作的企业文化，能够营造创新氛围	1	2	3	4	5

第三部分：资源型企业绿色转型成长绩效及其他

以下语句是关于资源型企业绿色转型成长绩效方面的描述，请根据您对企业的了解来判断下列陈述句与贵企业客观情况的符合程度。"1"表示"完全不同意"，"5"表示"完全同意"。在相对应的数字上画"√"。

	完全不同意	基本不同意	不能确定	基本同意	完全同意
资源环境绩效：					
1. 企业对资源的利用效率有明显提高	1	2	3	4	5
2. 企业环境污染物的排放有明显降低	1	2	3	4	5

续表

	完全不同意	基本不同意	不能确定	基本同意	完全同意
经济绩效：					
1. 企业降低了生产环节的资源投入成本	1	2	3	4	5
2. 企业降低了废弃物产生后的处理及管理成本	1	2	3	4	5
3. 企业获得了由副产品及废弃物流动所产生的附加值	1	2	3	4	5
商业绩效：					
1. 企业的绿色形象得到了认可	1	2	3	4	5
2. 企业对资源及伴生资源进行了精深开发并有了市场	1	2	3	4	5
社会绩效：					
1. 企业提供了更多就业机会	1	2	3	4	5
2. 企业周边环境得到改善，逐步形成了景观环境	1	2	3	4	5

以下是关于资源型企业生态网络协同效应绩效方面的描述，请根据您对企业的了解来判断下列陈述句与贵企业客观情况的符合程度。"1"表示"完全不同意"，"5"表示"完全同意"。在相对应的数字上画"√"。

	完全不同意	基本不同意	不能确定	基本同意	完全同意
网络的外部环境：					
1. 企业面临的市场是动态变化的	1	2	3	4	5
2. 政府对企业的支持力度较大	1	2	3	4	5
网络的结构：					
1. 网络内企业呈现多元化的格局	1	2	3	4	5
2. 网络内企业的互补性较强	1	2	3	4	5
网络内企业的行为：					
1. 企业对外界的信息敏感性强	1	2	3	4	5
2. 企业能够在网络中吸收新知识	1	2	3	4	5

以下是关于资源型企业生态网络类型方面的描述，请根据您对企业的了解来判断下列陈述句与贵企业客观情况的符合程度。"1"表示"完全不同

意"，"5"表示"完全同意"。在相对应的数字上画"√"。

	完全不同意	基本不同意	不能确定	基本同意	完全同意
环境因素： 1. 企业面临环境是动态变化的	1	2	3	4	5
企业惯例： 2. 企业能够对合作伙伴做动态评估和重新选择 3. 企业的组织学习有广泛性和探索性	1 1	2 2	3 3	4 4	5 5

访谈部分

（1）请介绍贵公司的基本情况，所在行业处于一个什么样的发展态势？

（2）国家和省上都提出了绿色发展的战略，这对贵公司的影响是不是迫使企业实施绿色转型成长？

（3）您怎样理解资源型企业的绿色转型？贵公司是否正在实行绿色转型？

（4）您认同资源型企业绿色转型能力这个概念吗？您认为资源型企业绿色转型能力主要是哪些方面的能力？

（5）贵公司当前的绿色转型对企业绩效的提高有什么样的帮助？

（6）贵公司是否在绿色转型过程中非常重视整个企业的发展战略？包括哪些方面？

（7）现在资源型企业在成长过程中，与周围的资源型企业和其他行为主体已经形成了一个生态型的企业网络，贵公司是否很注重协调与网络中其他行为主体之间的关系？具体包括哪些措施？

（8）贵公司在企业实施绿色转型成长过程中如何加强管理控制能力？

（9）资源型企业绿色转型必然要求绿色创新，您是如何认识这个问题的？

（10）您认为资源型企业绿色转型能力是怎样作用于资源型企业绿色转型成长的？

（11）资源型企业绿色转型是一种重大的经营模式的转变，风险很大，存在着失败的可能，那么您认为资源型企业绿色转型失败的主要原因可能是什么？

（12）您认为衡量资源型企业绿色转型绩效的准则是什么？

（13）资源型企业对生态环境的影响较大，您认为资源型企业如何承担企业社会责任？

（14）您对本研究设计的资源型企业绿色转型能力的维度构成认同吗？为什么？

后　记

　　本人自 2006 年到中共青海省委党校、青海省行政学院、青海省社会主义学院工作以来，校委领导不仅对我关心爱护和大力支持，更提供了广阔的事业平台。由于资质愚钝，我的事业并未有大的起色，每每思之，总觉得愧对各位领导的厚爱。及至博士毕业之后，便欲出版著作以报答校院领导于万一。

　　本书能够顺利出版，正是得益于中共青海省委党校、青海省行政学院、青海省社会主义学院的资助。2013 年年末，校院制定了《校院学术著作出版资助管理办法》，"东风好作阳和使，逢草逢花报发生"，我很可能是第一位被资助的校院教师。激动之情、感激之情，无法言表。

　　本书是博士论文的修改版，因此特别感谢我的恩师何红渠教授。何老师学识渊博、治学严谨、平易近人、循循善诱。在与何老师交流时，总能启发我更多的思考。何老师慈爱仁厚，对学生关怀备至，让我感受到春天般的温暖。四年求学时间虽然不长，但我从何老师身上学到了很多做人、做事和做学问的道理，受益终身。能够成为何老师的弟子，我深感自己的幸运，也将这份深深的谢意铭记于心。还要特别感谢刘冬荣教授。在求学期间，刘老师在生活上和学习上都对我给予了极大的关心，在我感到彷徨无助的时候，刘老师的帮助总让我感到像母亲一样的亲情和温馨。

　　特别感谢中共青海省委党校、青海省行政学院、青海省社会主义学院的众多校委领导的关心和帮助，使我在攻读博士期间没有生活上的后顾之忧，感谢我的同事们对我无私的帮助和指导。

　　感谢被调研的各个资源型企业的理解和支持，没有他们的帮助，本书也不可能得以顺利完成。感谢三位论文评阅人，他们既对论文作了充分肯定，使我备受鼓舞；又对论文给出了中肯的建议，使我思路更加清晰。还要深深感谢我的妻子和家人，他们为我付出了世上最无私的爱，我的每一步成长都凝聚着他们的心血。此情深似海，激励着我不断前行。

最后，感谢人民出版社的编辑刘恋同志，她认真负责、一丝不苟的工作精神给我留下了深刻印象，是我学习的榜样。

孙凌宇

责任编辑:刘　恋

封面设计:徐　晖

图书在版编目(CIP)数据

资源型企业绿色转型成长研究/孙凌宇 著. -北京:人民出版社,2014.8

ISBN 978-7-01-013793-3

Ⅰ.①资… Ⅱ.①孙… Ⅲ.①能源工业-工业企业-企业成长-研究-中国

Ⅳ.①F426.2

中国版本图书馆 CIP 数据核字(2014)第 176017 号

资源型企业绿色转型成长研究

ZIYUANXING QIYE LÜSE ZHUANXING CHENGZHANG YANJIU

孙凌宇　著

人民出版社 出版发行

(100706　北京市东城区隆福寺街 99 号)

北京大兴县新魏印刷厂印刷　新华书店经销

2014 年 8 月第 1 版　2014 年 8 月北京第 1 次印刷

开本:710 毫米×1000 毫米 1/16　印张:16.25

字数:248 千字

ISBN 978-7-01-013793-3　定价:35.00 元

邮购地址 100706　北京市东城区隆福寺街 99 号

人民东方图书销售中心　电话 (010)65250042　65289539